A crise das ciências humanas

EDITORA AFILIADA

Conselho Editorial de Educação:
José Cerchi Fusari
Marcos Antonio Lorieri
Marcos Cezar de Freitas
Marli André
Pedro Goergen
Terezinha Azerêdo Rios
Valdemar Sguissardi
Vitor Henrique Paro

Dados Internacionais de Catalogação na Publicação (CIP)
(Câmara Brasileira do Livro, SP, Brasil)

Japiassu, Hilton
    A crise das ciências humanas / Hilton Japiassu. — São Paulo : Cortez, 2012.

    Bibliografia.
    ISBN 978-85-249-1919-0

    1. Antropologia filosófica 2. Ciências humanas 3. Humanismo I. Título.

12-05383   CDD-128

Índices para catálogo sistemático:

1. Natureza humana : Antropologia : Filosofia   128

Hilton Japiassu

A crise das ciências humanas

A CRISE DAS CIÊNCIAS HUMANAS
Hilton Japiassu

Capa: Ramos Estúdio
Preparação de originais: Carmen Teresa da Costa
Revisão: Sandra G. Custódio
Composição: Linea Editora Ltda.
Coordenação editorial: Danilo A. Q. Morales

© Hilton Japiassu
representado por AMS Agenciamento Artístico Cultural e Literário Ltda.

Nenhuma parte desta obra pode ser reproduzida ou duplicada sem autorização expressa do autor e do editor.

Direitos para esta edição
CORTEZ EDITORA
Rua Monte Alegre, 1074 – Perdizes
05014-001 – São Paulo – SP
Tel.: (11) 3864-0111   Fax: (11) 3864-4290
e-mail: cortez@cortezeditora.com.br
www.cortezeditora.com.br

Impresso no Brasil – junho de 2012

Sumário

INTRODUÇÃO 7

1. Projeto 31
2. Ascensão 63
3. Declínio 93
4. Renascimento 147

CONCLUSÃO 183

NOTAS 205

BIBLIOGRAFIA 251

Introdução

Muito pouco se sabe sobre o ser humano, sob qualquer ponto de vista, como o científico. Os assuntos humanos são complexos demais para que a ciência seja capaz de dizer muito sobre eles. As ciências humanas são úteis, mas não podem penetrar muito fundo.

CHOMSKY

Coloquei todo o meu empenho, não em criticar, deplorar e maldizer as ações humanas, mas em compreendê-las. O homem não é um império num império.

ESPINOZA

As pesquisas nas ciências humanas não poderão jamais se transformar numa espécie de engenharia social apta a produzir intervenções-milagre nas contradições da realidade.

GODELIER

A desgraça das ciências humanas reside no fato de lidarem com um objeto que fala.

BOURDIEU

Temos plena consciência de que a reflexão sobre o homem, o destino humano e a natureza das sociedades deita suas raízes mais profundas num passado muito distante. Ousamos mesmo dizer: seu projeto fundador remonta às fontes mesmas da humanidade. Desde sempre as religiões e os mitos vêm propondo respostas mais ou menos reconfortadoras e securizantes aos grandes enigmas e mistérios sobre a natureza humana. Praticamente todos os filósofos dissertaram e refletiram sobre o espírito humano, seu destino, as origens da sociedade, a marcha da história e o sentido da vida. Em pleno Renascimento, Maquiavel e Leonardo da Vinci, por exemplo, tomaram por ponto de partida a ideia do *homem* como foco central das relações sociais, políticas e econômicas a fim de descrevê-lo (e as coisas que lhe diziam respeito), não como gostariam que fosse, mas *como efetivamente era*. E o que era? Um ser constituído historicamente num discurso filosófico, caracterizado por ser um animal político (*zoôn politikôn*) dotado, *por natureza*, de individualidade, liberdade e racionalidade, formado por uma história, uma língua e um desejo. No final do século XIX, há uma reviravolta intelectual: surge um movimento tentando evitar toda referência a um ator racional, inclusive suprimir todo recurso à ideia de *sujeito*. Os três iconoclastas criadores do pensamento contemporâneo, Marx, Nietzsche e Freud, combateram as análises fundadas na subjetividade. Quanto ao século XX, levou ao paroxismo a demolição dos *atores*: foi o "século do anonimato, o século das vítimas das guerras e dos deportados, o século dos exércitos industrializados e das salas de espetáculo" (A. Touraine). O interessante a observar é que todos os saberes que

Aristóteles denominava *política*, os modernos passaram a chamar sucessivamente de *Geisteswissenschaften* (ciências do espírito), *moral sciences*, ciências humanas, ciências sociais, ciências do homem e ciências sociais críticas. Uma das grandes contribuições do Renascimento foi a de promover a doutrina situando o homem como valor supremo e "medida de todas as coisas", seu destino não podendo mais subordinar-se a nenhuma lei exterior (divina, natural ou histórica).[1]

Com o início da modernidade, surge uma nova maneira de se conceber o homem. Começa a se libertar das tutelas tradicionais que pesam sobre seu destino. Doravante, ousa dizer: "Eu". O mundo social muda de centro de gravidade. O indivíduo se torna o objetivo e a norma de tudo. Toma consciência de que, doravante, o poder não deve mais ser exercido em nome dos deuses, mas em nome dos homens e fora de toda referência ao transcendente. Ao promover o culto de si, passa a constituir o valor central da existência: "o indivíduo é o *ser social*" (Marx). Trata-se de um humanismo fundado numa filosofia do *sujeito* e proclamando sua autonomia, não só situando o homem, sua liberdade e sua felicidade no centro de suas preocupações e decisões fundamentais, libertando-o das leis recebidas do exterior, mas rompendo com a sociedade heterônoma que o submetia e o sufocava: aquela cuja lei (*nomos*) era dada por um outro (*heteros*). O problema que se põe não é o de saber se o indivíduo é mais livre ou definido pelas estruturas sociais. Todo mundo reconhece que sua autonomização crescente não significa menos sociedade, pois é plenamente social e a sociedade é a resultante das ações individuais: o advento do indivíduo não ocorreu por uma negação da sociedade, mas pela descoberta de uma nova maneira de se construí-la.

Todo o pensamento de Descartes repousa na afirmação da *autonomia do Eu*. O *Cogito* simboliza a autonomia da Razão e o nascimento do Sujeito. Ao elaborar sua teoria do indivíduo, Locke, recusando-se a justificar o despotismo e defendendo o liberalismo político, não só sustenta que os homens fizeram um contrato político para proteger e defender sua vida e seus bens, mas declara ser o homem portador de uma "propriedade de si", devendo afirmar-se como seu próprio mestre.

Donde a ênfase que dá em suas *Cartas sobre a tolerância*: "A liberdade absoluta, a liberdade justa e verdadeira, uma liberdade igual e imparcial, eis aquilo de que precisamos". O poder estabelecido deve se limitar aos bens civis dos homens, não devendo se intrometer em suas questões espirituais e crenças. Essa corrente de pensamento tem o mérito de, ao proclamar sua independência, desenvolver o espírito crítico, favorecer a libertação da filosofia relativamente à teologia e lançar-se na busca de uma sabedoria suscetível de harmonizar o gosto da erudição e o amor da vida a fim de exaltar a dignidade do homem; mantendo a referência universal sem ignorar a importância das culturas e das sociedades particulares.

Mas a humanidade teve que esperar até o século XVIII para que se tornasse possível a elaboração do projeto de fundação de uma ciência tendo por objeto o *homem*. Durante todo esse século (das Luzes), numerosos são os filósofos que, de Vico a Hume, de Condorcet a Kant, enfatizam a necessidade de se edificar uma nova ciência. Porque "não há questão importante cuja solução não seja compreendida na ciência do homem" (Hume). Também d'Alembert ousa propor um vasto "programa para a ciência do homem". Mas é o jurista e historiador italiano Gianbattista Vico (†1744) o primeiro filósofo que, em vez de partir da Razão para apreender a natureza humana no que ela possui de permanente e universal, busca compreender as identidades reveladas pelo exame atento do devir histórico dos diferentes povos: seus variados modos de sentir e pensar comuns, independentemente de toda especulação. Sua tese fundamental consiste em negar uma continuidade entre o mundo da natureza e o mundo humano histórico. Ao recusar, em sua *A nova ciência* (1725), esse postulado da continuidade (até mesmo da indistinção) entre natureza e história, estabelece a clara especificidade do mundo social (*il mondo civile*). Adversário do cartesianismo e convencido de que "a história é o relato das coisas dignas de memória", considera ser a razão incapaz de exprimir as realidades vividas, notadamente as da história política e social. Essa ideia influenciou o materialismo de Marx (†1883), para quem o progresso histórico se faz através das contradições (das *scorsi e recorsi* de

Vico), cada nova contradição levando o homem a avançar na busca de uma mediação de suas relações de oposição à natureza e aos outros homens. Sua tese central? A base sobre a qual repousa toda sociedade são as relações econômicas ligando os indivíduos e os grupos que a compõem, as relações de produção e repartição dos meios de subsistência, das riquezas materiais e de troca no seio da sociedade.[1a]

Ao abandonar a interpretação bíblica cara a santo Agostinho (†430) e a Bossuet (1627-1704), nosso pensador napolitano elabora uma *filosofia da história* discernindo o sentido do futuro na evolução cíclica do tempo que recomeça com cada nação. Ademais, mostra que a formação da sociedade não é o produto da concertação de homens racionais, mas o fruto de uma lenta maturação que se trata de observar para detectar suas leis. Sua evolução se faz em três estados: o dos deuses, o dos heróis e o dos homens. Cada um desenvolve um tipo de civilização (nos domínios jurídico e político): no primeiro, o poder é teocrático; no segundo, aristocrático, e no terceiro, humano. Só este último garante a igualdade dos direitos. Por indução, utilizando todos os documentos disponíveis, Vico tenta estabelecer uma lei de desenvolvimento histórico que, em vez de englobar toda a humanidade (como quiseram mais tarde Condorcet e Comte), versa apenas sobre o todo que constitui cada nação. Nesse sentido, torna-se o pioneiro da Sociologia. Portanto, como teve consciência de que "a história é o relato das coisas dignas de memória" e de que havia um domínio em que os homens permaneciam bastante ignorantes (o do conhecimento de si mesmos), e como que fazendo suas as palavras de Shakespeare, "assumimos explicar o mistério das coisas como se fôssemos espiões de Deus", exclama: "Todo o que reflete sobre essa questão pode ficar estupefato de ver que os filósofos consagraram toda a sua energia ao estudo do mundo da natureza, mas negligenciaram o estudo do mundo das nações". No fundo, este mundo são as sociedades humanas, objeto da *scienza nuova*.

Pouco tempo depois, alguns ousados pensadores se lançam na aventura do conhecimento a fim de dar corpo a esse projeto que, de utópico, torna-se factível, historicamente realizável. É o que vem comprovar sobejamente a Sociedade dos Observadores do Homem, criada em Paris no momento mesmo da Revolução Francesa, composta por uns sessenta membros, sábios renomados como os naturalistas Cuvier e Jussieu, linguistas e filósofos como Destutt de Tracy, médicos como Cabanis e Pinel, geógrafos e historiadores como Volney e exploradores como Bougainville. Esses homens decidem formar um clube de pensadores, portadores de um mesmo ideal filosófico e educativo: promover o espírito das Luzes, dar continuidade à obra libertária dos enciclopedistas e participar do desabrochar das ciências. Seu objetivo expresso? Criar, mediante uma meticulosa observação do Homem, *a ciência do homem*. Para se construir uma verdadeira *ciência das ideias*, devemos abandonar a especulação, entregar-nos a observações precisas e substituir as ideias pelos fatos. Razão pela qual os *ideólogos* pretenderam desenvolver estudos sobre o espírito humano em seu estado nascente. Donde a importância de se remontar às primeiras épocas da história a fim de se estabelecer seguras experiências sobre a origem e a geração das ideias, a formação e o progresso da linguagem; projeto antropológico comprometido em realizar observações metódicas e escolher os fatos sobre o "selvagem" a fim de compreender como o ser humano "civilizado" se construiu pouco a pouco pela educação (ponto de vista individual) e pela cultura (social).

O que se pretendia? Observar e analisar os seres humanos no estádio original da civilização. Composta de naturalistas, historiadores, filósofos e médicos, essa Sociedade, ao pretender construir uma verdadeira *ciência das ideias*, de seu nascimento, formação e papel no desenvolvimento humano, e acreditando na *perfectibilidade* do homem, decide enviar uma expedição de pesquisadores às terras austrais para observar e refletir sobre o modo de vida dos povos primitivos. Ao tentar estabelecer uma genealogia do conhecimento, não só pretende descrever como nascem, se desenvolvem e se combinam as ideias no espírito dos homens, mas instaurar um guia para dirigir o pensamento de modo metódico e rigoroso. Convencidos de que as ideias constituem a transformação de sensações em símbolos de linguagem, os membros dessa Sociedade estão na origem da Antropologia que, inicialmente, dedica-se ao conhecimento do homem em geral e de suas faculdades (antropologia teórica); ao estudo dos meios de ação e teoria da habilidade (antropologia pragmática) e ao comparativo das diferentes culturas humanas (antropologia comparada). No século XX, sob a influência dos anglo-saxões A. Kardiner, R. Benedict e M. Mead, o termo designa uma disciplina englobando a etnologia e a etnografia: estudo das diferentes culturas humanas; posteriormente, privilegia as sociedades primitivas; mais recentemente, Lévi-Strauss denomina Antropologia *estrutural* a análise das estruturas sociais consideradas como sistema lógico ao qual o homem obedece inconscientemente em suas instituições e em seus comportamentos. Ao opor o cultural ao natural, confere total predominância ao primeiro. Sua afirmação do caráter social do signo leva à do caráter semiótico (significante) da sociedade.[2]

No fundo, qual a desmesurada ambição dessa Sociedade dos Observadores do Homem? Não mais elaborar uma filosofia *do* homem, descobrir sua natureza ou essência, mas tentar compreendê-lo e explicá-lo levando em conta todos os seus aspectos: físicos, morais, econômicos, históricos, culturais, religiosos etc. Explicá-lo e compreendê-lo cortado dos vastos horizontes sociais e cósmicos que dirigiam sua vida e suas condutas. Doravante, passa a definir as condições de sua própria existência e a dominar aquilo que o dominava. Estamos diante de um verdadeiro programa de edificação de uma "antropologia comparada" visando explicitamente submeter ao rigor do método científico, não só o estudo dos povos antigos, mas o dos atuais "selvagens" ou indivíduos educados fora da cultura ocidental. É nesta perspectiva que o filósofo, historiador e político C. F. Volney (†1820), preocupado com os problemas de moral e sociedade, empreende uma reflexão sobre a história. Sua ideia central, em *Meditações sobre as revoluções dos impérios* e em *Novas pesquisas sobre a história antiga*? Organizar um vasto material empírico sobre as experiências da história humana (guerras, revoluções e modos de vida) com o objetivo de pensar (por comparação e confronto) o que vem a ser esse animal livre e racional denominado "homem". Uma de suas preocupações fundamentais? Tentar compreender como o meio natural influencia os usos e costumes de cada povo.

Nesse sentido, torna-se o pioneiro da geografia humana: já se interessa pelos povos e civilizações, pela localização e repartição espacial das populações, pela implantação de zonas de produção, pelos traçados das fronteiras etc.[3]

A história das ciências nos ensina que as disciplinas humanas funcionam sobre um modo mais ou menos reticular, apresentando uma espécie de elã comum. E nos mostra ainda que frequentemente trocaram modelos e instrumentos conceituais para definir seus domínios de estudo e objetos empíricos: o mental e o social, o desejo e o inconsciente, a cultura e o mito etc. Todos esses temas circulam de modo mais ou menos transdisciplinar sem que lhes possamos atribuir qualquer densidade ontológica. Não é por acaso que se fala de ficções criadoras ou *invenções* atestando que "todas as ciências humanas se entrecruzam e podem ser interpretadas umas pelas outras" (Foucault). Os estudos versando sobre elas nos mostram fenômenos de interface e emergência menos visíveis que nas ciências mais antigas (as da natureza): comportamento psíquico do homem, suas obras, sua linguagem, seu passado, sua história, seu ser social etc. O fato é que, em cada época, produzem um discurso dominante considerado autorizado a dizer a verdade sobre o homem e suas normas. O que iremos nos perguntar é se, apesar da variedade dessas disciplinas e de suas abordagens, ainda têm condições de dizer-nos algo sobre o sentido de nossa existência, sobre o que somos e o que devemos fazer ou esperar. O problema se agrava quando sabemos que nasceram em estreita ligação com o projeto democrático das sociedades modernas. E que, não só as ditaduras e os regimes totalitários, mas o reino do mercado sabotam, combatem e menosprezam o que elas representam, a não ser que se deixem instrumentalizar e se ponham docilmente a serviço dos poderes. Donde o desafio: pensarmos sua responsabilidade na perspectivação global de nossa modernidade. Seu problema central? O das condições nas quais abordam a questão de suas relações com as demais formas de saber: científicas, filosóficas ou religiosas.

Ora, como não pode existir uma ciência perfeitamente depurada e vazia de interrogação filosófica e de aderência ideológica; como as motivações dos cientistas não pertencem à ordem propriamente científica; e como seus conceitos centrais só são plenamente inteligíveis quando relacionados com o conjunto cultural no interior do qual se originam, podemos afirmar: em tempo real, a atividade científica não é tão diferente assim de um setor a outro. Quando evocamos uma divisão dos saberes suscetível de isolar as ciências "duras" das "moles", é com um tom suspeitoso: significar a ausência de critérios demarcatórios decisivos separando o que, nas humanas, pertence à ordem das intenções, da ideologia utilitarista ou do conhecimento válido. Uma questão se impõe: podemos reduzir o homem aos elementos objetiváveis que os procedimentos científicos estão em condições de apreender? Em outros termos: o que é que, no homem, deve ser imputável apenas à sua natureza, portanto, determinado e determinável? E o que é que, em contrapartida, pertence à ordem sociocultural, vale dizer, encontra-se necessariamente ligado a uma livre escolha? Em que medida o jogo das explicações causais é suscetível de dar conta da atividade humana? Será que o Eu lhe escapa? No entanto, sabemos que o historiador não tem por vocação legislar sobre o estado atual das ciências. Tampouco julgar o limiar de verdade e inovação ao qual teria chegado esta ou aquela disciplina. A história não dá lições nem prevê o futuro. Apenas elucida as escolhas feitas. É múltipla e plural. Sua diversidade se duplica da longa duração na qual se inscreve. Frequentemente vivemos na ilusão de inventar e de nos encontrar na novidade, esquecendo-nos facilmente da efetiva contribuição de nossos predecessores.

O racionalismo das Luzes seguiu à risca a recomendação de Condorcet: "toda sociedade não esclarecida por filósofos é enganada por charlatães", porque o motor da história humana não é somente a Razão, mas a luta da Razão contra seu contrário: o erro ou a ignorância. Por isso, criticou os filósofos de seu tempo que, ao pretenderem reduzir toda a natureza a um único princípio e os fenômenos do universo a uma única lei, não descobriram verdades, mas forjaram sistemas. Apoiando-se numa natureza humana julgada permanente, descreveu as dez épocas que constituem a história do espírito humano. Convencido da perfectibilidade indefinida da humanidade, julgou que só pode garanti-la a cultura intelectual e moral graças ao desenvolvimento ilimitado dos conhecimentos científicos e técnicos. Acreditou ainda que o cálculo das probabilidades deve impor-se como a parte essencial de uma "matemática social" suscetível de garantir a justiça e a felicidade ao gênero humano. Só uma educação decididamente inimiga dos preconceitos e fundada no conhecimento das ciências físicas e morais poderá tornar o homem mais feliz. Por isso, por uma questão de princípio ético, devem ser impostos a toda forma de conhecimento o modelo das ciências físico-matemáticas e seus métodos de abordar a realidade. Essa perfectibilidade só pode ser garantida pelo progresso ilimitado do conhecimento científico e das técnicas.

Como todo mundo tinha diante de si os terríveis desastres sociais provocados pela monarquia absolutista, uma exigência se impunha: que se promovesse uma reconstrução geral das sociedades. Mas como os comportamentos irracionais só acarretaram sofrimentos e violências de todos os tipos, tomou-se consciência clara desta verdade: a História não pode fornecer ensinamentos válidos e confiáveis. Por isso, a reconstrução da sociedade deve ser feita repartindo-se de fundamentos puramente racionais. No estudo da sociedade, o homem deveria visar ao estabelecimento de leis universais e objetivamente válidas permitindo-lhe fundar sua harmonia em bases racionais sólidas e indiscutíveis. O que procura é descobrir as condições nas quais as ciências humanas abordam a questão de suas relações com as outras disciplinas, notadamente as experimentais. Donde a constatação: o esfacelamento do projeto fundador de se constituir uma ciência unificada do homem e a inevitável ebulição dos questionamentos hoje postos a propósito das relações entre as disciplinas humanas e os demais ramos do saber. Tudo se passa como se o abalo das convicções epistemológicas partilhadas pelos diversos pesquisadores se inscrevesse numa reconfiguração global dos modos de pensarmos as articulações entre os diferentes registros de nosso conhecimento, notadamente entre o da natureza e os saberes sobre o homem e a sociedade. Em vão o século XIX alimentou o sonho de congregar numa disciplina unificadora os dados da anatomia humana, da arqueologia, da etnografia etc. a fim de fornecer bases fisiológicas à distinção (inclusive, à classificação) de povos e raças.

E foi assim que as ciências físico-matemáticas (da natureza), que já haviam desvendado bastante o mistério do mundo físico exprimindo-o por meio de leis racionais objetivas e seguras, impuseram-se como o modelo ideal de racionalidade e cientificidade a ser imitado pelas humanas em processo de formação. Se estas pretendem ocupar um lugar ao sol no reino da racionalidade científica, precisam fazer um gigantesco esforço de imitação para descobrir as leis da "gravitação social", único fundamento seguro para uma vida em sociedade racional, harmoniosa e feliz. Mas é justamente por não poderem decorrer da História que se instaura uma diferença fundamental entre as ciências do mundo físico e as do mundo social e humano. Enquanto as primeiras estudam os fenômenos naturais, deles deduzindo as leis descritivas de seu funcionamento, as segundas, por mais que aspirem formular leis universais e objetivas, não conseguem impedir que o mundo existente se apresente como o lugar da desordem, do caos, do emocional, do irracional, numa palavra, do subjetivo: o mundo é tal como o sujeito o reconstrói. Ademais, o sujeito humano é dominado por forças inconscientes que o atravessam: é determinado por algo de exterior, por uma regra que lhe escapa. Desencadeia-se todo um processo de objetivação do sujeito que se arma dos instrumentos de conhecimento fornecidos por sua ciência para conhecer melhor aquele que a pratica e melhorar seu modo de praticá-la. A segunda metade do século XX foi dominada pela penetração da *démarche* estruturalista: opondo-se às tentativas de se privilegiar o homem e sua consciência, exerceu uma enorme influência, não só no marxismo, mas em outros pensamentos da dominação e em seus estudos históricos. Por isso, e pelo fato de privilegiar a sincronia (em detrimento da diacronia), foi acusado (por Sartre) de constituir uma ideologia burguesa incapaz de perceber a grandeza da ação humana e o alcance da liberdade.

Não foi por outra razão que as ciências físico-matemáticas sempre tentaram situar suas leis fora do tempo ou da História. Também as humanas aspiram a esse ideal. Só que a chave mestra para atingi-lo é o retorno à natureza: a busca da essência racional do ser humano num estado natural não perturbado por preconceitos. Numa palavra, trata-se de definir a essência do homem como "animal racional" (*zoôn politikôn*). No dizer do filósofo da ciência Karl Popper,

> a dificuldade epistemológica central das ciências do homem sendo que este último é ao mesmo tempo sujeito e objeto se prolonga nesta outra: sendo este objeto um sujeito consciente, dotado de palavra e múltiplos simbolismos, a objetividade e suas condições prévias de de-centração tornam-se muito difíceis e frequentemente limitadas.

Ora, como o próprio do conhecimento científico é o de chegar a certa objetividade, foi baseando-se nesse modelo que se tentou elaborar o projeto da construção de uma ciência social propriamente racional. Um imperativo se torna evidente: às ciências humanas deveria ser aplicado o modelo do cálculo a fim de que delas fosse excluída toda aderência subjetiva. O mundo da razão nada tem a ver com o dos sentimentos, intenções e significações. Devem ser incompatíveis a ciência do mundo físico e o conhecimento do universo moral e espiritual. O pensamento científico passa a ser dominado por visões reducionistas e materialistas, nada mais tendo a dizer sobre questões como vida, significado, consciência, liberdade etc. Tudo o que pode e deve fazer é detectar sua total redutibilidade a processos materiais. O subjetivo é eliminado ou recalcado. O que importa é que cada disciplina humana, operando num ritmo diferente, se constitua e se autodetermine segundo um modelo de cientificidade comum: inscrito numa *razão experimental* qualificada de objetivista e quantitativista, a única capaz de submeter a análise científica ao controle de experimentações sistemáticas e rigorosas de que o *positivismo* seria a verdadeira tradução filosófica.

Claro que iremos questionar essa concepção e esse modelo de cientificidade que tanto mal causaram ao projeto das ciências humanas de afirmarem sua autonomia relativamente a toda tutela metodológica e a toda tirania teórica. Se deslocarmos o problema das normas e dos critérios de cientificidade para um outro plano, o da genealogia, perceberemos que, neste domínio, algumas questões se tornam pertinentes: do ponto de vista histórico-cultural, como surgiu esse critério demarcatório promovendo uma repartição radical entre as *hard* e as *soft sciences*? Qual a data precisa de seu surgimento? Que argumentos são alegados para sua adoção? Que interesses corporativos, econômicos, políticos, ideológicos ou socioculturais comandavam seu aparecimento e imposição? Como evoluíram os limites setoriais desse processo de regionalização? Frequentemente essas questões são tratadas de modo bastante estático, como se as fronteiras entre o *hard* e o *soft* devessem ser congeladas, decalcadas para sempre na grande demarcação separando irremediavelmente a racionalidade científica de todas as demais formas de saber: míticas, ideológicas, literárias e filosóficas. Como se as ciências humanas devessem se abster definitivamente de relacionar-se com o político e o moral, adotar de vez a ideologia cientificista da neutralidade axiológica e libertar-se para sempre do fantasma de poder decidir, em matéria de organização da sociedade, sobre o justo e o desejável para o homem, devendo contentar-se em elaborar discursos justificadores e racionalizadores da ordem social.

Lembremos que tais fronteiras (à imagem das territoriais) não conseguiram ser estabelecidas de modo rígido e definitivo. Revelaram-se essencialmente móveis. É justamente por isso que essa incerteza da divisão do trabalho intelectual revela-se profundamente evolutiva. Razão pela qual a cartografia (superfície simbólica) e o prestígio dos saberes obedecem a uma lógica distributiva. A antiguidade de sua instauração apenas lhes confere uma confortável garantia de legitimidade. Talvez valha mais a pena sugerirmos às ciências humanas: precisam se desembaraçar de seu complexo de inferioridade epistemológica relativamente às ancestrais da natureza. Porque esse privilégio de antiguidade e sucesso é um engodo. Aliás, elas próprias nem mesmo são tão novas assim. São fundamentais, com extraordinárias realizações tecnológicas: desde os gregos, sob as formas da moral e da política, essas disciplinas vêm afirmando a questão central da justiça, das instituições mais desejáveis para a cidade e dos modos de vida mais "felizes" para os cidadãos. De uma forma ou de outra, continuam valorizando o estudo dos diversos sistemas de valores inerentes aos diferentes modos de o homem viver em sociedade. Porque, se a verdade das ciências naturais pode ser considerada uma correspondência entre o intelecto e a coisa, a das ciências humanas só pode realizar-se plenamente em coerências ético-práticas. O que é lamentável é o fato de, ao se especializarem para refletir sobre o humano e a sociedade, excluíram as questões essenciais (relegadas ao campo da filosofia social): deixaram de colocar o homem, sua liberdade e sua felicidade no centro de suas preocupações.

Por isso, quando se trata de compreendermos o lugar das ciências no mundo moderno, somos obrigados a reconhecer: possuem e deveriam assumir uma inquestionável dimensão propriamente cultural suscetível de modificar nossa percepção teórica dos sistemas sociais e superar as imagens envelhecidas correntemente associadas à noção mesma de ciência. Uma clivagem deve ser operada entre uma representação simplesmente memorial do passado, própria das comemorações institucionais dos heróis fundadores, e uma história propriamente historiadora das ciências estudando o contexto de emergência desses saberes onipresentes e ainda temidos. Por sua vez, pouco importa que as ciências humanas não sejam tão científicas quanto as naturais. O importante é que, por oposição ao resto da natureza, tratem do que propriamente caracteriza o homem: seu comportamento psíquico, suas obras, sua linguagem, sua história e seu ser social. O vital é que não se afastem daquilo que, de uma forma ou de outra, constitui seu objeto mais autêntico e inegociável: a reflexão sobre os objetivos e o sentido da ação humana e a construção de saberes "positivos" sobre o homem e a sociedade. Na verdade, contribuíram decididamente para se pôr em prática uma atividade de produção do humano, de seus modelos históricos e de sua transformação. Embora seu projeto seja mais demiúrgico que o da filosofia (têm a ambição de inventar um mundo), jamais pretendem apropriar-se de seu projeto: tentar englobar (como material do pensamento reflexivo) a diversidade dos conhecimentos parciais e nos fazer compreender que a invenção de um mundo novo não se limita a uma atividade prática: constitui também objeto de interpretação e especulação.

O antropólogo e etnólogo Claude Lévi-Strauss (1908-2009), ao tentar construir um saber objetivo sobre o homem visando preferencialmente aos fenômenos que se elaboram fora das ilusões do pensamento consciente; e ao acreditar que ele faz parte da natureza e que, a esse título, é tão determinado quanto qualquer objeto natural, proclamava nos anos 1960: "o objetivo último das ciências humanas não é o de constituir o homem, mas dissolvê-lo". Queria dizer: ciências humanas = ciências desumanas. Foi muito criticado, não só por ter chegado a uma definição do ser humano postulando a existência de estruturas lógicas do pensamento que se encontrariam em todas as culturas, mas por ter negligenciado a importância da História. O estruturalismo, apresentando-se como a corrente de pensamento em que as ciências humanas passam a procurar as *bases* filosóficas da crítica de suas práticas anteriores, os *motivos* de sua renovação teórica e o *penhor* de seu desabrochar institucional, vai encontrar seu ponto de unidade numa oposição radical a toda forma de humanismo. Seus teóricos repetem: para compreendermos o mundo humano, não devemos partir do "homem", mas dos fenômenos que se elaboram fora das ilusões do pensamento consciente, quer dizer, das *estruturas* (materiais e significantes) regendo as relações que tecem o mundo. O que se acredita é que, depois da "morte de Deus", teria chegado a hora da "morte do homem". Da Linguística (R. Jakobson), o movimento se estende à Antropologia (Lévi-Strauss), prolonga-se na Semiótica e afeta a crítica literária. Sem falarmos das tentativas desumanizantes de Lacan (reinterpretando a obra de Freud) e de Althusser (repensando o marxismo e tentando criar uma "ciência da história"). O filósofo Jean-Paul Sartre, opondo-se a essa corrente e acreditando que a dignidade do homem constitui o valor supremo e admitindo a possibilidade de emancipação cultural do humanismo, afirma: o existencialismo é um humanismo. Ao admitir a "morte de Deus", anuncia o reino do homem: "não se encontra encerrado nele mesmo, mas sempre presente num universo humano". O humanismo, ao consagrar certos princípios de autonomia da pessoa e da comunidade, admite uma série de valores que ultrapassam o indivíduo, levando-o a por eles sacrificar sua vida.[4]

Pouco tempo depois, o filósofo Michel Foucault (†1984) obtém um extraordinário sucesso de audiência ao produzir uma obra com um grande rigor teórico e um incontestável alcance cultural e charme sociopolítico. Sua influência foi determinante no desenvolvimento da Nova História (analisa a longa duração, mais que a crise ou o acontecimento; é a história dos movimentos lentos e do cotidiano, mais que do excepcional etc.): contribuiu muito para a análise das condições históricas dando conta do que se diz, se rejeita e se transforma na massa das coisas ditas. Sua arqueologia das ciências humanas (*Les mots et les choses*), pretendendo analisar a história da ordem e do saber a partir do Renascimento, visava elucidar a "descontinuidade anônima do saber" e tomando-o como "campo de historicidade". Em outros termos, elucidar as categorias de pensamento (*episteme*) nas quais pensamos a natureza humana a partir de então. Ao abordar as ciências humanas, limita-se às construções genealógicas pondo em evidência, não as causas, mas as concomitâncias e interdependências entre os discursos e as práticas, sem interrogar seu conteúdo de verdade. Nada diz sobre os discursos religiosos, científicos e políticos, justamente os que se preocupam com a questão da verdade, do justo e do desejável. Além de contribuir para "revolucionar a história", interessando-se pelas camadas mais profundas e ocultas das sociedades, por suas estruturas "arqueológicas" mais basilares, provoca um grande escândalo ao anunciar (1966) a "morte do homem" e consignar ao conjunto das disciplinas que o estudam uma espécie de unidade por carência, que podemos chamar de "ontologia negativa: "é inútil dizer que as ciências humanas são falsas ciências; não são absolutamente ciências".

Enquanto sujeito e objeto de conhecimento, repete Foucault, o homem é uma invenção do pensamento moderno: "O limiar de nossa modernidade não se situa no momento em que quisemos aplicar ao estudo do homem métodos objetivos, mas no dia em que se constituiu um par empírico-transcendental que denominamos *o homem*". Situadas no interstício dos saberes, as ciências humanas estão carregadas de tensões entre um sonho de formalização matemática, um desejo de domínio dos problemas e a vontade de pensar filosoficamente o sentido e a finitude. Têm uma postura muito instável: caracterizam-se "por sua precariedade, por sua incerteza como ciências e sua perigosa familiaridade com a filosofia". Tanto *As palavras e as coisas* quanto *A arqueologia do saber* são obras percebidas como decretando, em nome de um estruturalismo mais preocupado em procurar descobrir as estruturas organizando um domínio, o fim do *humanismo*: trata-se de fazer a análise das condições históricas dando conta do que dizemos, rejeitamos e transformamos na massa das coisas ditas, sem levar em conta o sujeito psicológico ou a consciência individual. Em *L'Archéologie du savoir*, Foucault reconhece: embora a estrutura não seja diretamente observável, tem um fundamento objetivo: aquém da consciência, constitui o real. De instrumento de análise, torna-se uma realidade. Nesse sentido, o *ator* dos sociólogos, o *agente* dos economistas, o *sujeito* dos psicólogos, numa palavra, o *indivíduo* é deportado para longe e desaparece sem deixar rastro. Donde o caráter anti-humanista do estruturalismo: a pouca ou quase nenhuma importância que confere ao indivíduo e às suas capacidades de conhecer e julgar.[5]

Numa época em que os grandes debates públicos tratando de política ou de epistemologia eram realizados por referência ao sistema de explicação marxista ("a inultrapassável filosofia de nosso tempo" — Sartre; dando um outro sentido à fórmula marxista do "ópio do povo", o sociólogo Raymond Aron desmonta os mecanismos da religião secular, representada pelo marxismo, chamando-o de "ópio dos intelectuais"), também o filósofo Merleau-Ponty (†1961) toma posição: enquanto filósofo da história, faz suas algumas interpretações marxistas, mas duvida que o comunismo seja capaz de corresponder às suas intenções humanistas; enquanto filósofo do vivido, não só descreve a relação intencional unindo o sujeito (encarnado e em situação histórica) às coisas e ao outro, mas reconhece: "o homem é uma ideia histórica, não uma espécie natural". Como bom fenomenólogo, continua acreditando que precisa tomar como ponto de partida de sua filosofia a relação do homem com o mundo: nele "somos lançados". É por nosso corpo que o percebemos, pois vive, age, vê e sente. Está em estreita relação com o mundo. Não é um mero observador objetivo, tampouco uma "interioridade absoluta". Não há um lugar definitivo da verdade: o refúgio em tal lugar levaria ao esquecimento da dimensão histórica do vivido. As "evidências" propostas pela história não podem ser admitidas pelo filósofo: compete-lhe construir uma teoria do *sentido* na história e dos *sinais* que o manifestam.

Por sua vez, não conseguindo entender por que muitos filósofos insistiam em considerar o homem uma "coisa" a ser observada e analisada, em seguida tomada como algo a ser causalmente representado e instrumentalizado, o psicanalista Jacques Lacan, para quem "o inconsciente é estruturado como uma linguagem" (uma espécie de máquina simbólica de produzir sentido), proclama enfaticamente: "não há ciência do homem, pois o homem da ciência não existe, somente seu sujeito. É conhecida minha repugnância pela denominação 'ciências humanas', que me parece constituir o apelo mesmo da servidão" (1966). E ao denunciar o grande sonho epistemológico dos saberes pretendendo que o homem se conheça a si mesmo com o objetivo de libertar-se dos determinismos alienantes; e ao seguir a perspectiva estruturalista afirmando que as ciências humanas não têm o homem em si, a natureza humana, por horizonte de saber, pois se preocupam apenas com sistemas, estruturas, combinações e formas; e ao fazer a análise das condições históricas dando conta do que se diz, se rejeita ou se transforma, Foucault radicaliza seu anti-humanismo ao mostrar que a modernidade ocidental se construiu pela instauração de instituições visando "enquadrar" o indivíduo:

> Creio que as ciências humanas não conduzem absolutamente à descoberta de algo que seria o *humano* — a verdade do homem, sua natureza, seu nascimento, seu destino. Aquilo de que realmente se ocupam as diversas ciências humanas é algo bem diferente do homem: são sistemas, estruturas, combinações, formas etc. Consequentemente, se pretendemos nos ocupar seriamente das ciências humanas, devemos antes destruir essas quimeras obnubilantes constituídas pela ideia segundo a qual devemos buscar o homem. (Foucault, 1994)[6]

De modo geral, a maioria dos pensadores que tomou o humanismo por bode expiatório, a ele se opondo ferozmente, termina por situar-se ao lado dos poderes mais mortíferos. A crítica marxista ao caráter "formal" e "burguês" do humanismo muitas vezes serviu de álibi aos *gulags*. E o ferrenho "anti-humanismo" de Heidegger levou-o a aderir ao espírito nazista. Revoltado com esse projeto de eliminação do "homem" das ciências humanas, pois a questão da essência do "homem" deveria ser substituída pelas ciências da vida, o filósofo e historiador das ciências Georges Gusdorf (†2000), ferrenho defensor de um humanismo situando o homem como valor supremo, o criador de seu próprio ser e a fonte de todos os valores; afirmando que sua dignidade deve ser incentivada e defendida contra todos os atentados emanando dos poderes políticos, econômicos ou religiosos; consagrando o princípio de autonomia da pessoa e da comunidade e acreditando em valores que ultrapassam o indivíduo, afirmou com muita convicção, desde a década de 1960, que "as ciências do homem são efetivamente ciências humanas" e que essas disciplinas constituem realmente um saber positivo sobre o homem. Porque nada do que é humano deve ser estranho a essas ciências. Ademais, tem consciência de que a verdade não foi revelada uma vez por todas: é "filha do tempo" (Bacon), pois os Modernos nunca deixaram de ouvir as "sirenes do futuro". A variável temporal é o grande eixo de constituição da ciência. Com isso, já denuncia as práticas científicas fragmentárias e um novo tipo de "obscurantismo" que estava invadindo o mundo acadêmico; e postula que o conhecimento do homem pressupõe uma teoria dos conjuntos humanos: "toda tentativa para se conferir às ciências do homem o estatuto das ciências das coisas culmina na desnaturação daquilo mesmo que está em questão".[7]

Por exemplo, contra os divinizadores da Razão, Gusdorf mostra que o século das Luzes também foi o século dos objetores de consciência a seu imperialismo, o artesão de uma revolução não galileana que triunfa mais tarde com o Romantismo. Mostra ainda que as ciências humanas começam a nascer num momento de revolta contra as certezas do intelecto e da ciência, em nome das evidências da sensibilidade, do desejo, da paixão, da experiência do mal, da nostalgia, do sublime e da exaltação dos aspectos noturnos e subterrâneos da realidade humana; enfim, que tudo isso faz parte da realidade humana e precisa ser compreendido ou explicado por essas disciplinas. Preocupado em demonstrar que a história do saber constitui uma história da descoberta da humanidade no homem; e convencido da unidade interna garantindo a coerência dessa imagem, define as atitudes mentais, os modelos de inteligibilidade que se afirmam e se renovam nas sucessões das épocas da cultura. Razão pela qual sua história compreensiva do saber vê em todo conhecimento a expressão de uma presença do homem no mundo e de um estilo de vida. Causou muita polêmica sua firme tomada de posição contra os que negavam a capacidade suprema do homem de engendrar, através da história, sua própria natureza, construir seus próprios valores e fazer do humanismo o emblema de sua emancipação cultural:

> O projeto último da antropologia talvez seja o de justificar a existência do homem. O fracasso do projeto, a impossibilidade de se levá-lo a bom termo terá por consequência a proclamação (por alguns) da inexistência do homem. Solução radical e absurda, pois é a existência do homem em sua irredutível especificidade que comanda o inacabamento da antropologia. Parece surpreendente que o defensor dos direitos do louco (Foucault) seja exatamente o anunciador da morte do homem. Se este morreu enquanto valor e centro de interesse e, com ele, morreram os direitos do homem, não conseguiremos ver o que pode fundar os direitos do louco nem tampouco sua eminência enquanto protótipo de uma humanidade superior. (Gusdorf, 1972)

Por sua vez, o filósofo e historiador das ciências médico-biológicas Georges Canguilhem (†1995), preocupado com aqueles que, em nome de uma filosofia do conceito, anunciavam a morte do homem, denuncia vigorosamente toda uma concepção cínica do homem-instrumento. Convencido de que cada época é dominada por um modelo teórico de referência que estrutura uma disciplina e guia suas pesquisas, denuncia o fato de muitos psicólogos lhe aparecerem como "os instrumentos de uma ambição de tratar o homem como um instrumento". E ironiza: "Humanistas de todos os partidos, uni-vos". A partir de então, seu exemplo é seguido por muitos, ignorado por outros. No dizer do filósofo marxista Althusser (1918-1990), um anti-humanista convicto, pouco importa se as questões das ciências humanas digam respeito ao behaviorismo, aos testes de inteligência, à ergonomia, à psiquiatria ou à criminologia, não podemos nos esquecer de colocar a questão das questões: "se as ciências humanas são o que acreditam ser, quer dizer, ciências; ou se não seriam, em sua maioria, algo inteiramente diferente: *técnicas ideológicas de adaptação ou readaptação sociais*". Seus *práticos* estariam desempenhando um papel de *engenheiros sociais* utilizando seus saberes especializados contra as liberdades fundamentais dos seres humanos a fim de impor um pragmatismo gestionário suscetível de intervir nas contradições da realidade, ocultar os discursos administrativos que comandam o trabalho social e enfatizar seu lugar na constituição de um ideal utilitário dessas disciplinas. Para superarmos essa crise, precisaríamos restabelecer seu caráter *histórico*, *crítico* e *reflexivo*, se é que pretendemos nelas recuperar o sentido do debate e da vida intelectual, contra uma tecnização pretensamente científica tentando despojá-las de *humanidade*.

Claro que formam hoje um enorme conjunto de conhecimentos fragmentados ao mesmo tempo ricos, variados e desordenados. Mas permanecem incapazes de compreender e explicar a emergência do *novo*, embora continuem tentando alimentar os debates em torno de alguns temas: a perspectiva histórico-sociológica *versus* a filosófica, o relativismo e o valor da ciência, o cognitivismo, o pragmatismo, a responsabilidade social dessas ciências etc. Caso persista essa tendência de tecnização e instrumentalização privando-as de sua "humanidade", assistiremos à morte do que deveria constituir sua especificidade: um tipo de investigação não cientificista visando a uma crítica do saber e a invenção de novos conceitos para compreender o estatuto do "humano" em suas relações com os saberes e os poderes implicando o *Sujeito*, em vez de dissolvê-lo em modelos de objetivação redutores. Longe de corresponder à imagem límpida de uma ciência unificada, aparecem como um gigantesco arquipélago de pesquisas, dados, abordagens, modelos, hipóteses e teorias em que as disciplinas ainda se revelam desunidas e bastante indisciplinadas. Fonte de riqueza ou sinal de imaturidade? Talvez ambos. De qualquer forma, a ausência de unidade torna muito penoso nosso esforço para compreender seus atuais contornos disciplinares e seus avanços reais no diálogo com os demais saberes. Donde a importância de levarmos em conta as exigências de uma abordagem mais propriamente multidisciplinar suscetível de reconhecer, na explicação dos fenômenos humanos, a existência de vários pontos de vista possíveis. Estamos diante de ciências eminentemente *interpretativas*: seus fatos, apreendidos sob um ângulo psicológico, histórico, econômico, sociológico ou antropológico, fazem apelo à reconstituição de um conjunto significativo estruturado. Se a desgraça das ciências humanas reside no fato de lidarem com um objeto que *fala*, Paul Ricoeur reconhece que é justamente essa fala que precisa ser interpretada (decodificado seu sentido manifesto e revelado o profundo):

> A discussão crítica versará sobre o direito de buscarmos um critério semântico do símbolo em sua estrutura intencional do duplo sentido e sobre o direito de tomarmos essa estrutura pelo objeto privilegiado da interpretação [...] Entendemos por Hermenêutica a teoria das regras que presidem a uma exegese, vale dizer, à interpretação de um texto singular ou de um conjunto de sinais suscetível de ser considerado um texto. (Ricoeur, 1969)

Sabemos que uma ciência não deve ser entendida apenas como o resultado de teorias bem elaboradas, de conceitos claros e bem construídos e de experiências empiricamente comprovadas. Porque nossas ideias são veiculadas por homens concretos e instituições social e historicamente condicionadas. Um dos fatos incontestáveis da organização da pesquisa no último século? Uma extraordinária explosão disciplinar. A grande divisão do trabalho intelectual se traduziu por uma acelerada e extremada especialização dos conhecimentos: as pesquisas empíricas passaram a exigir o aprimoramento de um sofisticado arsenal de técnicas e métodos constituindo a verdadeira caixa de ferramentas dos pesquisadores. A fragmentação dos saberes foi tão exagerada que nenhum pesquisador se considera mais químico, mas um especialista da combustão de materiais compósitos. Ninguém mais se julga biólogo, mas um especialista do comportamento desta ou daquela espécie animal. Temos hoje milhões de historiadores. Mas não há mais uma cadeira de história das civilizações. Não podemos mais falar de uma Psicologia, pois há várias abordagens dos fatos psíquicos segundo os consideremos sob o ângulo das condutas exteriores, das dimensões inconscientes, dos processos biológicos ou dos estados mentais. E assim por diante.

Nosso objetivo não será o de fazer uma síntese do saber dessas disciplinas. Tampouco o de adotar o ponto de vista normativo de uma filosofia das ciências ou de lançar uma espécie de manifesto sobre o que deveriam ser essas disciplinas. Nossa ambição foi a de tentar apreender e compreender os mais relevantes quadros de pensamento, as principais operações de conhecimento, os mais destacados programas e teorias que essas ciências se deram por tarefa construir historicamente. Não nos esquecendo do alerta: "a história é o relato das coisas dignas de memória" (Vico). Claro que essa elucidação histórica possui também um alcance didático, pois autoriza a construção de um quadro raciocinado dessas disciplinas e dos problemas epistemológicos que as atravessam. Mas não se trata da colocação em forma pedagógica de um saber previamente constituído. Por detrás da modéstia de nosso projeto, dissimula-se a consciência das dificuldades do empreendimento: o que exatamente entender por "ciências humanas"? Temos condições de detectar uma orientação comum de análise suscetível de resistir à sua tremenda dispersão? Como controlar as diversidades de escolas, tendências, correntes de interpretação e pontos de vista? Em nossa análise, fundada nos princípios de uma "epistemologia histórica" ou de uma "história epistemológica", procuramos recusar terminantemente: a) toda teoria tentando impor, do exterior, às ciências humanas, critérios de verdade, fundamentos de cientificidade, uma direção, um sentido ou uma finalidade à sua história; b) toda forma de imperialismo tentando erigir uma ciência particular (física, psicologia, linguística etc.) em modelo obrigatório de cientificidade dessas disciplinas. Ademais, temos consciência de que toda visão "panorâmica" do campo dessas ciências incorre em sérios riscos específicos. Porque a lei de tal tomada de posição só pode ser a da esquematização, da simplificação e da tendência a fazer triunfar o ponto de vista dominante. O que tentei evitar, bem entendido.

Todavia, diante das exigências de um pensamento global, vale a pena refletirmos sobre a pertinência, as dificuldades, as insuficiências e os atuais impasses de uma interdisciplinaridade tendo que enfrentar uma dupla cegueira: a) o etnocentrismo das disciplinas acarretando o fechamento em suas identidades particulares concretas; b) o pensamento tecnocientífico privilegiando sua hiperespecialização e atrofiando uma perspectiva globalizante e de concertação. A propósito da Sociologia, Marcel Mauss já se perguntava em 1927: "o que ela observa sempre e em toda parte? Não o homem dividido em compartimentos psicológicos ou, mesmo, em compartimentos sociológicos, mas o homem todo". O sonho é o de uma transdisciplinaridade capaz de abrir um novo campo ao conhecimento em que os esquemas nocionais possam circular da filosofia às ciências humanas sem estabelecer uma hierarquia entre esses diversos modos de experimentação e problematização. Porque eis o grande desafio hoje lançado ao pensamento e à educação: superar a contradição entre, de um lado, os problemas cada vez mais globais, interdependentes e planetários e, do outro, a persistência de um modo de conhecimento privilegiando os saberes fragmentados, parcelados e compartimentados. Projeto utópico? Talvez. Mas merece ser sonhado. É o que tentei fazer em *O sonho transdisciplinar* (Imago, 2006). Por que sonho? Porque o *transdisciplinar*, como abordagem "científica" que pretende ser, mas como abordagem sociocultural e espiritual que é, diz respeito ao que está *entre* as disciplinas, *através* delas e *além* de cada uma. Seu projeto? *Contextualizar* e *globalizar* o singular e *concretizar* o global: *ver e analisar um problema sob todos os seus ângulos e em todas as suas dimensões* implicando a construção de uma utópica *visão* ao mesmo tempo transcultural, transpolítica e trans-histórica, permitindo-nos *compreender o ser humano e nosso mundo atual*.[8]

1 Projeto

Nos dias de hoje, quando tomamos consciência do fim das certezas, quando enfrentamos a crise da racionalidade científica e o fracasso das grandes ideologias que transformaram nossas vidas em aparências, em espetáculos e até mesmo em simulacros, as ciências humanas ficaram desamparadas em face da uma sociabilidade esfacelada, incapaz de conferir certo sentido às nossas existências individuais e coletivas. Até a última Grande Guerra, ciência ainda era sinônimo de conhecimento certo. Havia uma segurança de pensamento. E, aproveitando-se dessa garantia, as ciências humanas viviam em certa paz. Suas hipóteses e conclusões eram formuladas com bastante convicção. Acontece que hoje a ciência passa a ser vista como sinônimo de questionamento. Até mesmo de dúvida. Para a opinião pública em geral, sua *aura* se transformou em desconfiança. Vem até gerando medos irracionais. E não podemos nos esquecer de que a recusa das ciências humanas de uma avaliação crítica pode revelar algo de sua natureza: constituir a racionalização de uma prática de opressão, exploração e normalização. No entanto, surgiram e se desenvolveram tentando responder a questões deste tipo: O que é homem? Como nasceu a linguagem? O que é a consciência? É a família uma instituição universal? Possui a história um sentido? Qual a essência do social? O que vem a ser o poder? O que há de inato e adquirido em nossas condutas? De onde vem a desigualdade social? Nascidas no final do século XIX e ao tentarem dar uma resposta a essas questões, tiveram que lutar contra os poderes temporais e espirituais estabelecidos, não só com o objetivo de conquistar sua autonomia (autodeterminação epistemológica), mas para verem reconhecido seu direito de propor um discurso científico sobre a moral, a família e a sociedade. Nesse sentido, passaram a se definir relativamente às grandes instituições tradicionais: Estado, Igreja e Universidades.

Questões simples. Respostas nem tanto. A categoria das "ciências do homem e da sociedade" recobre teorias e métodos tão heterogêneos que parece muito difícil enunciarmos generalidades a seu respeito. Essas questões se tornaram mais dramáticas na chamada "era da contestação" ou da "contracultura", como ficou conhecido o decênio que vai de 1965 a 1975, período das revoltas estudantis em que, por toda parte, proliferavam movimentos "anti" e "contra" proclamando: "o poder está com a imaginação" e "é proibido proibir". Cada um a seu modo, Reich e Marcuse vão se tornar os porta-vozes do chamado "freudo-marxismo". Enquanto Freud julgava inevitável um mínimo de repressão social graças ao triunfo do princípio de realidade sobre o de prazer, Marcuse (†1979) denuncia uma "sobre-repressão" que seria a consequência, não só do princípio de realidade, mas do *princípio de rendimento* agindo nas sociedades industriais cuja falsa racionalidade "torna a vida mais fácil para um número sempre maior de pessoas", mas, paradoxalmente, impede que seja garantido o pleno desabrochamento da personalidade. Com a liberação dos costumes, o homem moderno foi recuperado pela sociedade de consumo: ignorando a verdadeira liberdade, perde facilmente todo sentido crítico e se conduz como um robô.

Liderado pelos ingleses Laing e Cooper, o movimento antipsiquiátrico faz uma crítica feroz às práticas asilares e aos desumanos tratamentos aplicados aos doentes mentais. A antipsiquiatria faz um questionamento radical entre o normal e o patológico: "Nosso estado dito normal é um terrível estado de alienação" (Laing). E propõe terapêuticas capazes de assumir, para além do doente, o conjunto de seu "entorno" familiar e social. Numerosos movimentos de libertação (esquerdistas, feministas, ecologistas) reivindicavam um mundo mais feliz e mais livre: "*Make love not technology*". Tornava-se indispensável se repensar a questão do desejo e da repressão. Nietzsche, Kierkegaard,

Heidegger, Sartre e Foucault foram os filósofos mais invocados para fornecer as bases teóricas da "contracultura" e da antipsiquiatria. Pouco tempo depois, Guattari e Deleuze conseguem estabelecer uma aliança em torno do conceito de *máquina desejante*, da crítica do marxismo, da psicanálise, do estruturalismo e do pensamento de Lacan. Um grito pairava no ar: "Sejam realistas, peçam o impossível". O que restou desses movimentos? Respondiam a aspirações profundas ou passaram como modas intelectuais? Alguns estudiosos se apressaram em decretar seu fracasso e reconhecer sua superficialidade. Outros acreditam que a força de suas utopias continua ainda influenciando bastante nossas sociedades contemporâneas, consequentemente, os rumos das atuais ciências humanas.[9]

Mas comecemos nossa investigação com uma precisão conceitual: o que são exatamente as ciências humanas? O que dizem que são? Como querem ser reconhecidas? Como pretendem legitimar seu saber? O que têm a nos dizer sobre a sociedade? Podem nos ajudar a compreender o mundo e a agir para mudá-lo? Têm condições de nos explicar o "mistério" do homem? Se nada do homem e da sociedade escapasse a seus conhecimentos, poderiam fazer suas as palavras de Shakespeare: "Assumiremos a responsabilidade de explicar o mistério das coisas como se fôssemos os espiões de Deus". Ademais, poderíamos nos perguntar: quais as disciplinas que deveríamos reter no santuário da cientificidade e as que precisariam dele ser excluídas? Temos condições de detectar uma orientação comum de análise capaz de resistir à dispersão das especificidades disciplinares? Como controlar a diversidade de escolas, tendências, interpretações e pontos de vista? Podemos nelas confiar, quando sabemos que sua preocupação fundamental tem sido a de fortalecer e justificar uma visão economicista e utilitarista do mundo buscando naturalizar ou reificar as realidades culturais? Podem ser efetivamente consideradas *ciências*? E qual seu grau de *humanidade*? Se só podemos considerar *científicos* os resultados intelectuais permitindo *ao mesmo tempo* uma explicação satisfatória de fenômenos até então ininteligíveis e uma resistência exitosa às tentativas de falsificação de suas teorias, como poderão ser consideradas científicas? Uma teoria pode ser fortemente explicativa e fracamente apoiada em tentativas de falsificação. As ciências humanas não conseguem conjugar esses dois critérios: ou suas teorias globais não são verificadas ou, quando as parciais o são, deixam de ser integradoras.

Como não possuímos respostas prontas e muito rigorosas, e as que temos por vezes nos parecem demasiado insatisfatórias e embaraçantes, comecemos por analisar sucintamente os problemas de terminologia. Seria muito difícil propor uma definição canônica ou estabelecer um traçado preciso das fronteiras entre "ciências humanas", "ciências sociais" ou "ciências do homem". Porque essas expressões mais ou menos são tomadas uma pela outra e mais ou menos se recobrem, embora não devam ser consideradas exatamente como sinônimas. As definições dependem muito mais dos recortes acadêmicos e institucionais que de uma terminologia propriamente rigorosa. Em 1970, a Unesco patrocina uma gigantesca pesquisa, realizada pelos mais importantes especialistas de cada setor (J. Piaget, P. Lazarsfeld, R. Boudon, P. Ricoeur...) sobre o estado da pesquisa no domínio dessas disciplinas. Uma vez concluída, e na ausência de consenso, essa prestigiosa instituição prefere denominar os resultados *Tendances principales de la recherche dans les sciences sociales et humaines* — Primeira parte: *Sciences sociales* (987 páginas); Segunda parte: *Sciences anthropologiques et historiques, esthétique et sciences de l'art, science juridique, philosophie* (2 tomos de 1.645 páginas). Analisando esta e outras publicações da mesma época, podemos constatar que a maioria dos pesquisadores e especialistas começa a renunciar ou a relegar a segundo plano as questões *políticas*: refugiados por detrás dos muros de sua disciplina ou subdisciplina, não sabem ou não querem mais interrogar sua época nem enfrentar seus desafios teóricos. O sociólogo Alain Caillé constata com tristeza: com o *esquecimento do político*, começa a *crise* das ciências humanas. Escreve vários trabalhos para nos mostrar que, além da forte presença desumanizante do *estruturalismo*, o avanço vertiginoso do *utilitarismo* e do *individualismo metodológico* impede cada vez mais os cientistas humanos de reconhecer a dimensão plural e coletiva da ação social.[10]

Na universidade francesa, a expressão "ciências humanas" remete ao núcleo fundamental formado em torno da psicologia, da sociologia, da antropologia, da linguística e da história. As "ciências sociais" designam as ciências da sociedade *stricto sensu*: economia, ciências políticas, geografia e (de novo) sociologia. Para designar o conjunto dessas disciplinas, os institutos de ensino e pesquisa preferem falar de "ciências do homem e da sociedade". Nos Estados Unidos, durante muito tempo se falou de *Social and Behavioral Sciences*. Em ambas essas partes do mundo, o que se pretendeu foi levar a sério o termo "ciência" para legitimar a pretensão de se constituir um saber objetivo capaz de submeter à crítica racional e adequar-se a esse conjunto de conhecimentos as disciplinas agrupadas sob a denominação genérica de "ciências humanas". Nos dias de hoje, para designar essas ciências (as *Humanities*), tende a impor-se a expressão mais sucinta *Social Sciences*. Na verdade, não há nenhuma distinção de natureza entre as ciências sociais e as humanas. Porque os fenômenos sociais dependem de todos os caracteres do homem, inclusive os processos psicofisiológicos. Reciprocamente, as ciências humanas são todas sociais por um ou outro de seus aspectos. Por isso, denominamos *ciências humanas* as disciplinas autodeterminadas do saber dizendo respeito ao homem e à sociedade, mas privilegiando os métodos de compreensão e interpretação de seus fenômenos e visando, quando possível, estabelecer leis abstratas e gerais. Possuem um alto coeficiente simbólico. Têm fronteiras e estatutos incertos. Algumas (como a História) remontam à Antiguidade; outras (Sociologia e Psicologia) têm pouco mais de um século; umas tomam por objeto o conjunto dos fenômenos sociais; outras (Economia e Linguística) privilegiam determinado domínio de atividade. Por detrás dessa diversidade (de origem, objeto e tradição), surgem pontos essenciais de encontro e recobrimento. Mas cada uma surge com um objetivo claro e preciso:

- a **Antropologia** não só visa estudar o homem e a vida em sociedade, mas descrever racional e objetivamente os ritos, os mitos e os costumes dos povos (a partir da compreensão dos "primitivos") tentando elucidar a diversidade e os invariantes das culturas a fim de penetrar no mistério de suas origens;

- a **História**, além de reconstruir o passado dos homens e das sociedades, tenta também reconstituir as mentalidades, os modos de vida e os universos sociais formando o solo invisível de suas mutações e invariâncias; e observando as sociedades sob o ângulo da duração. O relato histórico, apoiando-se em documentos devidamente criticados, busca definir fatos construídos e explicar sua sucessão. Foi marcado pela fórmula de Ranke: "mostrar como as coisas realmente se passaram";[11]
- a **Geografia** visa buscar compreender como os homens ordenam seu espaço e organizam sua vida a partir de sua disposição espacial. Enquanto ciência do "espaço humano" procurando descrever, medir e repertoriar os contornos de nosso planeta, problematiza essa noção interessando-se, não por uma substância, mas por uma relação: a do Homem com seu espaço;
- a **Psicologia** (enquanto "ciência do psiquismo") surge para explorar os dois grandes domínios do conhecimento: a) as funções "cognitivas" do indivíduo (percepção, aprendizagem, inteligência, memória e linguagem); b) sua vida afetiva (emoções, personalidade, motivações, pulsões etc.) e os meandros da loucura. Nasceu em dezembro de 1879, quando o professor alemão W. Wundt (em Leipzig) decidiu descrever e medir o funcionamento do espírito humano ("duração da percepção"), ou seja, quanto tempo decorre entre a apresentação de um estímulo e seu reconhecimento pelo sujeito (percepção);
- a **Sociologia**, contemporânea da revolução industrial, surge para interrogar sobre os fundamentos do elo social e as mutações das sociedades modernas, privilegiando as investigações sobre o trabalho, a família, o poder, os grupos e suas desigualdades, a fim de detectar relações gerais entre fatos históricos; como filha da modernidade, se dá por tarefa pensar os contornos da sociedade nova;
- a **Linguística** surge para analisar as funções, a natureza e as regras da linguagem humana dando-se por objetivo fundamental compor uma espécie de "gramática do pensamento",

sem deixar de preocupar-se com o problema da origem das línguas, das relações entre linguagem e pensamento etc.;

- a **Psicanálise** surge como um método de tratamento das doenças mentais, notadamente das neuroses, vinculado a uma teoria do inconsciente: "O que a caracteriza, enquanto ciência, é menos a matéria sobre a qual trabalha que a técnica que utiliza. Seu único objetivo e sua única contribuição consistem em descobrir o Inconsciente na vida psíquica. Denominamos psicanálise o trabalho que consiste em trazer à consciência do doente os elementos psíquicos recalcados" (Freud);

- a **Economia** surge para compreender as condições nas quais os homens produzem, trocam e se repartem as mercadorias e os bens públicos, procurando saber, no processo de produção, a parte que cabe ao mercado e a que depende da intervenção do Estado etc.[12]

Observemos que, ao surgirem, as ciências humanas logo se deparam com um sério problema: o estabelecimento de fronteiras a partir de questões fundadoras, a definição de seus métodos, a elaboração de seus conceitos e a definição de seus primeiros modelos de referência. A repartição do território entre sociólogos, psicólogos, historiadores etc. foi acompanhada de acirradas disputas de fronteiras e de pretensões hegemônicas de uma disciplina sobre as outras. A questão do *método* estava no centro dos debates. Uma vez que o modelo de cientificidade era fornecido pelas ciências da natureza, notadamente pela Física, torna-se claro que as disciplinas humanas jamais poderiam ser totalmente ciências. Deveriam decalcar sua *démarche* nos métodos das ciências naturais. Ou deveriam admitir uma abordagem específica dos fenômenos humanos e sociais? Como administram as relações entre modelizações matemáticas e relatos de situações? Que lugar dão às causas e que significação conferem às razões ou motivos? Devem opor ou articular explicação e compreensão? O fato é que, nessas disciplinas, não temos o direito de separar completa e nitidamente *método* e *objeto* de pesquisa. Razão pela qual seus discursos não podem ser verdadeiros nem falsos. No dizer de Popper, são "infalsificáveis". Na mesma linha, Paul Veyne lança um livro, *Como se escreve a história* (1971), a fim de negar toda possibilidade de cientificidade a essa disciplina (bem como à Sociologia e à Economia política). O que ela faz é construir intrigas plausíveis à maneira do romance, nenhuma sendo mais verdadeira que a outra. Aliás, nem mesmo se coloca o problema da verdade. Mas o da coerência ou da conformidade a uma *regra*. E essa regra é, por assim dizer, incompatível com a prática científica. No entanto, somos obrigados a segui-la, quaisquer que sejam nossas convicções próprias. Assim, a História propõe seus dados para garanti-la e se inserir no espírito do tempo. Para nos darmos conta disso, consideremos três definições possíveis das *social sciences*: a) estudo do homem vivendo em sociedade; b) estudo do funcionamento das sociedades humanas; c) estudo das relações sociais entre os homens:

- a primeira indica que o homem pode ser estudado em si mesmo, fora de sua vida em sociedade. Reconhece o par Indivíduo/Sociedade. Donde, Psicologia/Ciências Sociais. Ademais, recusa que o indivíduo seja explicado pela sociedade e que as ciências sociais possam tudo dizer sobre o homem. Essa posição prioriza uma *abordagem analítica* da sociedade: explica os fenômenos sociais pela interação dos indivíduos, deixando de lado a ação que a sociedade sobre eles exerce;
- a segunda se dá por objeto a sociedade como tal. Cada indivíduo é considerado parte de um todo fixando sua função e seu objetivo. Trata-se de uma *abordagem sintética*: é o funcionamento da sociedade que explica as atitudes e ações individuais;
- a terceira, enfim, permite-nos perceber: a) são os homens que elaboram suas relações sociais; temos uma abordagem analítica: os indivíduos, ao elaborar suas relações sociais, criam a sociedade; b) as relações sociais preexistem aos indivíduos; temos uma abordagem sintética: a sociedade não é um agregado informe de indivíduos, pois é estruturada pelas relações que mantêm entre si.

Importa observar que as disciplinas humanas, em seu tumultuado processo de constituição e autoafirmação, cultivaram certo "ódio fraterno". Por exemplo, Durkheim (†1917), fundador da sociologia científica, cujo método deveria repousar no princípio fundamental: "considerar os fatos sociais como coisas", manifestou grande hostilidade à Psicologia. Tentou mesmo suprimi-la. Como seu mestre Comte, acreditou não haver lugar para ela: vetou-a do campo científico. Assim, munido do mapa das ciências conhecidas elaborado pelo pai do positivismo, que teve o mérito de inventar uma ciência proclamando a autonomia do social, tentou preencher o espaço vazio propondo a etiqueta *sociologia*. Para atingir esse objetivo, construiu uma das obras mais impressionantes e fecundas das ciências do homem. Não cessamos de admirar a fina arquitetura de suas teorias. E as relações que estabeleceu entre os fenômenos mais diversos e distantes. No entanto, nas milhares de páginas, podemos detectar um enigma: como o *indivíduo* pode retirar de si este mundo da *sociedade* que lhe é oposto? Não se cansou de tentar provar que não pode. Razão pela qual se engajou a fundo tentando mostrar que a sociedade constitui uma realidade primeira e superior aos indivíduos que a compõem. Não só ordena os fatos de religião, direito e moral, mas associa os fatos de linguagem, troca e conhecimento num conjunto coerente.

Eis o que justifica a existência de uma ciência particular. Como denominá-la? Depende do que entendemos por "indivíduo" e por "social". Para Durkheim e seus seguidores, a sociedade aparece, antes de tudo, como um conjunto de crenças e práticas que associam os homens e formam sua consciência comum. Encarna-se em instituições e símbolos que se impõem e exercem uma ação coercitiva. Está convencido de que a sociedade possui uma natureza *sui generis*: imanente em cada um, é transcendente a todos e produz, por intermédio da *consciência coletiva*, o espaço e o tempo homogêneos, os conceitos e os princípios da razão, bem como os valores morais e religiosos. Tudo se passa como se o *a priori* racionalismo devesse ser substituído pela sociedade. Contudo, a realidade psíquica difere essencialmente da social, pois esta nasce quando os indivíduos se agregam, se comunicam e passam a agir de modo concertado. Preocupado em não separar uma concepção da sociedade e a da constituição do elo social, Durkheim opõe a Sociologia à Psicologia. Porque o todo da sociedade não se reduz às suas partes nem se explica por elas: "todas as vezes que um fenômeno social é diretamente explicado por um fenômeno psíquico, podemos garantir: a explicação é falsa" (*Les règles de la méthode sociologique*).[13]

Na segunda metade do século XIX, o jurista americano Lewis Henry Morgan (†1881), ao forjar uma primeira imagem global das "sociedades arcaicas", torna-se um dos pais fundadores da Antropologia moderna ao se interessar pelo estudo metódico (teórico e de observação) da organização social de algumas tribos indígenas e de seus sistemas de parentesco. Preocupado em interrogar os fundamentos da coesão social, em tentar descobrir a origem da vida em sociedade e os fundamentos do elo social, reconhece ser a família uma instituição de base, ao mesmo tempo universal e fundadora da sociedade humana. Ao publicar seu *Ancient Society*, lança uma vasta síntese sobre a origem da civilização. Não se trata mais do parentesco, mas do conjunto das instituições sociais. Ao cruzar os dados ligados à família, às técnicas, à economia, às formas políticas e aos modos de vida, consegue, adotando uma visão evolucionista, classificar as sociedades humanas numa clara ordem cronológica. Por muitos considerado o pai fundador da antropologia, e longe de considerar os "primitivos" como seres não civilizados, Morgan defendeu ardorosamente as populações indígenas, lutando muito para ver reconhecido o valor de suas culturas. Embora seu esquema rígido de evolucionismo das sociedades não seja mais aceito pelos antropólogos contemporâneos, é inegável que permanece ainda bastante vivo seu projeto de uma comparação sistemática das formas sociais e de sua evolução.

Mas é só no início do século XX que o estudo da sociedade, através da Sociologia, se organiza na França sob a égide de Émile Durkheim, por muitos considerado o pai fundador dessa disciplina (o avô teria sido Comte), pois lhe atribui a tarefa de estudar os fatos entendidos como "modos de agir, pensar e sentir exteriores ao indivíduo e que são dotados de um poder de coerção em virtude do qual a ele se impõem". Ao conceber a sociedade como imanente a cada indivíduo, mas transcendente a todos, declara: ela produz, por intermédio da *consciência coletiva*, o espaço e o tempo homogêneos, os conceitos e os princípios da razão, os valores morais e religiosos. Juntamente com Marcel Mauss (†1950), vê na religião um elemento das sociedades ditas "arcaicas". Na Alemanha, a Sociologia se institui sob o patrocínio de Max Weber (†1920), Simmel e Tönnies. É a Weber que devemos a introdução, nas ciências sociais, não só da *démarche* "compreensiva" para explicar um fenômeno a partir das intenções e dos motivos dos atores implicados, mas da noção de *tipo ideal* permitindo se caracterizar os períodos históricos e as grandes estruturações sociais. Ao recusar a exterioridade do fato histórico relativamente às operações de conhecimento, mostra-nos, em sua *Ética protestante e o espírito do capitalismo*, como os valores calvinistas adotados pelos puritanos a partir do século XVII (valorizando o trabalho, a acumulação, a sã gestão dos bens etc.) favoreceram a acumulação capitalista. Transportada para os Estados Unidos, a Sociologia se desenvolve com muita força na Universidade de Chicago. Se a chamada "Escola de Chicago" teve sua era de ouro entre as duas guerras mundiais, nem por isso deixou de influenciar, em profundidade, a sociologia americana posterior.[14]

Portanto, é no final do século XIX, com a geração dos fundadores Durkheim, Weber e dos criadores da Escola de Chicago, que a Sociologia é constituída como disciplina autônoma, seu campo é definido, seus métodos são estabelecidos e seu reconhecimento constitui um fato. No mesmo momento, Wilhelm Wundt cria o primeiro laboratório de Psicologia experimental em Leipzig (1879). Um pouco depois, Freud cria sua nova ciência: a Psicanálise (fundada em 1896, embora só se desabroche em 1910) com a pretensão de afirmar-se como uma psicologia dinâmica suscetível de explorar a personalidade profunda e os fenômenos inconscientes dos indivíduos por métodos próprios. E Ferdinand de Saussure (†1913), tomando consciência das estreitas relações entre pensamento e linguagem (*Cours de linguistique générale*), faz a Linguística ingressar numa nova era, conferindo-lhe uma sólida orientação conceitual e uma rigorosa metodologia. É a ele que devemos as oposições entre *langue* (sistema de diferenças) e *parole*, diacronia e sincronia, significante e significado. Por sua vez, Franz Boas e Marcel Mauss formam as primeiras gerações de antropólogos profissionais: o primeiro, pai fundador da antropologia cultural, mostrando que a "cultura" de um povo é mais determinante que suas condições biológicas para compreender seus comportamentos e atitudes: "um mesmo fenômeno pode provir de causas diferentes"; o segundo, ao procurar interpretar os rituais e as trocas cerimoniais, inaugura uma análise do *dom* como "fato social total". Seu *Ensaio sobre o dom* — que representa o fato social global sob a forma de um triângulo: dar/receber/devolver — influenciou bastante o pensamento antropológico.

Na mesma época, o antropólogo anglo-polonês B. Malinowski (†1942), com seu livro *Sexualidade e repressão nas sociedades primitivas*, pretende dar uma resposta ao *Totem e tabu* de Freud: ao contestar sua ideia da universalidade do Édipo e o mito do assassinato do pai (seria constitutivo das sociedades humanas), dá uma importante contribuição à Antropologia e introduz o famoso método da "observação participante": imersão completa na população estudada da qual se deve aprender a língua, partilhar a vida cotidiana, observar os fatos e gestos corriqueiros etc. Logo depois, influenciado pelo russo Roman Jakobson (†1982), um dos criadores da Fonologia e um verdadeiro *globe-trotter* da Linguística, e inspirando-se nos métodos da Linguística, Lévi-Strauss passa a utilizar o termo "antropologia" para designar ao mesmo tempo o conhecimento sintético da organização das sociedades arcaicas e, mais geralmente, o estudo global do homem; e funda a Etnologia estrutural ("exploração sistemática das oposições binárias") tendo por objetivo detectar, para aquém dos fenômenos de superfície diversificando as culturas, os esquemas subjacentes que as formam. E, ao abordar as sociedades como um cartesiano, mostra que tanto as regras de parentesco quanto os mitos são construídos a partir de estruturas lógicas explicáveis pela análise estrutural.[15]

Logo as ciências humanas começam a provocar um grande rebuliço intelectual, acompanhado por uma quantidade enorme de publicações, criação de revistas e associações, realização de congressos, simpósios, seminários e colóquios. Ao invadirem praticamente todas as grandes universidades, passam a dominar alguns importantes centros acadêmicos e de pesquisa. Tem início para valer a rigorosa exploração racional e científica do Homem, de seu pensamento, de suas determinações ou condicionamentos, de sua organização social, de suas relações com o passado, consigo mesmo e com a cultura. A história dessas ciências também é a história da especialização dos saberes, da tecnização das pesquisas, da profissionalização dos pesquisadores e do gigantesco aumento de psicólogos, sociólogos, economistas, historiadores, linguistas, demógrafos e psicanalistas... Estabeleceu-se uma clivagem entre uma representação memorial do passado, própria à comemoração institucional dos "heróis fundadores", e uma história historiadora das ciências que estuda o contexto de emergência de seus saberes onipresentes e frequentemente suspeitos ou temidos. Não nos esquecendo de que a evolução das ideias é fortemente marcada pelas instituições que as produzem. O importante a ressaltar é que essas ciências representam uma atividade de produção do humano, de seus modelos históricos e de sua incessante transformação: têm por objetivo último, não só apreender todas as razões significantes presentes nas práticas sociais (ações finalizadas), mas mostrar que o imaginário das sociedades escapa às diversas formas de determinismo. Donde a importância de tentarmos compreender os quadros de pensamento, as operações de conhecimento, os programas e as teorias que essas disciplinas foram levadas a historicamente construir a fim de inventar novas formas de cidadania que sejam universalizáveis e, ao mesmo tempo, capazes de reconhecer as singularidades histórico-culturais nas quais o homem possa buscar razões de viver, agir e esperar.

* * *

Como vimos, a reflexão sobre o destino humano e a natureza das sociedades talvez remonte às fontes mesmas da humanidade: os mitos e as religiões sempre tentaram fornecer respostas aos grandes enigmas sobre a natureza humana. E os filósofos nunca deixaram de dissertar sobre o espírito humano, as raízes da sociedade e a marcha da história. Mas o *projeto* efetivo de se fundar uma "ciência do homem" só surge mesmo no século das Luzes (XVIII). Os pensadores dessa época mostram a necessidade de se criar uma ciência nova. Um pouco antes, o filósofo inglês Thomas Hobbes (†1679), ao pensar os fundamentos do poder político através do estudo do homem em estado de natureza, já havia descrito (*Da natureza humana*, 1650) esse estado como aquele em que estariam os homens se não houvesse nenhuma lei, nenhuma moral. O comportamento do homem é definido em termos mecanicistas: suas ações procedem de instintos irresistíveis, incompatíveis com a ideia de liberdade. Submetido às paixões individuais, o homem não é, no início, naturalmente social. É selvagem: está a serviço de um interesse imediato conduzindo-o à rivalidade, à luta contra os outros. Nesse estado, só agiria em função de seus instintos. O direito se confunde com a faculdade de cada um lutar por sua sobrevivência. Convencido de que na fonte de nosso conhecimento há esse instinto, esse esforço para alcançar o que nos agrada e fugir do que nos desagrada, já havia elaborado uma teoria da "natureza humana" como base de uma teoria política destinada a prevenir o retorno das mortíferas guerras civis e anunciado o advento de uma "física social"; e mostrado que, através do estudo do homem em estado de natureza ("a guerra de todos contra todos" em que "o homem é um lobo para o homem"), se poderia descobrir os fundamentos do poder político. E é assim que a sociedade humana, contrariamente às sociedades animais, vai nascer de um contrato estipulando que os indivíduos consentirão em abandonar seus direitos naturais no interesse da paz.

Os teóricos do "contrato social" (convenção imaginada por alguns filósofos: Hobbes, Locke, Rousseau, devendo constituir o fundamento ideal da organização da vida em sociedade) também não cessaram de elaborar esta noção de "natureza humana" e tentaram compreender os motivos que os levaram a edificar instituições políticas: a política não depende de uma ordem natural ou divina, pois brota de um contrato social entre os homens. Locke, por exemplo, como defensor do liberalismo político, sustenta que os homens elaboraram um contrato político para proteger e defender sua vida e seus bens: o objetivo do governo é proteger o indivíduo e a liberdade. Por sua vez, o filósofo, economista e historiador escocês David Hume (†1776), sendo o primeiro autor a pretender fundar efetivamente uma ciência do homem, declara: "não há questão importante cuja solução não seja compreendida na ciência do homem". Em seu *Tratado da natureza humana*, pretende "introduzir o método experimental de raciocínio nos assuntos morais". Quanto a Helvetius (†1771), sustenta, em seu *Do homem, de suas faculdades intelectuais e de sua educação*, uma concepção materialista do humano. Igualmente Diderot e d'Alembert (criadores da *Enciclopédia*) propõem um "programa para a ciência do homem": o progresso das ciências que tentam promover deve englobar os progressos dos usos e costumes, vale dizer, das relações inter-humanas e, por conseguinte, da sociedade civil.[16]

Por sua vez, o renomado matemático, filósofo, político e historiador do progresso Condorcet (†1794), ao depositar uma enorme confiança no "cálculo das oportunidades" e ao fazer uma reflexão profunda sobre o curso da história, lança as bases das ciências sociais pela aplicação das probabilidades às pesquisas estatísticas nesse domínio. É conhecido o desafio que lança em seu *Esboço de um quadro histórico dos progressos do espírito humano*: "O único fundamento de crença nas ciências naturais é esta ideia segundo a qual as leis gerais que regem os fenômenos do universo são necessárias e constantes; e por que razão este princípio seria menos verdadeiro para o desenvolvimento das faculdades intelectuais e morais do homem do que para as outras operações da natureza?". Donde sua crítica aos que tentaram penetrar na natureza do homem e dos deuses, na origem do mundo e do gênero humano: "tentaram reduzir toda a natureza a um único princípio, e os fenômenos do universo a uma única lei. Assim, em vez de descobrir verdades, forjaram sistemas". Portanto, é no século do Iluminismo que a ciência do homem começa a tomar corpo. Praticamente todos os filósofos dessa época se preocupam em fundar uma "ciência do homem", também chamada de "ciência social", "ciência moral" ou pura e simplesmente Antropologia: ciência visando a um conhecimento global do homem.[17]

Contudo, se o século XVIII é um período de projetos, o XIX será o das primeiras realizações e fundações. É o tempo dos *pioneiros*, da elaboração dos primeiros programas. Toda a filosofia de Comte (†1857) encontra seu sentido no interior de sua situação histórica: propondo-se a lutar contra a anarquia e a indisciplina dos costumes, contra os ideais libertários da Revolução Francesa, visa (remediando os males advindos dessa Revolução) à restauração de um período "orgânico" e "estável" repousando na *ordem* e nos velhos valores. O essencial de seu positivismo está resumido na máxima que gostaria que fosse gravada em seu túmulo: "O Amor por princípio, a Ordem por base, o Progresso por fim" (em parte retomada por nossa bandeira republicana). Em 1839, Comte, o primeiro filósofo a denominar "Sociologia" a nova ciência da sociedade, retoma a expressão "física social" e lhe confere um sentido mais amplo para preencher a lacuna subsistindo ainda no edifício enciclopédico do saber humano: a física social tem por objetivo permitir a reconciliação da *ordem* e do *progresso* (desenvolvimento da ordem). A partir de raízes distintas e ritmos diferentes, surgem os primeiros campos disciplinares. Os principais ramos do saber começam a adquirir forma, traçar suas fronteiras a partir de questões fundadoras, definir seus métodos, elaborar seus conceitos e seus primeiros modelos de referência. Primeiramente, as ciências humanas nascentes experimentam um forte crescimento quantitativo. Em seguida, veem-se às voltas com uma proliferação de modelos e métodos e preocupadas em se libertarem da filosofia para se tornarem ciências. Enfim, conhecem certa profissionalização e uma efetiva inserção social como representantes legítimas de um novo campo científico.[18]

Poderíamos indefinidamente glosar sobre a real cientificidade dessas ciências. O assunto é desafiador e estimulante. No plano intelectual, durante todo o século XIX, a fundação da Antropologia como ciência autônoma foi profundamente marcada pelo evolucionismo e, no plano dos métodos, pela observação e pela comparação sistemáticas dos modos de vida das sociedades estudadas. Nos dias de hoje, essa questão da cientificidade não desperta mais tanto interesse assim. Tampouco suscita discussões acaloradas como outrora. Não predomina mais um acirrado conflito dos métodos (*Methodenstreit*) que incendiou a Alemanha no final do século XIX e início do XX em torno da seguinte questão: devem as ciências sociais imitar e copiar a *démarche* ou abordagem das ciências naturais ou devem adotar um método próprio para o estudo do humano e do social? No entanto, permanece viva e atual a questão: são as ciências humanas ciências do homem? Que programas e paradigmas subentendem suas pesquisas sobre o homem a ponto de criarem escolas rivais ou aproximações entre disciplinas diferentes? Teriam condições de dar uma resposta à quarta questão de Kant "O que é o Homem"? Em *A Antropologia de um ponto de vista pragmático*, convencido de que "não podemos conhecer o homem se ignoramos seu meio", lança as bases da Antropologia filosófica tendo por objetivo compreender a natureza humana: "conhecimento pragmático daquilo que o homem (enquanto ser de livre-arbítrio) faz, pode ou deve fazer de si mesmo".

Trata-se de uma disciplina que, não se esquecendo do caráter transcendental do homem (modo *a priori* de conhecê-lo ultrapassando o domínio da experiência), está longe de reduzi-lo ao empírico: enquanto pessoa, possui uma dignidade elevando-o acima das leis da natureza. Trata-se ainda de uma antropologia que não se limita a estudar a natureza humana enraizada no mundo da experiência e do devir histórico, pois é indissociável de uma sabedoria capaz de levar em conta o aperfeiçoamento da humanidade através do desenvolvimento das civilizações. Este questionamento sobre o destino do homem deveria concluir o programa da filosofia. E anunciar seu fim próximo. Na verdade, o objeto dessa antropologia remete ao "conhecimento do homem como cidadão do mundo": a uma multiplicidade de interrogações sobre a natureza humana, o tempo, a história, a linguagem, a identidade, o poder e as paixões. No entanto, no decorrer do século XIX, esse tipo de saber começa a perder fôlego e ser substituído pelas ciências do homem que, ao começarem a emergir e a impor-se com toda força, pouco a pouco se apropriam (reformulando e desenvolvendo) do projeto de estudar o humano de modo racional e *empírico* sob todos os seus aspectos: psicológico, social, pedagógico, geográfico, cultural, econômico... Mas isso não impediu a filosofia de continuar formulando algumas teorias gerais da natureza humana constituindo uma espécie de infraestrutura de nossas atuais representações do homem.[19]

Claro que esteve sempre reservado à filosofia o "privilégio" de pensar global e reflexivamente a diversidade dos conhecimentos parciais e formular algumas questões gerais sobre a natureza humana, notadamente através da ética e da política. Questões estas constituindo ainda hoje a infraestrutura da maioria de nossas representações do homem. Cada vez mais ela se dispõe a colaborar com as ciências humanas para se construir uma reflexão sobre o real tendo em vista não só explicar, mas compreender ou interpretar as estruturas e as práticas sociais em suas potencialidades criadoras. O Renascimento viu aparecer uma nova concepção do ser humano bastante imbuída de um generoso ideal de cultura e sabedoria. Os pensadores humanistas propuseram e desenvolveram um olhar novo sobre *a condição humana* combatendo os dogmatismos e pregando a tolerância. A fraqueza do homem, devida às ilusões produzidas pelos sentidos, pelas paixões e pela imaginação, levou-o a adotar um ceticismo resumido na frase de Michel Montaigne: "O que sou?". O humanismo surge como uma doutrina proclamando: o homem é o valor supremo e a fonte de valores; seu destino não pode estar subordinado a uma lei (divina, natural ou histórica) superior ou transcendente.

Por isso, o humanismo logo se associa às filosofias do sujeito colocando o homem, sua liberdade e sua felicidade no centro das preocupações morais: "se denominamos humanismo uma filosofia que enfrenta como um problema a relação do homem com o homem e a constituição entre eles de uma situação e de uma história comuns, devemos reconhecer: Maquiavel formulou algumas das condições de todo humanismo sério" (Merleau-Ponty). Um texto do sábio italiano Pico della Mirandola (†1494 — *Da dignidade do homem*) serviu de manifesto a essa corrente. Preocupado em demonstrar a verdade do cristianismo concebido como acabamento e síntese das tradições culturais de sua época, expôs as principais questões que iriam marcar a reflexão sobre o destino humano e já prefiguram, por sua ousadia e pela contestação de toda autoridade, o humanismo do Renascimento profetizando algumas das questões que iriam interessar às posteriores ciências humanas:

- é o homem um ser de razão ou de paixão?
- é livre ou prisioneiro de seus determinismos?
- é um anjo ou um demônio?
- sua vida possui um sentido superior ou é levada num mundo absurdo?

Historicamente, para responder a essas interrogações, surge todo um florilégio de concepções filosóficas marcadas pela seguinte convicção: conhecer a "natureza humana" significa conhecer tudo o que se pensou e se disse a seu respeito: o conjunto dos caracteres e das propriedades definindo o ser humano, tudo o que se encontra presente em todo homem, comum a todos os homens, abstração feita das determinações contingentes. A partir do momento em que a ideia de *Cosmos* se desmorona (com a revolução científica galileana), que a religião começa a vacilar e o ser humano é posto no centro do mundo e da reflexão filosófica, a *questão do homem* se torna intelectualmente crucial. Doravante, é superada a cosmovisão cosmológica e cosmocêntrica, passando a predominar a antropológica e antropocêntrica (nos dias de hoje, talvez "coisológica e coisocêntrica"). O homem começa a viver num mundo caracterizado por uma especificidade crítica de sua cultura: em seu seio, nenhum argumento de autoridade (a começar pela do passado) deve mais impor-se verdadeiramente; e a invenção (ruptura com a tradição e as concepções estabelecidas) passa a ser valorizada por si mesma. A modernidade racional, sem negar a crença religiosa, proclama sua independência das modalidades institucionais do religioso. O mundo moderno passa doravante a se caracterizar por uma especificidade crítica da cultura, no seio da qual não deve mais se impor nenhum argumento de autoridade, devendo ser valorizada apenas essa ruptura com a herança e as concepções estabelecidas.[20]

A nova visão de mundo, forjada pela ciência moderna e tão bem sintetizada por Newton, não nos apresenta absolutamente um universo de paz e harmonia: não é mais uma esfera fechada sobre si, um lugar acolhedor e securizante para o homem, mas um mundo de forças e choques onde não sabe mais se situar verdadeiramente, pois passa a habitar num universo infinito, sem limites no espaço e no tempo, onde o *Cosmos* não pode mais servir de modelo para se pensar os valores humanos. Uma vez instalado no centro do mundo, contra a concepção cosmológica e cosmocêntrica grega, o homem passa a ser considerado, sobre a Terra, o único ser verdadeiramente digno de respeito, a única referência para se pensar o que é moralmente bom e mau. Por isso, essas concepções filosóficas estão fundadas num *humanismo* que, não somente o instaura como valor supremo e fonte dos valores, mas chega mesmo a propor a igualdade de todos os homens, antecipando a Declaração dos Direitos do Homem (1789). Seu princípio mais profundo? O ser humano possui direitos, merece ser respeitado, abstração feita de toda espécie de pertença comunitária, étnica, religiosa, nacional, linguística... Além de tentarem explicar o ser humano, essas concepções exerceram uma forte influência nas ciências humanas, não só em seu movimento de fundo (em seu devir), mas em suas peripécias de superfície. As mais importantes? A racionalista, a naturalista, a utilitarista, a prometeica e a existencialista:

- **a racionalista** (origem cartesiana), fazendo o conhecimento proceder de princípios *a priori*, defende a seguinte tese: o homem é um ser de razão, um animal essencialmente racional ("A razão é a coisa mais bem distribuída no mundo"). Por sua consciência, consegue conduzir sua vida e orientar racionalmente sua existência. O pensamento racional é capaz de atingir a verdade absoluta na medida em que suas leis são as mesmas a que deve obedecer o real. Fundado nessa perspectiva, e tentando dar uma resposta à antiga dicotomia corpo/espírito, inscreve-se o atual cognitivismo postulando: a) os estados mentais devem ser tratados sob formas de representações simbólicas e de atitudes proposicionais; b) as operações lógicas (associação, implicação) formam uma "linguagem de pensamento" semelhante a um programa de computador; c) o homem deve pilotar sua vida graças às suas capacidades de raciocínio, projeção no futuro e cálculo racional;

- **a naturalista** (raízes no materialismo de Demócrito, †370 a.C.), negando as ideias de criação divina e Providência, tende a reduzir o homem a um ser de carne e osso como qualquer vivente e a explicar o desenvolvimento da sociedade a partir das leis naturais da geografia e da biologia, fazendo da natureza a referência de toda conduta. Compreender o homem é compreender sua biografia, sua fisiologia e o funcionamento de seu organismo: vê na vida biológica e nos instintos a fonte e a norma da vida moral. Essa corrente é composta por um conjunto de doutrinas filosóficas negando a existência do sobrenatural e de todo princípio transcendente: só admite, como única realidade, a natureza tal como aparece na experiência. E a ideia de natureza vem associada à de determinismo, como se suas leis fossem implacáveis. No fundo, o naturalismo extremado, além de reduzir a um *fato de natureza* a consciência e seus dados imanentes à intencionalidade, reduz as *ideias* a fatos de natureza. Essa visão do humano pode facilmente ser encontrada na Sociobiologia, explicando a maioria das condutas e instituições humanas em termos de herança e evolução, vale dizer, a partir de um determinismo genético, uma vez que a vida em sociedade possuiria um fundamento biológico;
- **a utilitarista** (inspirada nos filósofos J. Bentham e Stuart-Mill) se apresenta como uma doutrina moral e social defendendo a seguinte tese: o homem é movido essencialmente por seus interesses privados que busca maximizar o melhor possível, pois o critério dos valores é a utilidade. Identificada com uma aritmética dos prazeres, isto é, com um cálculo egoísta da maior quantidade possível de felicidade individual, levando o indivíduo a visar ao máximo de felicidade para o maior número possível, essa doutrina se funda em três princípios: a) por ser egoísta, o indivíduo age em função de seus interesses pessoais; b) todo o seu esforço vai na linha de buscar uma satisfação máxima por um custo mínimo; c) seus comportamentos são

racionais: funda suas ações no "cálculo científico de seus prazeres e dores" (Bentham). A moral utilitarista se apresenta como uma teoria racional permitindo se determinar as técnicas suscetíveis de garantir o máximo de felicidade individual. Não nos esqueçamos da importância que teve o *pragmatismo* de Wiliam James (†1910). Em *O pragmatismo*, apresenta uma visão bastante neodarwinista do conhecimento. Nossas ideias constituem instrumentos mentais criados por nosso cérebro com o objetivo de resolver problemas. Como tais, são adaptadas, isto é, adequadas a determinado uso: nós as conservamos e as cremos verdadeiras. Não são verdadeiras nem falsas. "São úteis ou não úteis." Se, num meio novo, tornam-se desadaptadas, as declaramos falsas. Não passam de crenças mais ou menos funcionais e relativas à eficácia da ação. Seguem essa filiação as teorias da "escolha racional" fundadas no interesse pessoal; o que importa é a margem de escolhas de que dispõem os atores nas estratégias que traçam para atingir seus fins; desse ponto de vista, a sociedade é concebida como uma combinação de inúmeras ações individuais;

- **a prometeica** afirma: o homem é um ser histórico que se modela no decorrer do tempo por um processo de autoengendramento, por uma construção progressiva devida a seu trabalho, às suas técnicas, a seus conhecimentos acumulados e à sua cultura. Trata-se de uma história conflituosa e coletiva em que ele precisa superar, pelo domínio da ciência e da técnica, os desafios da natureza e de sua própria história. Sob sua forma idealista (tudo o que existe resulta do desenvolvimento da Ideia), essa concepção aparece em Hegel; sob sua forma materialista (a matéria é a realidade fundamental e primeira), em Marx, tentando explicar as transformações sucessivas da natureza pelo ultrapassamento dos elementos contrários em luta até que apareça uma realidade superior. No século XX, o materialismo exerceu uma forte influência em diferentes setores científicos: em biologia, rejeitando toda finalidade e reduzindo o vital ao físico-químico; em psicologia, considerando a consciência um epifenômeno ou reduzindo o psiquismo ao fisicamente observável. Não foram poucos os intelectuais que, fascinados por um messianismo operário e por um advento que seria o fim da história, viram no marxismo o portador de uma mensagem universalista e mística, capaz de restaurar o ideal perdido de uma ciência unida à moral;

- **a existencialista** afirma que "a existência precede a essência" (Sartre) e faz da liberdade seu postulado fundamental: a liberdade original e a angústia que dela resulta são constitutivas do destino do homem. Confrontado a um mundo aberto e sem sentido prefixado, experimenta uma profunda angústia e uma inquietude fundamental: "o sentido do ser desse ente que denominamos *Dasein* vai revelar-se ser a temporalidade" (Heidegger). A existência é marcada pela temporalidade. Projetado no mundo e no tempo, o ser humano é aberto e inacabado. O sentido de sua vida não é pré-dado. Donde a inquietude profunda constitutiva de seu ser. Também o inacabamento provoca nele essa inquietude. A situação do *Dasein* exige que o ser humano assuma sua existência e se engaje na vida, pois é atormentado pelo tempo que passa, pelas perspectivas da morte e do pecado. Ao mesmo tempo, sua liberdade o deixa diante de sua criatividade ou da angústia. Foram influenciados por essa visão os cientistas humanos que rejeitaram estudar e reduzir os fenômenos mentais como fatos naturais, na esperança de construir uma "ciência do espírito" (Dilthey) ocupando-se das ideias e das culturas, tais como são subjetivamente vividas.[21]

Não resta dúvida que nossas atuais ciências humanas procederam de práticas do saber construindo pacientemente seus novos objetos, sua metodologia e sua epistemologia, embora não estejam mais tão preocupadas assim com os problemas relativos à natureza do homem nem com a fundamental questão de sua liberdade. Pelo contrário, reivindicam um campo preciso de pesquisas cuja fecundidade se mede de acordo com as transformações dessas e de outras ideias de "homem" e de "humano" historicamente construídas em nossa cultura. Se é verdade que permanecem dependentes de certas ideologias recuperáveis, precisamos também reconhecer: as mais especializadas pesquisas em história, psicologia, linguística, antropologia, educação, sociologia, psicanálise etc. fornecem contribuições essenciais e seguras à reflexão sobre o futuro de nossa compreensão do *humano* no homem. O problema consiste em sabermos como *falam* do homem e elaboram seu discurso. O que têm a nos dizer a seu respeito? Enfatizemos dois aspectos:

- a categoria "ciências *do homem e da sociedade*" recobre teorias e métodos tão heterogêneos que se torna difícil enunciarmos generalidades pertinentes a seu respeito. Ao tentarmos compreender o lugar da ciência na sociedade, vemos que o estudo dessas disciplinas assume uma dimensão propriamente cultural modificando nossa percepção teórica dos sistemas sociais e afastando as imagens envelhecidas associadas à noção mesma de ciência;

- o fato de as ciências naturais terem durante muito tempo funcionado como ideal e norma de cientificidade frequentemente constitui um obstáculo a uma caracterização objetiva das humanas. O que mais se alega? O fato de nelas ser insuficiente o nível de conceitualização e fraca a formalização. Donde a ausência de precisão e rigor. Ademais, a existência de múltiplos esquemas de inteligibilidade (explicação, compreensão etc.) e a inexistência de um método único e seguro constituiriam um sinal manifesto de sua imaturidade. Sem falarmos de seus resultados, pouco generalizáveis: suas teorias têm dificuldade de inferir leis universais a partir do vivido. A experimentação é coisa rara. A predição, problemática ou inexistente.

Por outro lado, podemos facilmente constatar: o objeto dessas disciplinas nada tem a ver com o das naturais, pois diz respeito ao estudo dos diversos sistemas de valores inerentes aos diferentes modos de o homem viver em sociedade: seu comportamento psíquico, sua linguagem, sua história, seu ser social etc. Bourdieu, que costumava dizer: "Diga-me a música que ouves e te direi quem és", acertou na mosca ao afirmar: "A desgraça das ciências humanas reside no fato de lidarem com um objeto que *fala*". Dão-se por objeto exclusivo o homem em suas diferentes dimensões: histórica, sociológica, econômica, psicológica etc. Sua pretensão à independência relativamente a todo postulado filosófico, a fim de se autodeterminarem na cientificidade, por um certo tempo levou-nos a admitir que a filosofia deveria restringir seu papel ao de refletir sobre o homem em geral, deixando de apreciar a realidade de sua autonomia concreta. A resposta à questão kantiana "o que posso pensar?" foi dada pela filosofia política. Esta nasceu de uma reflexão sobre o poder e seus fundamentos. Construiu-se em várias etapas em torno de questões fundadoras constituindo outros tantos dilemas da vida em sociedade: quais as fontes do poder? Como se justifica sua existência? Como conciliar a ordem social e a liberdade dos indivíduos? É possível se construir uma cidade política ideal? Como harmonizar justiça social e eficácia econômica? Frequentemente se alega que as ciências da natureza se interessam pelas *coisas*, ao passo que as humanas tratam de situações nas quais desempenham um importante papel as *significações* e as *intenções*. Devemos concluir pela necessidade de se elaborar um método próprio às ciências do homem e da sociedade? Essa questão, posta no final do século XIX, ainda hoje é recolocada, mas sem que se chegue a nenhum consenso. Esquematicamente, três posições se defrontam:

- a que para elas reivindica um método específico (o da compreensão) de produção do humano e de seus modelos históricos;
- a que exige que sigam o modelo das ciências da natureza sob pena de ficarem relegadas fora das fronteiras da cientificidade;
- a que milita em favor de um pluralismo metodológico: reconhecer a legitimidade do recurso a uma multiplicidade de métodos: ora sustentamos esse pluralismo em nome da necessidade de adaptar o método à especificidade do objeto de es-

tudo, ora fazemos valer a aplicação de métodos *diferentes* a um *mesmo* objeto de estudo.[21a]

Veremos como essas disciplinas tentam romper com as considerações ideológicas mais visíveis e investir explicitamente no projeto de se constituírem e se afirmarem como verdadeiras *ciências* ou campos autodeterminados do saber: conhecimentos racionais e objetivos elaborados a partir da observação, do raciocínio e da experimentação tendo em vista descobrir e enunciar leis às quais obedecem os fenômenos e congregá-los em teorias suscetíveis de comprovação empírica. Para cada uma, essa constituição se realiza segundo um modelo de cientificidade comum: a experimentação constitui uma condição necessária mas não suficiente de seu saber, devendo ser combinada com outros procedimentos cognitivos (dedução lógico-matemática). Inscrito na *razão experimental* e negando a existência em nossa mente de dados independentes da experiência, esse projeto recebeu estas denominações: *empirista, objetivista* e *quantitativista*:

- *empirista* — para a abordagem empirista, nossos conceitos, ideias e informações sobre o mundo provêm e representam uma aquisição da experiência e nela repousam: perceber nada mais é que captar informações do mundo tal como é na realidade, sem fazer apelo às hipóteses, pois não existem em nosso espírito dados independentes da experiência. O conhecimento humano deduz da experiência, não só seus princípios, mas seus objetos ou conteúdos. O processo de conhecimento exige coleta e tratamento de *materiais* adequados: dados demográficos, etnográficos, sociográficos etc. Esta preocupação está associada à rejeição de especulações, profecias, ideias abstratas e ao emprego de instrumentos e técnicas de coleta e análise de informações pertinentes. A grande tentação: depositar toda sua confiança num empirismo estrito limitando-se a registrar fatos e resultados, como se falassem por si mesmos, de modo suficientemente claro para as necessidades da prática;

- *objetivista*, no sentido em que pretende construir *fatos*, vale dizer, afirmações testáveis e controláveis, independentes das interpretações subjetivas e autônomas no mundo exterior: mediante o emprego de métodos dedutivos (lógico-matemáticos) ou experimentais, os sujeitos chegam finalmente a um acordo sobre determinado setor de conhecimento; a evolução da taxa de natalidade é um fato, independentemente das ambições natalistas ou malthusianas das instâncias políticas. O mundo objetivo se tornará o mundo real: dependente de um saber objetivo (apoiado na experiência externa) podendo ser definido, em oposição ao arbitrário da construção imaginativa do sujeito, pela *impessoalidade* de um conhecimento *universalmente* válido;
- *quantitativista*, no sentido em que somente a medida poderia garantir a esse modelo detectar estruturas fortes, propor fatos controlados, verificar hipóteses e elaborar leis, independentemente de toda apreciação qualitativa. Qual a principal diferença separando a ciência do conhecimento comum? Enquanto a primeira estabelece relações estritas e precisas entre fenômenos medidos, o segundo se contenta com observações imprecisas das qualidades.

Trata-se de um modelo fundado na constatação precisa dos fatos apresentados por acaso ou pelas circunstâncias fortuitas, sem levar em conta hipóteses ou interpretações, pois deve privilegiar uma racionalização recorrendo à observação, à experimentação e à medida. O filósofo Malebranche (†1715) já dizia: "Esta terra é real; sinto-a muito bem. Quando bato o pé, ela me resiste. Eis o que é sólido". Nessa ótica, nossos sentidos são considerados um receptáculo para as informações provenientes do mundo exterior. Se vejo uma árvore em minha frente, sua presença se impõe a mim por duas razões: a) possui uma existência real independente de minha imaginação; b) ou a imagem que dela recebo constitui uma cópia fiel da original. Essa abordagem, embora tenha a seu favor a força da evidência, faz do conhecimento um reflexo interno da realidade exterior: como explicar os erros, as ilusões, os sonhos e os conhecimentos abstratos (matemáticos) que não constituem o produto de nossa experiência? Preocupado em fazer da sociologia uma ciência prática e útil ao progresso social, Durkheim consagrou esse *método* ao reduzir sua pretensão à de "considerar os fatos sociais como coisas". Assim descrito, pode ser entendido sob alguns aspectos:

1. inscreve-se nas representações de uma *razão experimental*, ou seja, de um racionalismo que, à imagem do que promove a física clássica, não somente considera a experiência uma observação provocada com o objetivo de produzir uma ideia, mas submete a análise científica ao controle de experimentações sistemáticas e rigorosas;

2. põe o problema de sua *aplicabilidade* a um mundo povoado e formado de significações e valores onde os dados pertinentes são, na maioria das vezes, qualitativos (inclusive, singulares) e a experimentação direta é praticamente impossível. Se a constituição do dispositivo de conhecimento pelas ciências humanas é feita sob os auspícios do único modelo de cientificidade legítimo (o das ciências naturais), claro que vai revelar-se fonte de tensões, resistências e recusas em nome mesmo da especificidade do domínio estudado;

3. desde o final do século XIX, essa tensão vem se exprimindo pelo recurso a um modelo epistemológico alternativo afirmando a especificidade das ciências do espírito em face das da natureza; e da compreensão em face da explicação. À razão experimental, opôs-se a *interpretativa* privilegiando o *compreender*, quer dizer, o modo de se apreender um dado anexado ao domínio mental do sujeito. É o que constata Gusdorf:

> a realidade humana é objeto de um saber específico cuja matéria é ao mesmo tempo interior e exterior ao indivíduo. A hermenêutica intervém para negociar o sentido enquanto correspondência entre o dentro e o fora; manifesta-se segundo a ordem da representação,

sem negar a realidade própria do mundo, nem a do espírito. Permanece livre o lugar para uma busca do ser, para uma ontologia de ambos os domínios. (*Les origines de l'herméneutique*)

Ao rebelar-se contra o ideal positivista, nosso autor proclama: o homem não pode ser reduzido a uma coisa. O que finalmente conta é o *sentido*, o acesso ao universo da consciência de si. Qual o sonho escatológico das ciências humanas? Permitir ao homem conhecer a si mesmo a fim de libertar-se de seus determinismos. Em outras palavras, com o fim dos grandes paradigmas unificadores, tentar elaborar proposições inovadoras permitindo-nos pensar de outra forma o social e o político;

4. com o objetivo de evitar os ameaçadores perigos fisicalista e psicologista, não resta dúvida que as ciências humanas, ao analisarem a *ação* dos homens, dão cada vez mais importância aos métodos *interpretativos*: seus fatos observados fazem sistematicamente apelo à reconstituição de um conjunto significativo estruturado. Conscientes de que esse conjunto jamais constitui um fato bruto, essas disciplinas mobilizam toda uma tradição englobando a fenomenologia, a sociologia compreensiva e a hermenêutica. A compreensão é entendida como a capacidade de dar conta de uma realidade humana de modo global, não analítico e explicitando sua significação: em vez de buscar as leis fiéis ao modelo físico-matemático, procuram revelar um *sentido*. Ao contestarem os neopositivistas, os defensores da hermenêutica nos lembram: longe de constituir uma porta aberta a "qualquer coisa", a *compreensão* visa a um *entendimento sobre o sentido*: é "a formação de um consenso a propósito de pretensões à validade" (Apel). A articulação entre entendimento e justificação nos mostra: uma reconstrução histórica ou uma interpretação sociológica não constituem simples narrações subjetivas, mas reconstituições se inserindo num conjunto de significações partilhadas pelos demais mem-

bros da comunidade científica numa intersubjetividade suscetível de conferir-lhe validade;

5. sabemos que a ciência é, por natureza, inacabada. Jamais consegue colocar um ponto final em suas questões. Todavia, esse inacabamento não é o mesmo nas ciências naturais e nas humanas. Nas físico-matemáticas ou da natureza, provém do seguinte fato: incessantemente um novo saber é acrescentado ao existente num aprofundamento infinito do real. E nas ciências sociais? Provém do fato de seu próprio objeto ser inacabado: trata-se de um objeto histórico mutante. Cada nova sociedade (e cada novo pesquisador) mantém uma nova relação com os objetos da história. E inventa uma questão, uma perspectiva e elucida uma nova significação. O progresso por acumulação é substituído por um de aprofundamento. Ao adotar a *démarche* compreensiva, o pesquisador tenta explicar um fenômeno (social ou político) levando em conta as intenções e as motivações dos atores concernidos;

6. ao recomendar ao cientista social que "ponha-se em condição de cumprir utilmente uma função determinada", Durkheim o convida a queimar o que antes adorava, a menosprezar o que outrora havia respeitado e cobiçado: a *cultura geral*. Nesse domínio, o ideal do amador deve ceder o lugar ao do *profissional*. A tendência que marca a sociedade moderna é a *profissionalização da vida*. Em todos os domínios, precisamos garantir a superioridade da competência e de uma racionalidade limitada a seu exercício. Porque um de seus efeitos é o de aproximar e integrar as classes ou os grupos que se isolam e se opõem. Só uma educação voltada para a profissão favorece o desabrochamento da pessoa e a torna disciplinada. Dessa tomada de posição, extrai uma *moral* possuindo algo de mais humano e mais racional:

Ela não impede nossa atividade para fins que nos tocam mais diretamente. Não faz de nós servidores de potências ideais de natureza diferente da nossa, seguindo seus próprios caminhos sem se preocupar com os interesses dos homens. Exige de nós apenas que sejamos ternos com nossos semelhantes e justos, que saibamos cumprir nossa tarefa, que trabalhemos naquilo a que cada um foi chamado, à função que melhor pode desempenhar e receba o justo prêmio por seus esforços. (Ibidem)

Portanto, a cada um sua competência. Eis o melhor modo de se resolver as questões sociais. Entre uma Economia política que utiliza a luta de classes e a Psicologia das multidões prevendo sua revolta descontrolada, a Sociologia postula o justo meio entre as profissões e um individualismo razoável.[22]

2 Ascensão

Após analisarmos o período dos *pioneiros* das ciências humanas, examinemos o de seus *fundadores* e *pesquisadores*. Para entendermos esse longo período (de ascensão e triunfo), lembremos que, até há pouco tempo, a maioria dos intelectuais, ao tomar parte nos debates públicos (epistemológicos ou geopolíticos), referia-se quase sempre (a favor ou contra) ao sistema de explicação marxista bastante em voga nos meios acadêmicos. Para nos darmos conta desse fenômeno, lembremos a dupla natureza dessa teoria: sua vocação científica e seu projeto político. Essa tomada de posição deixou marcas profundas nas ciências humanas. Ainda hoje, mesmo após o desmoronamento do sistema socialista, nossa cena sociocultural, desafiando as ciências humanas, parece dividida em duas: de um lado, encontramos filósofos e cientistas políticos frequentemente solicitados a emitir opiniões sobre os mais diversos assuntos e, do outro, uma comunidade fragmentada de pesquisadores em ciências sociais produzindo uma quantidade enorme de trabalhos especializados, dificilmente acessíveis e aparentemente bastante distanciados do debate público. Veremos que esse afastamento oculta uma evolução profunda, embora pouco perceptível, podendo estar na origem de uma verdadeira renovação intelectual. O problema inicial consiste em saber: o que essas disciplinas ganham com sua insistente negação de toda visão global, com a reivindicação e o pleno reconhecimento de seu estatuto de cientificidade? Têm ainda condições de pensar nosso tempo? Fornecem os meios adequados para agirmos no social? Para esclarecermos e despertarmos a consciência coletiva? Podem dizer o possível e o desejável? De um modo bastante polêmico, a questão de sua cientificidade é até muito antiga. Mais recentemente, foi retomada por Karl Popper que, partidário de um "racionalismo crítico" admitindo a neutralidade axiológica da ciência, construiu seu famoso critério de refutabilidade com o objetivo justamente de estabelecer uma nítida distinção entre as ciências da natureza e as outras formas de conhecimento podendo apresentar-se como ciências, mas não possuindo as condições efetivas de atingir a objetividade.

Claro que podemos desenvolver todos os tipos de objeções ao conceito de refutabilidade; até mesmo ser céticos quanto a seu interesse, sobretudo quando se põe a funcionar de modo autônomo. Mas uma coisa nos parece correta nesse domínio: o real problema da distinção entre ciências naturais e humanas. Nos anos 1970, quando se interrogava com muita seriedade sobre a existência dessas disciplinas e seu estatuto epistemológico (identidade), o sociólogo e historiador alemão Wolf Lepenies, diante da questão: "o que são as ciências humanas?", deu a seguinte resposta simplista e preconceituosa: má literatura. Sua tese (em *As três culturas: entre ciência e literatura, o advento da sociologia*) consistiu em dizer: a ciência, a literatura e as ciências humanas não passam de *discursos*. Há discursos bem escritos. Outros, mal elaborados. A ciência é um discurso bem construído em seu domínio. Também a literatura no seu próprio. No entanto, há uma espécie de entre-dois duvidoso: o das ciências humanas. Não sendo ciência nem literatura, constituem má ciência e má literatura. A propósito da sociologia, declara: "Na Alemanha, os antissociólogos contribuíram para o progresso da sociologia e os próprios sociólogos contavam entre os críticos mais ásperos de sua disciplina". Passou seu tempo procurando seu lugar próprio em algum lugar entre a ciência e a literatura. Ora, se é justa, mas insuficiente, a constatação de que os cidadãos mais frequentemente têm contato com a ciência pela utilização das tecnologias; se também é justo, mas insuficiente dizer: a ciência exerce uma profunda ação transformadora na concepção que nos fazemos da situação do homem, precisamos também reconhecer: aquilo que da ciência chega aos cidadãos e mais os atinge e os marca é a *imagem* que dela é feita e veiculada pelas ciências humanas.

Não resta dúvida que essas disciplinas sempre estiveram e ainda se encontram condicionadas pelo mundo político, sociocultural e econômico. Por sua vez, também é certo que, sem elas, nossa sociedade se tornaria incompreensível e desprovida dos debates de ideias. Não só tentaram transformar o humano em objeto de saber rigoroso, válido e verificável, mas desempenharam um relevante papel no projeto de emancipação iluminista, sobretudo na efetivação da liberdade de pensamento e no exercício da tolerância. Não reivindicaram apenas uma liberdade formal e abstrata. Forneceram os melhores instrumentos teóricos para que os homens tomassem consciência de que uma sociedade livre é a que lhes permite superar os dogmas religiosos, os preconceitos e as superstições que os aprisionavam e os mantinham na menoridade. Elas nasceram a partir do momento em que nossas sociedades tomaram consciência de sua autonomia: interiorizaram a instância da Lei e descobriram que esta não deve apenas ser dita, mas produzida. São para a política e a sociedade (a Lei interiorizada) o que a religião e o Estado foram para a sociedade tradicional. Veremos que a grande contribuição que podem dar à cena intelectual de hoje consiste em se afirmarem como uma espécie de "terceira cultura", podendo restabelecer a indispensável pacificação entre elas, as ciências naturais e a filosofia. Não dizemos que as naturais pouco fizeram para tornar possível nossa modernidade, pois tiveram um papel decisivo em sua instauração e em seu desenvolvimento. Constatamos apenas que: a) o "sentido" em que se move a tecnologia não é tanto o domínio mecânico da natureza, mas o desenvolvimento específico da informação e construção do mundo como "imagem"; b) a sociedade em que a tecnologia possui seu auge na informação é a mesma das ciências humanas: não somente é construída por essas disciplinas, mas em grande parte se exprime através delas.

Também é verdade que as ciências humanas hoje passam por uma profunda *crise* de identidade. Não só por uma crise, por um momento em que sua transformação ainda não se realizou, posto que ainda se encontram em questão suas noções fundamentais, seus princípios mais estabelecidos e seus valores socioculturais mais reconhecidos. Em muitos aspectos, vivem um momento de profundo *mal-estar* ou de eclipse que começa a partir do momento em que deixaram de fazer um investimento maciço no *político* e na *coisa pública* e passaram a se encantar pelas sereias (ou sirenes) da instrumentalidade. A esse respeito, já alertava o economista John Keynes (†1946): na cabeça de todo empresário dormita sempre um teórico econômico. No entanto, nunca houve tantos pesquisadores nessas disciplinas quanto atualmente. Nunca foram tão numerosas as edições de revistas e obras especializadas. Incontáveis têm sido os congressos, colóquios, simpósios, encontros e seminários. É muito rica a publicação de dissertações e teses sobre os mais variados assuntos. No entanto, nunca se acreditou tão pouco no *sentido* nem se depositou tão pouca credibilidade na utilidade e virtualidade da verdade dessas pesquisas. Claro que os pais fundadores dessas disciplinas quiseram criar uma ciência posto que seria a sintaxe enfim encontrada da verdade e da libertação. É possível que essa desmesurada ambição nos faça sorrir. Porque a ciência parece ter renunciado à sua pretensão à verdade. E da forma como é praticada pouco tem a ver com nossa emancipação: competiria à filosofia revelar as verdades últimas sobre o homem e o mundo na perspectiva de um sentido a ser conferido ao todo da condição humana.[23]

Em nossa análise das ciências humanas, enfatizaremos os aspectos concernentes a seu inquietante *mal-estar*, a seu momento de profunda *crise*. O que nos ensinam sobre aquilo que, sem elas, não saberíamos? O que ainda têm a nos dizer sobre o homem e a sociedade? E a acrescentar ao que sobre o homem e a sociedade nos falaram um Balzac, um Zola, um Dickens ou um Dostoievski? Podem ajudar-nos a compreender o mundo e agir sobre ele a fim de mudá-lo ou transformá-lo? Têm condições de nos propor uma interpretação de conjunto da história humana a partir da economia e dos conflitos sociais? Nos dias de hoje, quando os cientistas não mais admitem a possibilidade de se criar e impor uma teoria geral da formação dos sistemas sociais, a maioria de seus especialistas — entrincheirados nos muros de suas disciplinas ou subdisciplinas, dominados por um utilitarismo e por um individualismo metodológico impedindo-os de reconhecer a dimensão plural e coletiva da ação social — parece não saber mais interrogar sua época ou responder às exigências de uma construção democrática que não recalque o *político* em proveito do *moral* nem substitua a visão política por uma visão moral do mundo. Porque se esquece de reconhecer a dimensão plural e coletiva da ação social. Se isto ocorre, tinha razão Pascal ao dizer "a verdadeira moral zomba da moral", pois consiste em afirmar sua própria liberdade. As regras instituídas, indispensáveis à sustentação do homem em sua fraqueza, revelam-se irrisórias em face do que constitui sua grandeza: seu insaciável desejo de infinito.

Não nos esqueçamos de que uma das funções históricas das ciências humanas foi a de nos fornecer respostas, não somente teóricas sobre os segredos do mundo social e humano, mas práticas quanto ao curso e ao sentido de nossas ações. Ora, essa pretensão, procedendo da descoberta da indeterminação do antigo mundo e do desejo de gerar um mundo novo, por depender mais de uma filosofia, revela-se hoje bastante duvidosa: parece que delas não podemos mais esperar respostas para as questões do verdadeiro, do justo e do desejável. Donde não é de se estranhar o surpreendente sucesso e a indiscutível hegemonia das ciências naturais: compete-lhes tomar a palavra e falar. Ora, é justamente quando demonstram sua incapacidade de responder às expectativas que suscitaram que se veem ameaçadas de morte: lenta e suave ou respeitável e acadêmica. Quando se calam, ganham voz as pseudociências, essas extensões perceptivas e condensações de saberes efetivos cujos processos fundadores são ignorados por seus promotores e práticos, contentando-se em veicular algumas hereditariedades ou em aplicar regras-receita transmitidas. Qual o político ou artista que não consulta seu astrólogo, numerólogo, tarólogo ou guru de plantão antes de uma data ou decisão relevantes? Tampouco é de se estranhar o retorno do fanatismo religioso, do integrismo e do fundamentalismo que nos ameaçam com os piores raios divinos se não voltarmos aos caminhos da retidão moral revelados no Livro sagrado. Nesse contexto, podemos compreender o sucesso crescente das concepções místicas e holísticas divulgadas pela Nova Era prometendo-nos um mundo plenamente humano desde que abandonemos o "velho homem" do egoísmo e da agressividade como paixões ultrapassadas e nos abramos ao verdadeiro *homem novo* do autoconhecimento vivendo as promessas de uma nova era, não mais "povoada de deuses" (gregos), mas "carregada de energias": numerosas seitas americanas da *New Age* aliam mitos arcaicos e fantasmas tecnológicos; nos países islâmicos, é nas faculdades de ciências e engenharia que o integrismo recruta seus quadros mais capazes e audazes; e é frequentemente para a informática que se dirigem os jovens judeus ortodoxos mais competentes, fanáticos e intolerantes.[24]

Sem fazer concessão às exigências de um saber rigoroso, as ciências humanas deveriam inventar novas formas de cidadania e convívio democrático que fossem universalizáveis e, ao mesmo tempo, capazes de reconhecer as singularidades histórico-culturais nas quais deveríamos buscar não só fontes de inspiração, mas motivos (ou razões) concretos de viver e esperar. Estou convencido de que têm uma colaboração a dar na resposta à questão kantiana: "o que posso esperar?". Vimos que a filosofia política nasceu de uma reflexão sobre o poder e seus fundamentos. Construiu-se em torno de questões fundadoras concernentes à vida pública: quais as fontes do poder? Como podemos justificar sua existência? Como conciliar a ordem social e a liberdade dos indivíduos? Como harmonizar justiça social e eficácia econômica? Aliás, as ciências humanas já nasceram por ocasião de uma crise, de um problema, de uma exigência, de um obstáculo de ordem teórica e prática: a sociedade industrial do século XIX precisou lançar mão de novas *normas* para impor aos indivíduos. A Revolução Francesa havia introduzido uma descontinuidade no universo ideológico da Europa de então e exaltado a noção de "direitos do homem". E o evolucionismo darwiniano veio demonstrar a todos a historicidade do ser vivo. A partir de então, como essa história não possui mais finalidade, intenção ou plano preestabelecido, surge a possibilidade das ciências humanas. Seu nascimento pressupunha o aparecimento das noções de "Homem" e "História" como categorias filosóficas. Também o reconhecimento do fato da modernidade e do arbitrário dos simbolismos passados. Antes, nos lembra Foucault (1966), o "Homem" não existia:

> o campo epistemológico que percorreram as ciências humanas não foi prescrito anteriormente: nenhuma filosofia, nenhuma opção política ou moral, nenhuma ciência empírica, nenhuma observação do corpo humano, nenhuma análise da sensação, da imaginação ou das paixões jamais encontrou, nos séculos XVII e XVIII, algo como o homem. Porque o homem não existia (tampouco a vida, a linguagem ou o trabalho).

* * *

Lembremos que, nessa perspectiva, o *poder* não é representado unicamente pela força do Estado. Max Weber nos mostrou que há três tipos de poder político, nenhum deles podendo repousar na força: a) o *tradicional*, fundando sua legitimidade no caráter sagrado da tradição; b) o *carismático*, fundando sua legitimidade numa personalidade excepcional; c) o *legal-burocrático*, apoiando-se no poder do direito formal e impessoal. O importante a ressaltar é que, independentemente de sua forma, está presente em toda a sociedade: nas empresas, na escola, na família etc. Em boa parte de sua obra, Foucault tenta nos mostrar como a modernidade ocidental se construiu pela instauração de instituições visando "enquadrar" e "normalizar" o indivíduo. Em *História da loucura* e em *Vigiar e punir*, descreve como, do século XVI ao XIX, foram pensados e edificados o asilo e a prisão, "dispositivos de encarceramento" tendo por objetivo separar, do convívio das pessoas "normais", os loucos, os desviantes, os delinquentes e marginais (origem da *dicotomia* do normal e do patológico). Então, o poder assume a forma de uma verdadeira "sociedade disciplinar" em que a escola, os hospitais e as casernas eram verdadeiros lugares de aprisionamento dos corpos e dos espíritos. Nesse contexto, o que fazem as ciências humanas (saberes médicos, psiquiátricos, psicológicos)? Convertem-se em auxiliares do poder: passam a desempenhar um papel na "normalização" das condutas. Saber e Poder mantêm estreitos vínculos de proximidade. Esta tese nos permite dizer: três foram as *condições* determinando a produção desses saberes no curso do século XIX:

- **econômicas** — O desenvolvimento da sociedade industrial produz problemas novos: organização do trabalho, gerência da produção e distribuição dos bens, previsão da evolução do mercado etc. (Economia política); formação, alojamento, educação, vigilância dos trabalhadores e de suas famílias (Sociologia, Pedagogia); contar os trabalhadores e prever a evolução da mão de obra (Demografia); selecionar os trabalhadores e estabelecer técnicas de adaptação às suas novas condições de vida, aprendizagem e trabalho (Psicologia); ensinar-lhes a escrever (Linguística); desenvolver mercados para os novos produtos da indústria (Geografia, Etnologia);

- **políticas** — Torna-se indispensável uma transformação das estruturas políticas nas quais possa situar-se a produção da riqueza. A indústria nasce a partir do momento em que começam a existir trabalhadores livres e surgem leis definindo o mercado (papel das revoluções inglesa, americana e francesa). Ademais, as ciências humanas são postas a serviço, desde seu início, do bom funcionamento dos Estados (Poder) que passam a ter novas tarefas;

- **teóricas** — O modelo da Ciência, decalcado no das ciências naturais, passa a ser ideologicamente estabelecido como o lugar mesmo da verdade. Donde ser utilizado para o conhecimento do homem e da sociedade. Trata-se de aplicar a Ciência ao homem e ao social, instaurar um discurso sobre o humano e o social. É essa representação ideológica que fornece sua legitimidade social à construção de discursos científicos ou positivos sobre o homem.

Qual o grande desafio lançado, nessas condições, aos teóricos dessas ciências? O da aplicação ou não do *método explicativo* próprio das ciências naturais. Devem estas se preocupar apenas com os fenômenos repetitivos e proceder ao estabelecimento de leis abstratas gerais, deixando às humanas o domínio dos acontecimentos singulares? Depois de descrever, medir e classificar os fatos, o cientista humano deveria limitar-se a explicá-los, buscar-lhes razões de ser e uma lógica interna? Por exemplo, quais os fatores determinando a delinquência? Está a urbanização associada à solidão? Estas e outras questões dependem do estudo da causalidade. Na verdade, com que legitimidade podemos aplicar aos fatos humanos e sociais o método nomológico-dedutivo das ciências naturais? Seus pais fundadores acreditaram nessa possibilidade. Estavam convencidos de que podiam explicar um objeto mostrando que poderia ser deduzido de verdades já dadas ou de princípios evidentes. Quiseram adotar um programa naturalista visando unificar as ciências empíricas, articular as descrições de seus diferentes programas de pesquisas, torná-los coerentes entre si e mutuamente pertinentes:

- **Sociologia** — Ao definir esse saber como "a ciência das instituições, de sua gênese e de seu funcionamento", Durkheim é um dos primeiros a defender essa aplicação: "nosso principal objetivo é o de estender à conduta humana o racionalismo científico fazendo ver que, considerada no passado, é redutível a relações de causa a efeito que uma operação não menos racional pode transformar em seguida em regras de ação para o futuro" (*Les règles de la méthode sociologique*). Em outro texto, proclama: "Consideramos que nossas pesquisas não mereceriam uma hora de esforço se devessem ter apenas um interesse especulativo" (*La division du travail social*). Atingir esse objetivo supõe "tratar os fatos sociais como coisas". Não sustenta que as condutas humanas são reduzidas a fenômenos naturais (como o clima ou o movimento dos planetas), mas que a vida social deve ser estudada "objetivamente", com métodos rigorosos. A *démarche* "causal" é utilizada em *O suicídio*, obra na qual faz uso constante das correlações estatísticas entre casamento e suicídio, celibato e suicídio. Para tentar compreender quais fatores sociais estão ligados a esse fenômeno, busca relações estatísticas existindo entre a frequência dos suicídios e a solidão social, a religião de origem, a atividade profissional etc. E evidencia este fato: o suicídio é mais frequente entre protestantes que entre católicos, entre celibatários que entre casados. Donde propor a seguinte explicação: o grau de integração do indivíduo no seio de uma comunidade determina diretamente a propensão ao suicídio.

- **Psicologia** — A abordagem *behaviorista* visa a uma caracterização objetiva baseada exclusivamente nos comportamentos *observáveis* dos indivíduos em situação: "O behaviorismo pretende que o domínio da psicologia humana seja *o comportamento do ser humano*, a consciência não sendo um conceito nem definido nem utilizável" (Watson). Trata-se de uma abordagem recusando postular, para além dos atos e das palavras tangíveis dos locutores, quaisquer vividos de consciência, pois seriam inacessíveis à observação direta. Em outras palavras, essa abordagem consiste precisamente em estudar as condutas a partir apenas dos comportamentos observados por um observador exterior, sem levar em conta os "estados mentais" do sujeito. O que efetivamente importa ao psicólogo? Manter-se numa descrição externa das respostas regularmente associadas a determinado estímulo. O behaviorismo é uma teoria psicológica das condutas humanas na qual o comportamento desempenha um papel central: aquisição de condutas (linguagem, pensamento etc.) por associação entre um estímulo (S) e uma resposta (R). Só contam os comportamentos observados por um observador exterior. São relegados (numa "caixa preta") os "estados mentais" do sujeito: "a consciência não é um conceito definido nem utilizável" (Watson).[25]

- **Teoria da decisão** — Não só esta *teoria*, mas a dos *jogos* (seu caso particular) analisam os processos de decisão individual e coletiva empregando modelos abstratos formalizados e preditivos. Diversas disciplinas os utilizam, notadamente a economia e a ciência política. A teoria dos jogos constitui um dos modelos mais em voga para alguns economistas, sociólogos e teóricos das ciências políticas americanos. Consiste em modelizações matemáticas de situações de jogo em que o jogador deve aplicar estratégias sem conhecer a do adversários. Na economia, os indivíduos são supostos governados por aspirações simples: maximizar os lucros, minimizar as perdas etc. São assimilados a seres perfeitamente racionais: não só se revelam coerentes, adequando seus atos às suas intenções explícitas, mas seres maximamente eficazes tentando executar a *melhor* solução possível, levando em conta os fins perseguidos e as informações disponíveis relativas aos meios a serem utilizados. Fundados em tais hipóteses e determinados os objetivos e as crenças dos atores, são preditos seus comportamentos: de compra, venda, adoção desta ou daquela estratégia etc.

- **O modelo biológico** — Fundado na visão evolucionista, exerceu forte influência nas ciências humanas. Toda atividade mental (pensar, sonhar, desejar, perceber...) se traduz por reações fisiológicas particulares. Todo comportamento supõe um suporte biológico. E todo fenômeno psíquico deve ser observado nesse nível. O filósofo e sociólogo inglês Herbert Spencer, o mais importante pensador buscando transpor as leis da evolução biológica à história e às ciências humanas, considera a sociedade um organismo biológico evoluindo desde as formas simples e indiferenciadas para as formas complexas marcadas pela diferenciação das funções e pela heterogeneidade. A história universal deve ser lida como a passagem da ordem militar (tendo por molas propulsoras a guerra e a agressividade) à ordem industrial-liberal em que dominam os novos tipos de relações entre os homens. Esse modelo vem sendo aplicado com entusiasmo em três direções de pesquisas psicológicas: na psicofisiologia; nas neurociências e no estudo genético dos comportamentos.

Esses modelos, que seriam tão explicativos (nomológico-dedutivos) quanto os das ciências da natureza, seriam capazes de extrair relações constantes entre variáveis (leis) de onde podem ser deduzidos fatos singulares. Todavia, como se aplicam a fatos *humanos*, as variáveis que fazem intervir caracterizam-se por ser de um tipo *particular*: crenças, intenções, significações etc., não coisas ou traços do mundo natural. É pequena a articulação entre ciências humanas e naturais. Uma das dificuldades reside no fato de as humanas utilizarem uma bateria de conceitos (de instituição, regra, ideologia) aos quais temos dificuldade de fazer corresponder algo de semelhante no esquema conceitual das ciências naturais. Claro que a aplicação do esquema explicativo aos fenômenos humanos não implica a negação das intenções ou dos desejos. Supõe apenas que sejam até certo ponto *uniformizados* e *objetivados*. Ninguém nega a existência e a aplicação dos modelos nomológico-dedutivos nos fatos humano-sociais. O que se questiona é se podem dar conta, de modo confiável, dessa realidade complexa visada. E o que hoje se constata é a possibilidade do uso de todo um arsenal de métodos diversos. Paralelamente à especialização dos pesquisadores, aos poucos as pesquisas empíricas foram exigindo e aprimorando métodos e técnicas cada vez mais diversificados e sofisticados. A caixa de ferramenta dos pesquisadores é composta de vários instrumentos. As pesquisas de campo e de laboratório, as monografias eruditas e as séries estatísticas supõem um arsenal de técnicas mais ou menos formalizadas: criação de questionários, análise de conteúdo, testes psicológicos, sondagens de opinião, modelizações matemáticas, análise clínica...

Desde seu surgimento, as ciências humanas vêm se preocupando em nos ajudar a compreender as relações do homem consigo mesmo, com os outros e com a sociedade. Ao adotar uma postura empirista, pedagógica e evolucionista, deram-se por função precípua a de ajudar-nos a tomar decisões política, administrativa, gestionária, pedagógica, terapêutica... Ajudavam-nos a entender nosso mundo em nosso tempo. Não se limitavam a interpretá-lo e compreendê-lo. Forneciam-nos os meios indispensáveis para transformá-lo. O problema que hoje se põe é se essa função de "serviço" é compatível com a liberdade necessária à produção de um conhecimento científico digno desse nome. Mas tudo isso parece passado. Era uma prática em uso dos bons velhos tempos. Por isso, gostaria de interrogar sobre algumas das *razões* pelas quais as ciências humanas parecem ter *renunciado* a pensar nosso tempo e a transformar nosso mundo em direção ao justo e ao desejável. Por que *abdicaram* de seu papel de despertadoras e esclarecedoras da consciência coletiva? Por que não conseguem mais dizer o *possível* e o *desejável*? Por que perderam significação e prestígio sociais? Por que não conseguiram articular suas descrições naturalistas e os acontecimentos mentais e ambientais? Quais os verdadeiros motivos intelectuais de tal *demissão*? Por que abandonaram seu projeto inicial emancipatório? Por que deixaram de submeter seu saber ao debate público? Por que tiveram que passar por um prolongado momento de eclipse? Por que se deixaram invadir pelo ceticismo? Não estariam despreparadas para a solução de nossos problemas complexos e desafiadores? Para nos fazer avançar nos caminhos da democracia e da liberdade? Por exemplo, continuam a Economia política, a Sociologia e a Psicologia à altura de seus desafios? Por que nenhuma parece merecer nossa confiança? O que realmente está acontecendo nesse domínio? Há luz no fim do túnel?

- A ciência econômica se encontra submetida a dura prova: longe de reforçar nossa confiança na economia de mercado, consegue apenas evidenciar perigos alarmantes: a exacerbação da concorrência em escala mundial, o endividamento crescente dos países pobres, a disparada da dívida pública, a substituição do trabalho humano por robôs, a flexibilização do trabalho, a perda das raízes, a desmaterialização das trocas.

- Por sua vez, a ciência dos sociólogos, filha da modernidade e contemporânea da Revolução Industrial, que durante tanto tempo se deu por tarefa esboçar os contornos da sociedade nova nascente, vê-se ultrapassada pela explosão demográfica nos países pobres, pela exclusão de milhões de pessoas, pelo surgimento das megalópoles ingovernáveis, pela deterioração das áreas periféricas nos países ricos etc.

- Quanto à ciência dos psicólogos, sua contribuição se revela bastante irrisória diante dos estragos produzidos pelo desemprego, frente ao avanço do narcotráfico, ao aumento da depressão e à crescente onda de violência, ódio, fundamentalismo e fanatismo surgindo em toda parte etc.

Em nosso entender, foram seus modos de *conceitualização* dominantes, renunciando a uma ontologia autônoma e submetendo-se ao programa naturalista, que as levaram progressivamente a se desinteressar por nossos problemas mais importantes e a se omitir diante dos debates mais significativos de nossa época. Foi sua preocupação excessiva com a *objetividade* de seus conhecimentos que desviou seu olhar de tudo o que não se presta facilmente a uma *modelização reducionista* pretendendo referir todos os mecanismos do pensamento a um único nível de explicação (lógico ou neurológico). Nascidas do desejo de superar o conflito entre os homens, parecem não mais admitir que a luta e a rivalidade sobrevivem no interior mesmo da racionalidade. E que, nesse domínio, toda pacificação só pode ser precária. E parecem não admitir que a democracia não se alimenta do consenso, pois tem como condição *sine qua non* o reconhecimento do fato: a divisão entre os homens pode e deve ser atenuada, mas é ilusória a crença em sua total abolição. A esse respeito, talvez devêssemos tomar consciência de que, por detrás da efervescência das pesquisas em curso esteja se esboçando o perfil de uma democracia participativa, denominada "parlamento das coisas" (B. Latour): reunião dos delegados dos problemas, dos objetos e de tudo o que depende dos diversos domínios da biopolítica. Aliás, já na primeira metade do século XIX, o político e historiador Tocqueville (*De la démocratie en Amérique*, 1845), encarregado de fazer uma pesquisa sobre o sistema penitenciário nos Estados Unidos, apontava as contradições encontradas em sua democracia: para evitar o risco de cair na tirania de uma maioria medíocre, apegava-se a dois fatores suscetíveis de garantir a liberdade real: a liberdade da imprensa e a independência judiciária. Inspirando-se em Montesquieu, salientou a importância do "quarto poder": a imprensa (a mídia). O termo "democracia" designava um movimento global, ao mesmo tempo social e político:

- no plano social, era a reivindicação da "igualdade das condições": a abolição de uma ordem aristocrática na qual o lugar na sociedade era garantido pelo *status* de nascimento. Essa ordem hierárquica deveria ser substituída por uma sociedade permitindo a igualdade das oportunidades e a mobilidade social;
- no plano político, designava o direito que todos têm de participar ativamente da vida pública e de estar na origem das decisões do Poder.[26]

Sabemos que a tradição liberal considera a democracia o menos ruim dos regimes políticos, embora seja o que melhor protege a liberdade dos indivíduos contra as intervenções do Estado. No dizer de Montesquieu, é o regime no qual o conjunto dos cidadãos detém a soberania. Pensadores como Rousseau, Kant e Hegel salientaram: o pensamento liberal afirma como algo "natural" a existência de indivíduos movidos apenas por seus interesses e concebidos como átomos sociais desprovidos de existência política própria. A função do Estado consiste em garantir não só seu livre movimento, mas a harmoniosa expressão desses interesses, permitir o livre jogo das empresas e das trocas, jamais devendo intervir na esfera econômica. Nessa perspectiva, a política fica inteiramente subordinada aos imperativos da lógica econômica regulada pela suposta e misteriosa "mão invisível" presidindo secretamente a autorregulação do mercado. Portanto, o espírito do século XIX pode ser resumido na frase de Quesnay, fundador da seita dos fisiocratas: "não buscamos lições na história das nações e dos extravios do homem, pois nos oferece apenas um abismo de desordem". Para os cultores das ciências físico-matemáticas, o passado é concebido como desastre e desordem; a história não consegue fornecer ensinamentos válidos; a reconstrução da sociedade deve ser feita partindo-se do zero, de bases puramente racionais; seu estudo deve visar ao estabelecimento de leis universais e objetivamente válidas permitindo-nos fundar a harmonia entre os homens sobre bases sólidas e indiscutíveis. Por isso, as ciências físico-matemáticas, que já revelaram o mistério do mundo físico exprimindo-o por meio de leis objetivas e seguras (a da gravitação sendo a mais importante), constituem o modelo de cientificidade a ser imitado. Quanto às humanas, devem tentar descobrir as leis da "gravitação social", único fundamento seguro para uma vida em sociedade racional, harmoniosa e feliz.

É justamente porque essas leis não podem decorrer da *história* que existe uma diferença fundamental entre as ciências do mundo social e as do mundo físico. As leis de funcionamento das ciências do mundo físico são *descritivas*, deduzidas do estudo dos fenômenos naturais. Quanto ao objetivo das ciências do mundo social, consiste na formulação de regras de comportamento e de ensinamentos a serem seguidos, mesmo em oposição à história e às tendências espontâneas do homem. Numa palavra, consiste em elaborar leis *normativas*. Claro que pretendem formular leis universais, mas não o fazem *descrevendo* o mundo das relações sociais. Porque este constitui o lugar da desordem e do irracional. O que podem fazer? Smplesmente *aspirar* a esse objetivo, sem ter a ilusão de alcançá-lo. Só o atingirão quando conseguirem definir a essência do homem enquanto "animal racional". Sua *démarche* é eminentemente compreensiva: explica um fenômeno (acontecimento político, escolha de consumo etc.) a partir das intenções e motivações dos atores. Não nos esquecendo de que as ciências humanas se caracterizam pelo fato de serem ciências que *nos falam de nós*: somos ao mesmo tempo os *objetos* e os *destinatários* de seu discurso. Essa atitude, ao recusar buscar leis fiéis ao modelo físico-matemático, procura compreender a realidade humana de modo mais global, tentando desvendar seu *sentido* e privilegiando a finalidade e a intenção. Não possui um fundamento psicológico, embora remeta a uma situação de conhecimento particular, caracterizada por uma dupla historicidade: a do objeto e a do observador. Os objetos que as ciências humanas estudam se inscrevem no tempo, mas não são repetíveis nem reprodutíveis.

* * *

Nas últimas décadas, não somente essas disciplinas passaram por um processo acelerado de *crise de conjunto*, mas cada uma delas foi submetida a uma *crise de identidade* bastante preocupante. Surgidas com o nascimento dos Estados-nações, têm se revelado desadaptadas ao atual processo de globalização e complexificação dos conhecimentos e impotentes para pensar *o político* nessa nova configuração. Ora, o pensamento da complexidade se apresenta como um novo paradigma, nascido ao mesmo tempo do desenvolvimento e dos limites das ciências contemporâneas. Não abandonando os princípios disciplinares das ciências clássicas, tende a integrá-los num esquema mais amplo. Como só ganham legitimidade as proposições procedendo de vários campos disciplinares, perdem relevância os enunciados de cunho estritamente monodisciplinar, cortados dos mais fecundos projetos multidisciplinares em curso ou não animados por um espírito transdisciplinar. O pensamento complexo está submetido a vários desafios: como pensar os fenômenos naturais, sociais e humanos nos quais interage uma multidão de fatores interdependentes? Como recompor uma visão da realidade religando saberes dispersos sem fundi-los numa hipotética síntese global? Como integrar a desordem, o incerto, o inesperado e o acaso no conhecimento do real? Como entender e aceitar a parte de subjetividade no estudo dos fenômenos humanos sem renunciar às exigências de rigor e objetividade? Como superar a persistente clivagem entre modelos rivais (sujeito/objeto, indivíduo/sociedade, natureza/cultura)? Se as ciências humanas pretendem se submeter às mesmas exigências de controle das naturais e se seus objetos versam sobre intenções e significações, o problema que se põe é o seguinte: como podemos formar conceitos objetivos e uma teoria verificável a partir de estruturas de significações? Para essa desadaptação, duas alternativas vêm sendo propostas:

- abandonar o *princípio disciplinar* em proveito de um utilitarismo e de uma bricolagem revestidos do pomposo nome de inter- ou multidisciplinar;
- buscar a saída numa *supradisciplinaridade* capaz de federalizar as disciplinas autônomas e dirigi-las como um regente de orquestra.

O que se constata, na prática, é que a maioria das ciências humanas continua jogando o velho jogo disciplinar instituído e institucionalizado. Não são poucas as que, seguindo a lógica monodisciplinar em vigor, ainda depositam sua total confiança num *empirismo* estrito que, por acreditar que o mundo é tal como o vemos e que nossas ideias e informações sobre ele provêm unicamente da experiência, limitam-se a registrar fatos e resultados, como se nossos sentidos pudessem ser considerados um receptáculo passivo para as informações provenientes do mundo exterior. Nos anos 1970, houve um ressurgimento e uma retomada do empirismo acreditando que, por um desenvolvimento considerável da metodologia econômica, esse modo de proceder seria aplicável aos dados das demais ciências humanas graças ao uso dos novos instrumentos informáticos em franca expansão. Como se os fatos devessem falar por si mesmos de modo suficientemente claro para as necessidades da prática. Outras disciplinas acreditam encontrar a solução num *positivismo* ainda em vigor ou nas concessões mútuas do empirismo e da teoria disciplinar, num compromisso entre a insistência nos fatos e a utopia dos conceitos: a investigação empírica é elaborada sobre os pontos indicados pela teoria; mas esta se enuncia em conceitos operatórios, testáveis e invalidáveis pela observação. Sem falarmos das que de bom grado cedem a um *empirismo tecnocrático* reinante mais preocupado com o número dos contratos de pesquisa, como se os pesquisadores devessem provar que compreendem o lado administrativo e burocrático das coisas e que só é relevante a visão administrativa e gestionária da realidade.

Há muito tempo as ciências humanas vêm enfrentando o desgastante debate em torno de sua cientificidade (sua *identidade* como conhecimento efetivamente autodeterminado, racional e objetivo). Consequentemente, de seu efetivo reconhecimento, legitimidade e credibilidade sociais. Essa querela metodológica, no decorrer da qual tentaram definir sua fisionomia específica, foi marcada pela tradicional distinção meio esquizofrênica entre as ciências naturais nomotéticas e as ciências humanas idiográficas e descritivas ou entre ciências da natureza e do espírito com a oposição entre explicação causal e compreensão. Qual o problema fundamental? Preocupado em sustentar que todo sistema filosófico tem por objetivo revelar a "visão de mundo"de seu autor, em criticar o racionalismo e o método positivista que se propunham a explicar a realidade humana apenas por relações causais, Dilthey formulou um método compreensivo capaz de apreender, por intuição, a situação social e histórica do sujeito. Donde a importância que conferiu à Psicologia: seria capaz de captar o "estilo" do indivíduo, sua relação vivida com o mundo. Em 1883, publica suas *Geisteswissenschaften* (*Ciências do espírito*), opondo dois métodos distintos:

- **a explicação** (*Erklären:* explicar), abordagem própria das ciências da natureza, é o método consistindo em procurar as causas de um fenômeno: mostrar a existência de ligações constantes entre certos fatos, deles deduzindo os fenômenos estudados. Em outras palavras, "explicar" é tornar inteligível um objeto mostrando quais são seu "como" e seu "por que", vale dizer, sua "causa". Ao proceder de modo objetivo estabelecendo ligações causais entre fenômenos, esse método tem por alvo formular leis. Aplicado ao mundo humano, visa dar conta de um fato social (por exemplo, o êxito escolar) relacionando-o com outro fato social (por exemplo, o meio familiar).
- **a compreensão** (*Verstehen*: compreender) seria o método próprio das ciências humanas (do espírito). Sendo o homem ao mesmo tempo sujeito e objeto da pesquisa, a *démarche* dessas disciplinas consiste em reconstituir, por empatia, os motivos conscientes e o vivido dos sujeitos. Enquanto a explicação procede por análise (decomposição das causas em fatores), a *démarche* compreensiva pretende ser sintética. Durante muito tempo esse debate inflamou a universidade alemã. Em alguns anos, a disputa se estendeu a todas as disciplinas universitárias. Os sociólogos Max Weber e G. Simmel tomarão parte no debate. Não houve vencedor nem vencido. Ramificou-se e continua aberto. Creio que permanece válido o aforismo: "À custa de querermos explicar cada coisa, terminamos por mais nada compreender".

Nas décadas mais recentes, essa contraposição dualista tem se revelado bastante insatisfatória. Não só porque não podíamos deixar as ciências humanas em poder de uma compreensão quase que exclusivamente intuitiva, mas porque as próprias ciências naturais passaram a se abrir aos modelos interpretativos de tipo histórico-cultural. Qualquer que seja o estado das coisas nas *hard sciences*, é inegável que, nas *soft*, foram mais ou menos impostos modelos de racionalidade nos quais podemos detectar, de modo bastante evidente, o caráter intra-histórico dos modelos de interpretação utilizados pelas ciências humanas. Nesse sentido, a lógica de base com que podemos avaliar criticamente o saber dessas disciplinas, bem como a possível "verdade" do mundo e do homem que nos propõem, revela-se uma lógica tipicamente *hermenêutica*, não uma simples conformidade de seus enunciados a qualquer estado de coisas. Para Freud, por exemplo, os pensamentos conscientes constituem a expressão de uma força inconsciente. Cria um método para decodificá-la pela leitura dos sonhos, chistes, atos falhos, associações verbais livres etc. Decodificar o sentido manifesto (a palavra do sujeito) para dele extrair o profundo, eis o papel da análise. Esse trabalho de interpretação, consistindo em encontrar por detrás de uma palavra ou frase um sentido oculto e mais profundo, corresponde àquilo que os filósofos denominam *hermenêutica*: conjunto de conhecimentos e técnicas permitindo-nos fazer falarem os signos e descobrir seu sentido. No plano epistemológico, veio opor-se ao objetivismo reinante e constituir um polo de referência para numerosos movimentos contemporâneos, notadamente em sociologia, etnologia e psicologia social. Seu princípio diretriz? Se a imagem mecanicista ou organicista pode ser adequadamente aplicável à natureza, o mesmo não pode ser dito da sociedade e da cultura. O mundo humano, a sociedade e a cultura não devem apenas ser *explicados*, mas *interpretados*: não dependem só da razão experimental, mas da *interpretativa*, inclusive, da *dialética*.

A oposição radical entre *Naturwissenschäften* e *Geisteswissenschäften* se funda na ideia de que as ciências do homem se distinguem radicalmente das da natureza pela especificidade de seu objeto: o "espírito humano", possuindo uma natureza totalmente distinta da matéria inerte ou viva, seu estudo exigindo uma *démarche compreensiva*, não tanto de explicação. Essa *démarche* visa explicar um fenômeno a partir das *intenções* e dos *motivos* dos atores implicados. Em sua *Ética protestante e o espírito do capitalismo*, Weber fez uma análise para nos dizer: os valores calvinistas adotados pelos puritanos do século XVII (valorizando o trabalho, a acumulação, a boa gestão dos bens) favoreceram o surgimento e a implantação do regime capitalista. Em outras palavras, a racionalização econômica e o sentido da poupança foram difundidos pela ética calvinista que, ao suprimir as despesas suntuárias, impôs uma mentalidade nova: o homem deve empenhar-se em fazer frutificar as riquezas que Deus lhe confiou. A explicação de um fenômeno social faz aqui apelo às escolhas e aos motivos conscientes dos atores envolvidos. Claro que muitas vezes nossas escolhas conduzem a efeitos imprevistos ou "perversos": quando uma multidão prefere utilizar carros particulares em vez de transportes em comum, para chegar mais depressa, acaba por provocar um efeito inverso: engarrafamento e perda de tempo. O curioso é que muita gente hoje gasta cada vez mais tempo tentando ganhá-lo.[27]

Ninguém mais ousa negar a importância da linguagem e da dimensão histórico-cultural na espécie humana. Mas será que isto justifica a clivagem radical entre dois grandes territórios do saber? Por que introduzirmos essa ruptura no caso do homem, quando o mesmo não acontece nos casos em que passamos das ciências da matéria inanimada às da matéria viva? Na prática, essa dicotomia torna bastante desconfortável a posição de disciplinas situadas na interface das ciências naturais e das humanas: a neuropsicologia, a psicologia comparada e a etnologia não admitem uma separação radical entre biologia e ciências humanas. Entre elas há certa continuidade, não necessariamente reducionismo. No movimento atual das ciências (notadamente com o extraordinário desenvolvimento das ciências cognitivas), os neurobiologistas cada vez mais esbarram em questões dependendo da psicologia e da sociologia. Duas tendências se destacam:

- a **neurofisiologia** e a **neurobiologia**, ao se interessarem pelo funcionamento interno do cérebro, procuram saber como os raios luminosos estimulam as células nervosas do olho, como essa estimulação é transformada em influxo nervoso e como, de uma célula à outra, a mensagem é transferida, passando de um sinal elétrico a uma mensagem química: os neurotransmissores;

- a **neuropsicologia**, ao estudar os elos entre o funcionamento do cérebro e as condutas que lhe são associadas, privilegia o método da observação das perturbações dos comportamentos ligados a uma afetação das estruturas cerebrais; trata-se de um método permitindo se imaginar como o cérebro trabalha, quais as diferentes funções que são mobilizadas no domínio da palavra, da visão e da memória.[28]

Se precisamos reconhecer que as ciências humanas surgiram como saberes tentando inscrever-se no âmbito de uma "antropologia pragmática" (Kant) já fornecendo uma descrição positiva do homem, não a partir do que é por essência, mas do que faz de si (instituições, formas simbólicas e cultura); por outro lado, se devemos admitir que são capazes de descrever positivamente o que o homem faz de si na cultura e na sociedade, claro que precisamos reconhecer: a própria ideia de descrição está condicionada pelo desenvolvimento de tal positividade do fenômeno humano articulando-se com o desenvolvimento da sociedade moderna. Torna-se evidente que submeter as realidades humanas a uma análise científica não constitui apenas um programa epistemológico com claros interesses cognitivos, mas uma decisão realmente *política* só podendo ser compreendida em relação a um ideal de transformação da sociedade e de superação dos tradicionais dogmas, preconceitos e superstições. Aliás, em tudo o que fazemos, jamais podemos escapar totalmente da política. As *ideias* sobre a natureza humana, por mais filosóficas ou científicas que sejam, são inevitavelmente *políticas*. Alguns exemplos históricos são ilustrativos. Em primeiro lugar, vejamos uma teoria da natureza humana e de suas relações com a estrutura de classe da sociedade. Na *República* de Platão, Sócrates, após ter afirmado o valor da verdade, declara: "se alguém pode ter o privilégio de mentir, trata-se dos dirigentes do Estado". Glauco lhe pergunta: como tal mentira pode ser concebida? Resposta:

"Cidadãos, sois todos irmãos. No entanto, Deus vos constituiu diferentemente. Alguns têm o poder de comandar e, em sua composição, misturou ouro; donde o fato de terem o direito às maiores honrarias. Outros foram feitos de prata para serem auxiliares. E outros, os lavradores e artesãos, foram feitos de cobre e ferro para servirem". E acrescenta: "Toda mudança intempestiva entre as três classes seria das mais nocivas ao Estado e pode ser propriamente descrita como o cúmulo da infâmia."

Saltemos mais de dois mil anos e vejamos quão diferente é a ideia do homem. Rousseau declara: o homem, em estado de natureza, é bom; o que o distingue do animal é sua capacidade de *perfectibilidade*: mudar em função das circunstâncias. Por sua vez, Herbert Spencer, ao defender que a evolução constitui uma passagem do homogêneo ao heterogêneo, que opera necessariamente uma transformação diversificadora, vê na natureza uma réplica do capitalismo competitivo, transfigurado em lei biológica justificando as minas de carvão, as usinas de algodão e o colonialismo: "a pobreza do incapaz, as desgraças que se abatem sobre o imprudente, a fome do preguiçoso e o afastamento do fraco pelo forte são decretos de uma vontade ampla e previdente". Esta é uma versão vulgarizada de Darwin que, ao explicar a variação das espécies pela ação do meio e da seleção natural, precisa: "Utilizo o termo *struggle for life* (luta pela vida) num sentido amplo e metafórico, compreendendo a dependência de um ser a outro: não somente a vida do indivíduo, mas a possibilidade de sua reprodução".

Por sua vez, em pleno século XX, Sartre declara que o homem nada mais é que seu *projeto*, só existe na medida em que se realiza: é o conjunto de seus atos, quer dizer, sua vida. Sem falarmos do famoso cientista Konrad Lorenz (prêmio Nobel), utilizando analogias entre os animais e o homem para justificar as leis do casamento entre os nazistas; ou do renomado físico americano William Shockley (Nobel em 1956) que sustentou teses sobre a desigualdade da raça e propôs a criação de um banco de espermas de cientistas com vistas a uma purificação racial fecundando mulheres dotadas de alto coeficiente intelectual; nem de um dos criadores da estrutura do DNA, James Watson (Nobel de Medicina), afirmando (2007) seu pessimismo em relação à "inferioridade" dos povos africanos: "sua inteligência não é igual à nossa: todos os testes demonstram isso". Encontramos as mesmas extrapolações e a mesma carga de preconceitos na psicanálise. Durante a Primeira Guerra, Freud escreveu: "A importância conferida ao mandamento *Não matarás* garante que descendemos de uma linhagem interminável de gerações de assassinos que tinham o amor do assassinato em seu sangue como talvez tenhamos nós". Dez anos mais tarde, volta ao tema: "A civilização está perpetuamente ameaçada de desintegração por causa da hostilidade fundamental que joga os homens uns contra os outros. A tendência à agressão é uma disposição inata, independente e instintiva do homem". E ao responder a Einstein sobre o "por que" da guerra, enfatiza: "Não se trata de nos desembaraçarmos totalmente das pulsões agressivas do homem. Basta tentarmos desviá-las para que não tenham mais necessidade de se exprimir pela guerra". E conclui um de seus últimos livros fazendo a advertência: "Teremos ainda que lutar durante muito tempo contra os perigos que a natureza intratável do homem põe no caminho da comunidade social". Respostas insatisfatórias, sem dúvida. Mas que lição podemos delas retirar? Tomar como regra fundamental de nossa vida jamais sacrificar o essencial em proveito do secundário ou do insignificante.

O fato incontestável é que, até os anos 1970, as Ciências Humanas gozavam de um enorme prestígio. Reinava um grande entusiasmo pelas questões por elas tratadas. Ainda persistia um clima em que proliferava a crença no progresso e na ciência benfeitora. E era muito grande a confiança nos modelos de desenvolvimento. A planificação só perde credibilidade a partir do fracasso do modelo soviético (1989). O pensamento evolucionista permanecia bastante sedutor e, com ele, vigorava a ideia de uma marcha triunfante da modernidade e de um futuro melhor para a humanidade. Os êxitos dos movimentos de libertação e o processo de descolonização ainda não foram ofuscados pela ulterior onda de poderes ditatoriais. Assistíamos mesmo, na década de 1960, a um declínio histórico do racismo e do antissemitismo. Apesar de um certo pessimismo lançado por Weber e pelos pensadores da Escola de Frankfurt, as ciências humanas marchavam de vento em popa. E pareciam ter um belo futuro garantido. Pelo menos, é o que pensa, entre outros, o sociólogo Michel Wieviorka que, ao apresentar a obra coletiva *Les sciences sociales en mutation* (Éditions Sciences Humaines, 2007), descreve suas cinco características principais, que sintetizo:

1. desenvolveram-se num universo intelectualmente "westfaliano" (referência ao tratado de Westfália de 1648) servido para datar o ponto de partida da Europa das Nações. Organizaram-se e pensavam seus objetos no contexto do Estado-nação ou, depois, no contexto das relações ditas "internacionais", embora correndo o risco de alimentar certo etnocentrismo. Ao fundarem a Escola dos *Annales* (1929), L. Febvre e M. Bloch dão um grande impulso aos estudos históricos. Também a antropologia, a etnologia e a sociologia vivem um momento de glória. Sem falarmos do sucesso da psicanálise e da psicologia comportamental;

2. desenvolveram dois tipos fundamentais de relações com a filosofia: a) ou eram estruturalistas, hostis a todo subjetivismo, mantendo-se distanciadas de toda filosofia do sujeito e da consciência, chegando mesmo a proclamar a "morte do sujeito" ou a "morte do homem", consequência da "morte de Deus"; b) ou então, pretenderam conciliar a ciência (a sua) e a filosofia mediante a introdução do tema, se não do sujeito, pelo menos do "ator". E foi assim que o marxismo passou a ter uma forte influência nas ciências sociais;

3. não hesitaram em colocar a questão do engajamento no campo sociopolítico, fazendo uma distinção entre, de um lado, o pesquisador intelectual "crítico", engajado, eventualmente comprometido com um partido político participando da vida da Cidade e de seus debates, do outro, um "profissional" preocupado antes de tudo com o julgamento de seus pares, tendo por horizonte deliberadamente circunscrito o da vida acadêmica. Isto foi válido mais para algumas disciplinas que para outras, e mais em certos países que em outros;

4. estavam bastante propensas a propor teorias gerais com forte valor universal, destinadas a garantir a inteligibilidade de

todos os tipos de fenômenos humanos e sociais. Em casos extremos, a teoria precedia o estudo concreto dos fatos. Estes vinham apenas confortar a justeza ou a validade da teoria. Os pesquisadores eram antropólogos, sociólogos, psicólogos, linguistas, educadores etc., mas também marxistas, funcionalistas, fenomenólogos, estruturalistas, culturalistas etc.;

5. tenderam a conferir um espaço bastante grande ao conflito. Frequentemente os pesquisadores se inscrevem em orientações teóricas abertas à ideia de conflito. Alguns se dão mesmo por objeto ou preocupação central os combates anticolonialistas e nacionalistas, os conflitos de classe, os movimentos sociais e políticos, a guerra fria etc. Frequentemente, a questão do Estado vinha associada a do Poder. E o "político" era pensado na articulação do Estado e do social. Os anos 1960 constituíram o momento de apogeu das ciências humanas.[29]

Este momento de apogeu coincide, em boa parte, com o sucesso da onda estruturalista que, a partir de 1966, invade quase todos os domínios das ciências humanas. Converte-se mesmo numa "moda" adotada pelos mais renomados intelectuais e pesquisadores. Inicialmente confinada nos limites da disciplina de origem (a linguística) e do microcosmo acadêmico, logo essa onda invade, como uma espécie de *tsunami*, não só a etnologia, a sociologia, a economia, a história, a filosofia e os estudos literários, mas também a psicanálise, a crítica literária e cinematográfica: essas atividades se deixam embriagar pela revelação segundo a qual toda produção humana é determinada por estruturas. O estruturalismo surge e se impõe na cena *política* como uma vanguarda apta a refundar o marxismo e a substituir o humanismo e a fenomenologia por visões estruturais mais rigorosas. Mas não tarda a demonstrar suas fragilidades. No tempo de seu paradigma reinante, todos os pesquisadores pensavam que as aptidões perceptivas do ser humano deviam ser buscadas exclusivamente na esfera *cultural*; razão pela qual a linguística foi considerada a disciplina-piloto: era nas atitudes linguageiras que se encontrava o "discriminante" suscetível de separar o humano do resto do mundo. Portanto, as explicações das variações e invariantes do comportamento humano pareciam depender de *uma única dimensão*, todas as demais devendo ser excluídas. E isto, sem falarmos do enorme fascínio que sobre os intelectuais da época exerceu o desejo de engajamento e de tomadas de posição políticas. Muitos, possuídos por um imaginário revolucionário, se tornaram verdadeiros entusiastas da ação e aderiram a certo messianismo operário convocando os "burgueses" a irem ao encontro do povo. Alimentando todo esse entusiasmo, o marxismo aparecia como o portador de uma mensagem universalista e mística, embora se apresentando com os traços de uma teoria científica. Segundo o sociólogo Raymond Aron, a chave de seu sucesso foi a união que conseguiu estabelecer entre ciência e moral. Não por acaso, cantávamos: "Quem sabe faz a hora, não espera acontecer" e "Todo artista deve ir aonde o povo está".

Todavia, o poder de influência do estruturalismo e do marxismo começa a cessar a partir do momento, não só em que começa a perder força a ideia segundo a qual estava próximo o acontecimento que seria o *fim da História*, mas em que entram em cena, com muita força e poder de sedução, as *ciências cognitivas*, para muitos consideradas os saberes mais autorizados para nos revelar a natureza do ser humano. Inicialmente, trata-se de um campo novo, imenso, para a psicologia: o estudo das produções mentais, ao qual deveriam se associar antropólogos, filósofos, linguistas, historiadores das ideias etc. Posteriormente, as ciências cognitivas não consideram mais só os fenômenos intelectuais (percepção, memória, linguagem, consciência etc.) nem tomam por objeto apenas o funcionamento da inteligência humana em suas manifestações observáveis, mas começam a desenvolver relevantes pesquisas sobre a importância das emoções na vida psíquica. Donde seu interesse pela exploração dos vínculos entre as esferas do racional e do passional, entre os mecanismos conscientes e inconscientes etc., como se a "caixa-preta" do cérebro voltasse a ser conectada com o resto do corpo e com suas pulsões. Evidentemente, nos diz François Dosse, não se trata de um conjunto homogêneo de ciências, mas de uma constelação de disciplinas tendo em comum apenas o fato de considerarem que as representações humanas resultam de um trabalho interpretativo constante que o cérebro humano executa e estoca:

> A tomada em consideração desse elemento nos permite fornecer uma base a representações que não existem em si. Sua compreensão passa pela mediação do sistema de tratamento de onde se originaram e que se encontra na natureza física, biológica do sistema mental. Ao pretender reduzir os pensamentos do homem a seus fundamentos biológicos, grande é o risco de uma reificação. O que não impede as ciências humanas de estarem atentas às múltiplas descobertas das ciências cognitivas, mas nos lembrando que o homem é um ser *antropo-bio-sócio-lógico*. A adoção de uma abordagem que privilegia a complexidade e a autonomia se revela mais necessária aqui que em outro lugar, para evitarmos todas as formas de reducionismo. (1995, p. 227)

3 Declínio

Na medida em que o marxismo perdeu o essencial de seu dinamismo, sua presença tendo praticamente desaparecido dos meios universitários; na medida em que o desmoronamento dos regimes comunistas passou a ser entendido como uma confirmação do pensamento pós-moderno, cada um devendo se acomodar às diferentes culturas sem que elas fundem um ideal de civilização única; na medida em que se buscou ultrapassar os ideais progressistas que se desenvolveram a partir do espírito das Luzes e se passou a pôr em questão o racionalismo e o cientificismo por ele gerados; na medida em que o estruturalismo se enfraqueceu e desapareceram os megarrelatos filosóficos e ideológicos; na medida em que a História deixou de ter um sentido, quer dizer, foi rejeitada sua visão global como progresso ou libertação e foram rejeitadas, não só a ideia de uma Razão uniforme e universal, mas a de diferenciação estrita das esferas culturais (filosofia, arte) que se fundaria num princípio subjacente único de racionalidade e funcionalidade; tudo isso levando as ciências humanas a perderem as grandes linhas de força capazes de comandar sua *organização* e seu *funcionamento*; na medida em que a nova visão do mundo passa a ser dominada pelas ideias de desordem, caos, desconstrução, incerteza, instabilidade e indeterminismo ("A modernidade é o movimento, mais a incerteza" — Balandier), passando a dominar a era da dúvida e da incerteza; e na medida, enfim, em que as disciplinas humanas se esqueceram do *político*, passando a adotar uma atitude predominantemente informada e diretamente dirigida por um *utilitarismo* generalizado sugerindo-lhes as questões a serem analisadas e apontando os resultados a serem obtidos e adotados, começaram a ingressar numa *crise* profunda, num *eclipse* meio prolongado ou em certa decadência e perder muito de seu prestígio intelectual e social.[30]

Entraram em crise porque contribuíram decididamente para a instauração de uma nova *organização da subjetividade* reduzindo o "sujeito desencantado" (ardente *consumidor* de drogas, bem-estar, lazeres, esportes e sexo) a um mero "caso", a um indivíduo anônimo, sem história nem passado, a uma "coisa" submetida ao "presentismo" e ao fascínio do *carpe diem* (colha o dia: celebre o poder do instante, contente-se com a moral do prazer), à meditação neuronal e ao regime do assistencialismo: "um *caso* sonhando, do fundo de sua caverna, tornar-se a estrela por um dia no palco de um reality show qualquer" (E. Roudinesco). Melhor ainda, entraram em crise porque abandonaram ou recalcaram o *político*. Como se ele constituísse um setor separado, não a mais importante modalidade da prática social. Em outras palavras, seu grande mal-estar teve início quando, uma vez ofuscados ou perdidos seus referenciais teóricos, passaram a ser fascinadas e comandadas pela chamada *axiomática do interesse*, modernosa e poderosa versão teórica do velho utilitarismo que continua identificando *interesse* com *posse* ou aquisição. Segundo essa axiomática, o comportamento dos agentes sociais só deve ser analisado na medida em que visa à satisfação de um interesse podendo ser de natureza individual ou estruturado pela situação de classe. Nos dois casos, acredita-se que o cientista humano seja dotado de certa racionalidade, ou seja, de uma coerência nas escolhas garantindo a inteligibilidade de seu saber. Este cientista opera como um jogador interessado (o jogo comporta desafios) e suscetível de calcular e definir uma estratégia aproximativamente racional. Na lógica dessa axiomática, tudo o que pensamos, fazemos ou sentimos é motivado e comandado pelo interesse de possuir alguma coisa: nossos desejos, nossos apetites, nossas aspirações ou esperanças teriam por causa última ou determinante o interesse manifesto ou oculto de *possuir* o objeto visado. Ao questionar esse "instinto de posse", Pierre Bourdieu já nos alertava havia tempos:

Boa parte dos que se denominam sociólogos ou economistas são *engenheiros sociais* tendo por função fornecer receitas aos dirigentes de empresas privadas e de administrações. Os governos têm necessidade de uma ciência capaz de *racionalizar* a dominação e, ao mesmo tempo, reforçar os mecanismos que a garantam e a legitimem. É evidente que tal ciência encontra seus limites em suas funções práticas. Encontra seu limite no fato de ter por fim único e *indiscutido* a maximização dos lucros dessa instituição. (*Questions de sociologie*, 1980)

Portanto, nos últimos tempos, as ciências humanas se deixaram conduzir por uma inegável *axiomática do interesse* postulando: qualquer que seja o nível da realidade considerado, quer se trate de sistemas biológicos, individuais ou sociais, o comportamento dos agentes só se torna explicável na medida em que visa à satisfação de seus interesses. Nessa perspectiva, a vida humana se reduz a um cálculo consciente ou inconsciente suscetível de regular a economia da posse. É o interesse do ter ou possuir que nos leva a amar os outros ou a dominá-los, a buscar o prazer, a felicidade, a virtude e o poder. Freud condensa seu pensamento numa frase que o psicanalista Lacan tornou célebre: *"Wo Es war, soll Ich werden"* ("Lá onde o Id está, o Ego deve tornar-se"). Propomos a seguinte tradução livre: "Lá onde o interesse está, a verdade do *eu desejo* deve tornar-se". Por isso, diga-me aquilo pelo qual te interessas, e eu te direi quem és! O interesse é justamente aquilo através do qual a razão teórica se torna prática: "é a causa determinante da vontade" (Kant). Aliás, eis a tese fundamental dos liberais, preocupados em reduzir as ciências humanas a um tipo de inteligibilidade de tipo utilitarista, a uma axiomática do interesse: os seres humanos não têm necessidade, para sua coexistência, de nenhuma regra que lhes seja exterior (religiosa, por exemplo). Porque basta que cada um procure satisfazer seus interesses individuais para se instaurar sólidos vínculos, como demonstra o comércio. A busca da vantagem ou do lucro particular concorre para a realização do conjunto: o mercado. O cínico Mandeville, ao acreditar (como Adam Smith) que o "econômico" apareceu como a expressão acabada do individualismo, resumia essa ideia num *slogan*: "Vício privado, virtude pública". Queria dizer: no término desse individualismo, a sociedade industrial vai se caracterizar pela perda da totalidade social. O resultado? A chegada de um novo individualismo (narcísico, hedonista e egocêntrico) marcado pela "privatização" da vida cotidiana, sobre o fundo de uma crescente permissividade dos costumes.[31]

Há mais de duas décadas as ciências humanas vêm vivendo o drama de se verem mais ou menos esfaceladas em múltiplos paradigmas, nenhum conseguindo mais exercer certa hegemonia. O sociólogo Alain Caillé, numa obra intitulada *Esplendores e misérias das ciências sociais* (1986), reconhece: nem mesmo se encontram em *crise*, mas em *agonia*. Cada disciplina vem se revezando a fim de impor-se como modelo: ora é a biologia que tenta dominar, ora a economia política, ora a linguística ou a psicologia e, com menos sucesso, a história ou a sociologia. Mas nenhuma consegue se fazer consagrar rainha e reger as demais. Uma questão surge: sobre o que se põem de acordo, através de seus desacordos, podendo levá-las a constituir seu fundo cultural comum? Tudo indica que a pedra angular específica do discurso ocidental seja constituída pelo *individualismo* metodológico, em oposição ao holismo dominante em outras culturas ou épocas. Claro que o indivíduo (sujeito singular) está presente em todas as sociedades. Em contrapartida, o individualismo, enquanto sistema de valores, é próprio das sociedades modernas. Numa sociedade holista, predomina uma visão do mundo na qual o todo (a sociedade) prima sobre as partes (os indivíduos): é uma sociedade hierarquizada e englobante. Por oposição, a sociedade individualista moderna se declara igualitária. Mas não nos esqueçamos de que assistimos hoje a uma acelerada decomposição das Cidades. Os grandes projetos históricos se desvaneceram. A coisa pública praticamente foi deletada. A corrupção estrutural da vida política é tal, que tinham razão, não só Leonardo da Vinci, quando dizia:

"Uma multidão infinita de pessoas traficará, publicamente e sem ser molestada, coisas as mais preciosas; e a justiça humana não intervirá", mas nosso Rui Barbosa quando proclamava: "o homem chega a desanimar da virtude, a rir-se da honra e a ter vergonha de ser honesto". Já davam razão a Spencer: "O mal é mais profundo do que parece. É uma planta que vai buscar sua substância bem longe sob a superfície. Este gigantesco sistema de desonestidades, que se ramifica e assume todas as formas imagináveis da fraude, tem raízes que mergulham em todo nosso edifício social."[32]

O fato é que o indivíduo contemporâneo pode assumir diversas fisionomias: a do hedonista, egoísta, corrupto, voltado sobre si e comprazendo-se com sua autocelebração; mas a do ator cidadão voluntário e heroico, a do indivíduo incerto às voltas com suas perturbações identitárias e a do sujeito fragmentado preocupado apenas consigo mesmo. Desse individualismo, privilegiando um Ego desprovido dos atributos da subjetividade clássica e inteiramente dominado pela dimensão narcísica visando apenas à autoadmiração e à busca do prazer, nasceriam a ideologia econômica e o imaginário da igualdade. Ora, a concorrência de tantos *egos* faz um grande estrago na existência civil. O que ocorre quando só restam as felicidades privadas, mesmo multiplicadas no nível de liberdades e riquezas de nossas sociedades? Para uns, a carreira e o sucesso; para outros, o prazer dos encontros e a alegria dos corpos; para todos, o consumo, os lazeres e as viagens.

E quando o indivíduo sente vibrar em seu ser o apelo a fundir-se num Todo cósmico qualquer, surge nele o velho instinto de evasão metafísica do animal humano; então, a droga, o transe e o êxtase passam a constituir seus modos preferidos de relação com a realidade. Mas será que o indivíduo teria alguma consistência fora de seus atributos supostos, a Razão e o Interesse? Vimos que quatro figuras míticas ou divindades principais intervêm de modo recorrente nos discursos das disciplinas humanas, estruturando a quase totalidade de suas explicações do mundo: a *Razão*, o *Interesse*, o *Indivíduo* e a *Evolução*. É claro que, nas diferentes épocas do pensamento social, cada uma dessas divindades tentou desempenhar um papel preponderante. E frequentemente cada corrente ou escola prestou culto a esta ou àquela divindade. Enquanto a economia política devotou um culto privilegiado ao deus Interesse, a psicanálise o desentronizou em proveito da divindade Eros. O fato é que essas divindades sempre estiveram presentes e atuantes, cada uma a seu modo, com mais ou menos influência, no discurso das ciências humanas, às quais têm servido de *ultima ratio*.

O que insistem em nos afirmar? Sempre houve e haverá indivíduos. Também sempre haverá o Interesse (necessidades, utilidade, desejo) e a Razão. O Interesse é o que constitui os indivíduos em sua particularidade, os leva a agirem e os faz entrarem em conflitos e concorrência uns com os outros. A Razão é o que os constitui em sua universalidade permitindo-lhes calcular e satisfazer o melhor possível seus interesses. E mostrar-lhes que, para isso, têm interesse em se entender e instituír três ordens regidas por outros tantos avatares ou emanações da Razão: a) uma econômica eficaz, pois nela se encarna a racionalidade econômica: a ordem do mercado; b) outra política justa: a que encarna o Estado; c) enfim, uma simbólica verdadeira: a da ciência. Portanto, quais as verdades primeiras e elementares que nos enunciam as ciências humanas consideradas em sua generalidade e fazendo abstração das correntes dissidentes ou heréticas? O sociólogo Alain Caillé nos propõe um princípio de explicação:

> Se os indivíduos estão em condições de chegar a essa tríplice edificação, é porque foram tocados pela graça da Razão que lhes permite efetuar escolhas racionais e maximizar sua satisfação sobre o mercado, designar racionalmente as representações que exprimem e defendem seus interesses legítimos e escolher também racionalmente suas opiniões e crenças. Na medida em que não reconhecem outros deuses distintos da Razão, os indivíduos podem ficar seguros de agir em conformidade com os desígnios da quarta divindade: a *Evolução* que, em contrapartida, lhes promete sempre mais individualidade, mais satisfação de seus interesses e sempre mais Razão. De fato, os deuses estavam sempre lá, desde o início, esperando apenas um ato de fé, por parte dos Homens, para manifestar seu esplendor e sua munificência. (op. cit.)

* * *

Não resta dúvida que o individualismo (bem como a Razão, a liberdade e a igualdade...) constitui um dos valores cardeais de nossa modernidade. Na verdade, impôs-se como um formidável fator de emancipação, embora tenha contribuído bastante para se quebrar os vínculos unindo um sujeito ao outro, sem os quais não conseguiria construir sua verdadeira identidade. Enquanto *utilitarista*, o individualismo se refere diretamente à doutrina de J. Bentham e Stuart Mill; enquanto *ético*, à consciência e às normas morais; enquanto *clássico*, a regras codificadas; enquanto *romântico*, a uma concepção meio heroica da existência considerada em sua plena singularidade; enquanto *jurídico*, a um sistema de direitos. Pode ser apreendido a partir de uma instituição (o mercado), de uma época (o Renascimento) ou de uma disciplina: a filosofia faz do indivíduo um sujeito cognoscente; por sua vez, a sociologia o estuda na diversidade de seus estatutos e papéis, situando-o numa tensa relação entre esfera privada e espaço público. É inegável que o indivíduo, ao emancipar-se dos grilhões tradicionais da ignorância, da superstição e da magia, conquistou sua autonomia. E na contemporaneidade, com o crescimento da prosperidade, com o fim das ilusões revolucionárias e o reino do liberalismo moral, o indivíduo ingressou num narcisismo profundo: tomado entre a ausência de ideal e o fascínio pelo prazer, passa a se preocupar apenas com sua felicidade privada. Torna-se "narcísico" flutuando, emocionalmente vazio e atacado de depressão e de todos os tipos de distúrbios da motivação. Suas novas ilusões são as da liberdade: por detrás do prazer de consumir, das futilidades e facilidades comunicacionais oculta-se, de fato, a mão de ferro de uma gestão tecnocrática de seus diversos comportamentos. De tanto acreditar na prosperidade, desconfiar das ilusões revolucionárias e deixar-se envolver pelo liberalismo, vive hoje um tão elevado grau de narcisismo que, preso entre a ausência de ideal e a atração pelo prazer, só se preocupa mesmo com sua pequena felicidade privada: cada um por si e Deus por ninguém.

A partir de então, coloca-se a questão central: diante dessa situação de perdas (de sentido) e ausências (de ideias, ação e prazer real), em que domina a ideia de uma "era do vazio" psíquico e, por conseguinte, da decepção ou desespero, como se construir uma sociedade, uma moral e uma vida em comum num mundo composto de indivíduos autônomos? Pelo contrato social, respondiam os adeptos do Iluminismo. O que hoje se questiona? O valor desse contrato em sociedades invadidas por uma segunda revolução individualista marcada pelo hedonismo e pelo narcisismo e entendendo o indivíduo apenas como um Ego *espectador*, não só de sua própria dissolução, mas de um mundo identificado com o espetáculo midiático. O sociólogo Lipovetsky (*L'Ère du vide*, 1983) e o filósofo Renault (*68-88, Itinéraires de l'individu*, 1987), por exemplo, opõem ao indivíduo narcisista e egoísta a figura militante do individualismo tal como é apresentando por Tocqueville que, ao criticar os dogmas da modernidade, também denunciou a crença na igualdade dos indivíduos ou no progresso necessário da humanidade. Nas ciências humanas, a ótica individualista começa a adquirir vigor e importância com a ascensão do individualismo metodológico promovido em sociologia e nas ciências políticas: os fenômenos coletivos são explicados pelas interações de comportamentos individuais. A diversificação dos estilos de vida e a aceleração das necessidades de satisfação conduziram o homem moderno a um avançado estado de narcisismo que se traduz por diversos fenômenos: indiferença, deserção do campo social, tratamento humorístico dos fatos, pacificação das relações ordinárias e ascensão da violência. Toda convicção é substituída pela necessidade de agradar ou por uma disfarçada ironia. A esse respeito, não resisto à tentação de citar um trecho do recente livro de Lipovetsky:

> O *Homo consumericus* (de hoje) é uma espécie de turbo-consumidor defasado, móvel, flexível, amplamente libertado das antigas culturas de classe, imprevisível em seus gostos e suas compras, sedento de experiências emocionais e melhor-estar, de qualidade de vida e saúde, de grifes e autenticidade, de imediatez e comunicação. O consumo intimizado tomou o lugar do honorífico num sistema onde o comprador se torna cada vez mais informado e infiel, reflexivo e *estético*. O espírito de consumo conseguiu se infiltrar até mesmo na relação com a família e a religião, com a política e o sindicalismo, com a cultura e o tempo disponível. Tudo se passa como se, doravante, o consumo funcionasse como um império sem tempo morto cujos contornos são infinitos. (*Le bonheur paradoxal*, 2006)[33]

Em nosso entender, insisto, boa parte da incapacidade ou impotência das ciências humanas de estarem à altura dos desafiadores problemas contemporâneos deveu-se ao preponderante papel, nelas desempenhado, pelo *individualismo metodológico* aceitando o princípio segundo o qual só deve ser inteligível, na história e nas relações sociais, o que for suscetível de responder diretamente às opções ou aos desejos dos indivíduos tomados isoladamente. Basta lermos o livro do americano Dorothy Ross, *The origins of American social sciences* (1998), para constatarmos: o culto atual ao indivíduo e ao individualismo constitui o fundamento mesmo das sociedades que adotam o pensamento econômico neoliberal aceitando o mercado como divindade suprema. Sobre a mesma questão, recentemente foi lançada uma obra coletiva, *L'individu contemporain* (Ed. Sciences Humaines, 2006) tentando mostrar, de modo não apaixonado, os desafios centrais postos pelo individualismo e reconhecendo: por mais incerto, narcísico, reflexivo, em pane ou autônomo que seja o indivíduo contemporâneo, seu advento não é (uma questão) de "menos sociedade" mas, pelo contrário, uma nova maneira de se fazer a sociedade. Encontra-se no centro das interrogações da sociedade. Aliás, foi sobre esse culto ao indivíduo que se construíram as *Social Sciences* americanas. A ciência econômica repousa numa filosofia da ação que é o individualismo metodológico. E o que ele mais pretende? Conhecer as ações conscientemente calculadas de agentes isolados visando apenas a fins individuais e egoístas conscientemente postos. Não nos esquecendo de que a nova ortodoxia, simbolizando o triunfo do liberalismo, passa a ser caracterizada por privatizações, redução de impostos, desmantelamento do Estado-providência e generalizadas desregulamentações. Formuladas e justificadas nos anos 1980, essas medidas foram aplicadas pelos governos Reagan (Estados Unidos) e Thatcher (Inglaterra). E logo o "espírito do liberalismo" praticamente invade o mundo através de poderosas instituições internacionais (financeiras) e da globalização da economia, até chegarmos à hecatombe da profunda crise do neoliberalismo no final de 2008.

Por sua vez, em seu famoso livro *Micromotives and macrobehavior*, o sociólogo americano Thomas Schelling nos dá um exemplo dessa *Tirania das pequenas decisões* (título em francês) na medida em que tenta explicar os fenômenos coletivos (*macrobehavior*) como a resultante da soma de decisões individuais (*micromotives*). Para isso, ele constrói vários modelos teóricos procurando simular as consequências coletivas de ações individuais tomadas de modo independente. É o caso da segregação espacial entre Brancos e Negros em determinada cidade: um fenômeno coletivo é explicado a partir de uma série de decisões individuais; na verdade, são essas decisões que são explicadas por influências sociais invisíveis. Nessas condições, as ciências humanas correm o risco de aparecer como saberes puramente conjunturais ou simples acompanhantes das mutações históricas em curso. Não é por acaso que o badalado prêmio Nobel de economia Gary Becker (1992), um dos formuladores da "teoria do capital humano", estende essa teoria ao conjunto dos comportamentos humanos: educação, família, religião... O casal é visto como uma microempresa na qual os afetos e os presentes são considerados como remunerações e investimentos. Só progride se suas satisfações forem superiores aos custos. E tudo indica que o racionalismo tecnocientífico atual, ao rejeitar o passional e a subjetividade, tem por contrapeso um *individualismo* sem liberdade e uma ação indiferente às fugas de uma realidade imprevisível. De fato, o medo da subjetividade e o automatismo das ciências humanas andam juntos: nada do que é passional e enigmático tem consistência. A esse respeito, à maioria das obras de psicologia ou sociológica pode ser aplicada a crítica que fazia Marc Bloch aos livros de história:

> Só há psicologia da consciência clara. Ao lermos certos livros de história, poderíamos acreditar que a humanidade é composta unicamente de vontades lógicas para as quais as razões de agir jamais teriam o mínimo segredo. (*Apologie pour l'histoire*, 1974, p. 46)

Quanto às ações coletivas, a ciência econômica simplesmente as reduz ao *somatório de ações individuais isoladas*. Exclui deliberadamente a intervenção da *política* na vida das sociedades. É reduzida a uma soma de atos individuais a serem realizados da mesma forma como são praticados os atos solitários de compra num supermercado. Numa sociedade conferindo valor supremo ao individualismo, ao *laissez-faire* e ao igualitarismo (igualdade de oportunidades, não de condições), a liberdade aparece como o direito que o indivíduo tem de viver segundo suas próprias convicções, sem ter que respeitar as decisões tomadas pelas instâncias de poder estranhas e superiores. Em nossas sociedades impregnadas de individualismo democrático, há uma ideia bem ancorada: cada um é uma singularidade, uma exceção disposta a se juntar a outras para produzir uma regra coletiva. Uma consequência desses valores? O anti-intelectualismo arraigado e exacerbado da sociedade norte-americana, refletido em seu modo de conceber e praticar as ciências humanas. Não por acaso Nietzsche considerou o individualismo "uma variedade modesta e inconsciente da vontade de poder: o indivíduo se contenta em libertar-se da dominação da sociedade. Não se opõe enquanto pessoa, mas enquanto indivíduo". Nessa perspectiva, ao adotar o princípio "cada um por si e Deus por ninguém", o indivíduo é movido por uma força interior, pois é um elã vital que o leva a agir, dominar, combater e criar. Essa força motriz (quase instintiva) é reprimida pela sociedade buscando colocar freio nas paixões perigosas. O que levou o sociólogo Robert Castel a constatar: a desgraça do indivíduo não é tanto sua incerteza ou seu excesso de liberdade, mas sua "desafiliação" (perda do vínculo social), consequência de uma ruptura dos vínculos que o uniam à sociedade através do trabalho, da família e das instituições. Com efeito, a partir dos anos 1970, as proteções ligadas ao trabalho se enfraquecem. E a precariedade instaurada revela que os indivíduos precisam descobrir outros suportes sociais para viverem e se conduzirem de modo autônomo (*L'insécurité sociale*, 2003).

O individualismo metodológico, ao conceber a sociedade como um somatório ou uma combinação de inúmeras ações individuais, insiste muito na margem de escolha de que dispõem os atores nas estratégias que pretendem utilizar para atingir determinados fins. Uma de suas versões é a que adota a poderosa corrente *Rational Choice* representada, como vimos, pelo defensor da "axiomática do interesse" (versão teórica do utilitarismo) Gary Becker. Sua preocupação central? Estender a abordagem microeconômica matematizável a domínios até então não considerados como dependendo da análise econômica: a política, a família, a criminalidade, a educação... Desenvolveu a ideia segundo a qual o darwinismo é o fundamento da aptidão ao cálculo racional utilizado pelos economistas. Com ele, a economia política se transforma em ciência econômica pretendendo explicar a totalidade da ação social. Defendeu uma filosofia da competência fundada numa espécie de neodarwinismo social em que só devem ter vez os que triunfam, quer dizer, "os melhores e os mais brilhantes". A sociedade é feita para os *winners* (vencedores), não para os *losers* (perdedores). Em sua teoria da família, por exemplo, tenta explicar a queda de fecundidade nas sociedades modernas a partir de um ponto de vista estritamente individualista: a livre escolha dos pais. Estes devem ser os verdadeiros estrategistas procurando satisfazer seus desejos individuais avaliando os custos e os benefícios. Diante do alto custo da criança, da fraca mortalidade e da maior independência das mulheres, os pais precisam tomar a decisão soberana de ter menos filhos. Porque devem privilegiar a qualidade à quantidade. E como muitos indivíduos se encontram na mesma situação, continuando a efetuar escolhas semelhantes, competiria ao sociólogo generalizar o modo de raciocínio individual a uma população mais ampla. No fundo, todos os fenômenos macrossociais (conflitos, crescimento, transformações da família etc.) seriam explicados como a resultante de um somatório de decisões individuais: "não há sociedade, só indivíduos" (M. Thatcher).[34]

No interior dessa filosofia, o indivíduo nada mais é que este personagem que se apresenta sem fé nem lei e que considera como único princípio válido a busca de sua própria felicidade e de seus interesses privados, procurando sempre levar vantagem em tudo e subordinando a seus próprios interesses a totalidade social. Tudo o que se afasta da busca desses interesses (poder, consumo, prazer) aparece como suspeito. O individualismo metodológico pensa o mundo em termos de utilidade e interesses, só respeitando o que se apresenta como útil. Aceita como fato incontestável o que Hobbes considerava o "egoísmo primordial do indivíduo" obedecendo ao princípio segundo o qual o amor-próprio conduz o homem à busca de seu interesse, do conforto ou do renome, em suma, do poder. Porque é um ser que sabe "calcular", tem a capacidade de poder prever as vantagens de qualquer contrato. Não é por acaso que o pior mal podendo acontecer ao indivíduo é seu próprio desaparecimento. Donde sua permanente angústia ou "vertigem da liberdade" (Kierkegaard): pânico diante da dissolução do eu. Por isso, seu amor-próprio ou contentamento de si se faz sempre acompanhar do *medo*. A sociedade do indivíduo não é estruturada sobre princípios positivos de cultura, mas sobre os negativos do medo de perder: o emprego, a saúde, os bens, a vida... A sociedade do cálculo é uma sociedade do medo! Consequentemente, de fraca esperança!

Ora, é a esperança, enquanto exigência de transcendência, que confere sentido à vida. E ela se funda sobre a perspectiva de podermos, um dia, transformar nosso mundo presente num mundo possível parecendo melhor. Quando o judeu Tristan Bernard foi preso pela Gestapo, ao tentar escapar das garras do nazismo, disse à sua mulher: "Terminou o tempo do medo. Começa agora o tempo da esperança". O filósofo e teólogo alemão Hans Jonas fala mesmo de uma "ética do medo": como Deus nos confiou a responsabilidade das gerações futuras, precisamos assumir a responsabilidade de não degradar a ordem da natureza nem alterar a forma humana. Ora, numa sociedade democrática, os cidadãos não devem viver no medo. Porque o caráter próprio da democracia é o de libertá-los do medo: do poder, não têm medo, pois é o seu poder; dos cidadãos, o poder não tem medo, pois busca decifrar e interpretar seus desejos mais autênticos. Donde o alerta de G. Bernanos, nos tempos sombrios da Segunda Guerra Mundial: "o medo, não é belo de ser visto — não! — ora lastimado, ora maldito, é renunciado por todos. No entanto, não se deixem enganar: está na cabeceira de cada agonia e intercede pelo homem". A esse respeito, já nos alertava Rousseau: "A sabedoria não consiste em tomarmos indiferentemente todas as precauções, mas em escolhermos as que são úteis e negligenciarmos as supérfluas".

O trabalho "Introduction aux sciences sociales" (*Éllipses,* X, 2002) de J. P. Dupuy pode ser considerado uma vigorosa defesa, ilustração e complexificação da axiomática do interesse ou utilitarismo teórico.

Este individualismo metodológico, admitindo o postulado da racionalidade dos indivíduos, não se torna apenas uma espécie de paradigma das ciências humanas, mas praticamente coincide com uma teoria normativa tornando possível se deduzir a forma mesma da relação social dos interesses ou das boas razões que se dão os indivíduos tomados isoladamente. Tudo se passa como se tal individualismo estivesse fundado em outro, desta feita ontológico aceitando a seguinte verdade: é somente como indivíduo que o ser humano produz suas crenças e as normas que regem suas escolhas racionais (exclui a transcendência da totalidade social e cultural relativamente à sua ação); vive dominado pelo egoísmo, por "esta lei da perspectiva do sentimento segundo a qual as coisas mais próximas são as maiores e mais pesadas, enquanto as que se afastam diminuem de tamanho e peso" (Nietzsche). Estaria confirmado o princípio de J. Bentham segundo o qual o indivíduo é movido por seus interesses privados que tenta maximizar: "the community is a fictious body; the interest of the community then is, what? — The sum of the interests of the several members who constitute it" ("a comunidade é uma ficção; então, qual o seu interesse? Nada mais que a soma dos interesses dos vários membros que a constituem").

Dominando o pensamento político anglo-saxão, esse utilitarismo postula: uma sociedade é melhor que outra se oferece um maior número de bens ao conjunto dos cidadãos ("a maior felicidade para o maior número"); o indivíduo deve fundar seus comportamentos no "cálculo científico de seus prazeres e de suas dores" (Bentham). Trata-se de um programa que só se preocupa com a soma dos bens, não levando em conta o modo como são repartidos. Quando necessário, alguns indivíduos devem ser sacrificados para o bem do maior número. Também é assim que Stuart-Mill concebe o utilitarismo: "a doutrina que fornece como fundamento à moral a utilidade ou o princípio da maior felicidade afirma que as ações são boas ou más na medida em que tendem a aumentar a felicidade ou a produzir o contrário da felicidade. Por *felicidade*, entendemos o prazer e a ausência de dor; por infelicidade, a dor e a privação de prazer". Ora, o grande mal que aflige o homem contemporâneo é justamente a busca desenfreada do *bem-estar material* como o substituto legítimo da *felicidade espiritual*, como se ela fosse algo totalmente quimérico ou um simples sonho do passado. Não devemos temer o confronto dos egoísmos. Porque o altruísmo (a busca da felicidade do outro) constitui um dos mais seguros prazeres, embora haja uma natural convergência dos interesses em direção à felicidade de todos e à harmonia social. Donde permanecer válida a recomendação de Sócrates: considero feliz o indivíduo bom, honesto e justo, aquele que cuida de sua alma.[35]

* * *

Nas últimas décadas, com a derrocada das ideologias de esquerda, com o fim dos megarrelatos ou grandes sínteses (filosóficas, teológicas ou ideológicas), com o triunfo crescente da sociedade de consumo e a crise das significações imaginárias tradicionais, assistimos ao ressurgimento com força de um verdadeiro neotoquevillismo interpretando a história da modernidade, não mais a partir do desenvolvimento do modo de produção capitalista, mas segundo uma dinâmica de emancipação do indivíduo relativamente ao peso das tradições e hierarquias naturais. Com efeito, ao nos defrontarmos com a nova condição da existência e do pensamento, como sendo aquela que se afirmava após a morte dos "metarrelatos", ou seja, de toda teoria pretendendo explicar de modo global, pela ação de causas "últimas", as diversas realidades históricas vividas pelos indivíduos e pelos grupos sociais, passamos a tomar consciência de que, prever o futuro, não significa cair no fatalismo, mas tomar o futuro previsto por *guia* de nossa ação presente. No mundo atual, ao romper com o progressismo ocidental segundo o qual as descobertas científicas e, mais globalmente, a racionalização do mundo representavam uma emancipação para a humanidade, o paradigma individualista volta a se impor e a erigir o indivíduo em princípio e valor supremos do mundo moderno; e a fazer dele um ser independente, autônomo e essencialmente não social, devendo doravante ser pensado como a principal categoria organizadora do social. É o que também reconhece o sociólogo Bourdieu (*Contre-feux 2*):

a filosofia implícita da economia e da relação entre a economia e a política é uma visão política que conduz a se instaurar uma fronteira intransponível entre o econômico, regido pelos mecanismos fluidos e eficientes do mercado, e o social, habitado pelo arbitrário imprevisível da tradição, do poder e das paixões.

Qual a vertente normativa desse interesse? No dizer de John Rawls, é constituída pela identificação da Justiça à felicidade do maior número possível, pois estaria fundada em dois princípios essenciais: a) o de *liberdade*, afirmando a igualdade dos direitos no acesso às liberdades fundamentais; b) o de *diferença*, tolerando as desigualdades sob certas condições. Os economistas, psicólogos, sociólogos ou antropólogos estão mais preocupados em fornecer (lançando mão da *teoria das escolhas racionais*) receitas, diretrizes, pareceres ou conselhos suscetíveis de orientar "cientificamente" as ações individuais e coletivas. Claro que nem todos os cientistas humanos e sociais deixaram-se levar ou dominar por tal utilitarismo pregando que os indivíduos só agem para satisfazer seus interesses egoístas ou proporcionar-se uma máxima satisfação por um custo mínimo e fundando suas ações num "cálculo científico de seus prazeres e dores". No entanto, a maioria fica praticamente impossibilitada de escapar de uma lógica disciplinar ainda bastante mandarinal aceitando o velho princípio *cujus regio, ejus religio* (de quem for a região, dele seja a religião) que constitui a religião principal dessas disciplinas. E é justamente sua adoção que as leva a viverem, no plano horizontal, um processo de *dissolução identitária* e, no vertical, um processo crescente de *explosão*. Donde sua atual indeterminação *paradigmática*.[36]

É inegável que o enorme crescimento arborescente dessas disciplinas teve por resultado marcante, entre outros, uma tremenda fragmentação, um esfacelamento e uma compartimentação de seus conhecimentos. Estaríamos diante da lei do desenvolvimento aplicada ao saber: a divisão do trabalho científico supõe seu crescimento, em seguida, uma dispersão. Cada disciplina se subdivide em subdomínios formando uma infinidade de campos especializados. A Sociologia, por exemplo, divide-se em sociologia do trabalho, da religião, das organizações, da família, da educação, da cidade, do Estado etc.; por sua vez, a Economia se torna uma ciência balkanizada na qual os especialistas das finanças andam ao lado dos *experts* do desenvolvimento. Até mesmo a economia do desenvolvimento forma um subcontinente do saber reagrupando especialistas por região e setor (agrícola, industrial etc.). Esse crescimento arborescente das disciplinas torna-se sinônimo de esfacelamento dos conhecimentos. Ninguém mais consegue dominá-los todos. Nem mesmo os de sua disciplina. Nessa Torre de Babel, ninguém mais parece entender ninguém. Cada um fala seu dialeto particular ou jargão. De tal forma que as ciências humanas constituem um vasto universo de conhecimentos ao mesmo tempo rico, variado e bastante desordenado formando um conjunto de saberes que, longe de corresponder à imagem límpida de uma ciência unitária, constitui um amplo domínio anárquico de pesquisas, dados, modelos, hipóteses etc. apresentando-se sob a forma de disciplinas ainda bastante indisciplinadas, praticamente desvinculadas de uma Filosofia suscetível de fornecer-lhes os conceitos indispensáveis à análise de seu material empírico.

O mesmo poderia ser dito da Psicologia, da Linguística ou das Ciências Cognitivas. Mas um pesquisador que se declara sociólogo ou psicólogo, linguista, psicanalista, historiador ou economista deveria precisar: sociólogo da educação ou da família, microeconomista do comércio internacional, psicopedagogo, neuropsicólogo ou historiador do Brasil colônia etc. É a partir dessas posições localizadas que se constroem pontos de vista mais gerais. Certas tomadas de posição seriam mais bem compreendidas e alguns debates evitados se tivéssemos o cuidado de precisar o ancoradouro dos especialistas ou o lugar preciso de onde falam. Porque os efeitos da especialização são contraditórios: ao mesmo tempo que ela permite um aprofundamento dos conhecimentos, torna difícil sua síntese. É justamente essa hiperespecialização que tem impedido as teorias gerais das ciências humanas de fornecer respostas globais às suas questões fundadoras. Por isso, um de seus desafios consiste em superar o divórcio entre as pesquisas desordenadas e as teorias gerais desprovidas de bases sólidas. Não podem mais se esquecer do alerta de Pascal (século XVII): "Considero impossível conhecer as partes se não conheço o todo; e conhecer o todo se não conheço particularmente as partes". E acrescenta: "É mais belo saber algo de tudo que saber tudo de alguma coisa. Eis a verdadeira universalidade".

É inegável que as ciências humanas foram muito ricas e fecundas durante toda a primeira metade do século passado. Já nas primeiras décadas, como vimos, a Sociologia se organiza na França em torno de Durkheim; na Alemanha, de Weber e Simmel; e, nos Estados Unidos, da Escola de Chicago. Os sociólogos estão preocupados em estudar os grupos humanos, encontrar relações entre fenômenos sociais, compreender a organização e o funcionamento das sociedades etc. A Psicanálise inventada por Freud se expande tentando explorar, com uma metodologia própria, a personalidade profunda dos indivíduos e seus fenômenos inconscientes. Ferdinand de Saussure confere ares de cientificidade à Linguística que, ao detectar certos elementos fundamentais que compõem uma língua, procura elucidar a estrutura e o funcionamento do sistema *langue/parole* formando um conjunto coerente e introduzindo a distinção entre significante (a "imagem acústica") e significado (o conceito, a ideia, o conteúdo semântico atribuído ao signo). Franz Boas e Marcel Mauss formam as primeiras gerações de antropólogos profissionais. Convencido de que a "cultura" de um povo é mais determinante que as condições biológicas para compreender seus comportamentos e atitudes, Boas se põe a estudá-la como um sistema coerente, possuindo sua própria lógica e sua autonomia. Quanto a Mauss, tenta demonstrar que a magia é um fenômeno social cuja eficácia é de ordem *psicológica*: as práticas e os ritos mágicos estão ligados a um sistema de crenças.

Através desses fundadores, as ciências humanas ingressam nas universidades, ganham reconhecimento e credibilidade e começam a explorar objetivamente o homem. Doravante, o tempo é favorável para se estudar, com métodos novos, o pensamento, a organização social, as relações humanas e o passado. Sua história no século XX também é a da especialização dos saberes, da tecnização das pesquisas, da profissionalização dos pesquisadores e do aumento considerável do número de psicólogos, sociólogos, economistas, historiadores, linguistas, demógrafos... As disciplinas evoluem no quadro de paradigmas que dominam as pesquisas durante certo tempo, depois declinam. Há um século, quase nada se sabia sobre a psicologia da criança. Pouca coisa sobre as origens do homem, o funcionamento da memória, a dinâmica dos ciclos econômicos, a história da família... Um século depois de tantos progressos, meio atônitos, podemos nos perguntar: o que aconteceu com essas disciplinas tão promissoras? Por que perderam fôlego? Por que entraram em crise? Por que perderam prestígio social? Por que deixaram de se interrogar sobre o sentido do agir humano a fim de responderem às interpelações urgentes de nossa atualidade?[37]

Eis uma das razões apontadas por Alain Caillé (além das que já analisamos): não somente se deixaram dominar e reger pelo *jogo disciplinar* e pelo velho e recorrente espírito *empirista-positivista*, mas foram quase que totalmente cooptadas pelo poderoso e invasor modelo do *pseudoempirismo tecnocrático* do pós-guerra. Com efeito, constata: parece não haver dúvida de que temos assistido à hegemonia das *pesquisas burocráticas*. Só são reconhecidas as que direta ou indiretamente respondem aos vários contratos de encomenda. Os "apelos de ofertas" não se dirigem preferencialmente às disciplinas, "aos discursos dotados de alguma ossatura", mas às equipes supostas multi- ou interdisciplinares aptas a demonstrar sua capacidade de envolver e tratar os temas propostos num linguajar científico aparentemente neutro e o mais anódino possível. E de demonstrar, além disso, que sua capacidade de "pesquisar" cada vez mais se identifica com seu desejo de fechar contratos úteis e redigir "projetos" não deixando nenhuma dúvida de que foram elaborados para responder às questões sugeridas pelas empresas ou instituições contratantes e financiadoras. Para o pesquisador, o essencial é que se insira no quadro de um programa que seja mobilizador ou de uma linha de pesquisa privilegiada e sabendo manejar os últimos significantes da moda ou da linguagem administrativa. Claro que o objetivo fundamental (declarado ou não) da pesquisa burocrática é o de "mobilizar o consenso dos parceiros sociais, mas trazendo aos decisores devidamente conscientizados os meios de se conectarem com as redes estruturando a informação destinada à modelagem do recurso humano". São os pesquisadores que precisam demonstrar que compreendem o lado administrativo das coisas e que, no fundo, só é verdadeira a visão burocrática do real. Por isso, no altar dos subsídios salvadores, devem oferecer em sacrifício seus últimos questionamentos teóricos, políticos ou ideológicos:

> Falamos de sacrifício. Não poderíamos subestimar o ambiente propriamente religioso presidindo à organização da pesquisa tecnocrática. Claro que a maioria dos temas de pesquisa propostos não interessa a ninguém; tampouco à Administração de onde emanam; para ela, o que realmente conta é que, a fim de que tudo se mantenha na ordem, seja entregue, no prazo estipulado, o relatório. Assim, o exercício da pesquisa tecnocrática se assemelha à recitação do Pai-nosso e da Ave-Maria. Como a recitação das preces, a ladainha da pesquisa tecnocrática não é inútil, nem mesmo quando se deixa envolver numa atmosfera de absoluta irrealidade. Picasso não pesquisava, encontrava. Os pesquisadores, ao contrário, parecem pagos para não encontrar. Eis sua utilidade mais evidente. (Caillé. *La démission des clercs*, 1993)

Se as ciências humanas se tornaram hoje socialmente pouco relevantes ou insignificantes, talvez seja porque deixaram de lado a interrogação sobre o agir social e se esqueceram de que a essência das sociedades é *política*, assim como a do homem consiste em ser um "*zoôn politikôn*" (Aristóteles e Marx): não é um indivíduo vivendo numa sociedade, mas um "animal político", um ser por essência coletivo e social. A crise, declínio ou eclipse dessas disciplinas coincide com seu processo de *despolitização*, iniciado a partir do momento em que as sociedades mais avançadas e democráticas começaram a não mais pôr em questão a seguinte verdade praticamente aceita por todos sem discussão: doravante, o mercado é a instituição prototípica, pois é ele que assegura uma função de alocação dos bens entre os agentes a fim de tornar compatíveis ofertas e demandas *a priori* disparatadas; ademais, constitui o único e o melhor meio para se organizar a produção e as trocas de modo eficaz e equitável: harmoniza o interesse individual com o geral pelo jogo do mecanismo da oferta e da demanda. Ao impor-se como o mecanismo regulador permitindo se atingir o equilíbrio geral, apresenta-se como uma espécie de "mão invisível" que decide o *optimum* da produção e da repartição das riquezas em função da preferência dos "consumidores-reis".

Ora, uma vez desmontado o sistema marxista e desagregada a "visão política do mundo", o pensamento político contemporâneo ficou quase que totalmente entregue à dominação das ciências sociais e humanas, mas doravante entendidas como doutrinas racionais das condutas considerando "o político" uma esfera particular da existência social (um jogo circunscrito dotado de regras próprias) e o Estado apenas como um modo histórico de exercício "da política". Nesse contexto, a globalização não aparece como o simples efeito de uma fatalidade econômica, mas como o resultado de uma "política" deliberada e consciente de submeter os governos e os cidadãos às forças econômicas e financeiras do cada vez mais sacrossanto Mercado. Trata-se de uma *política de despolitização,* elaborada nesses "concílios ecumênicos" (Davos) que são as reuniões dos grandes organismos internacionais praticamente impondo-se (pelos mais diversos caminhos) aos governos liberais ou social-democratas de um conjunto de países avançados ou em desenvolvimento, deles subtraindo pouco a pouco o poder de controlar as forças econômicas e políticas. O que resta quando o progresso mata o sonho, a democracia representativa solapa toda revolta e os jovens ávidos de aventura chegam muito tarde a um mundo envelhecido? O que lhes acontece quando, após conhecerem numa modernidade triunfante, frequentemente confundida com um ingênuo otimismo histórico e com uma fé inquebrantável numa marcha progressiva e irreversível para uma "idade de ouro" prometida pela dinâmica da Ciência, da Razão, da Tecnologia e do Mercado? Decepção![38]

Com efeito, é inegável que, a partir dos anos 1980 (sobretudo durante os 1990), as ciências humanas voltam a se interessar pelos temas provocados pela "crise do elo social". Seu detonador? Vários fatores, notadamente econômicos, sociais e psicológicos ligados ao contexto histórico. O primeiro elemento vem da tomada de consciência brutal das consequências da crise econômica e do desemprego em massa que se instalam. Privados de emprego, os trabalhadores pouco ou nada qualificados são os mais atingidos. No final da década, surgem os temas (nos países ricos) da "nova pobreza", da exclusão, da dualização da sociedade, do retorno das desigualdades, da fratura social etc. Ao mesmo tempo, sociólogos e politólogos começam a questionar o papel do Estado. Cada vez mais se fala da *Crise do Estado* (Pierre Rosanvallon, 1982) para designar sua aparente incapacidade de encontrar uma solução para a crise da sociedade. Por outro lado, muitos estudiosos das ciências humanas tomam consciência das consequências da evolução cultural simbolicamente desencadeada pelos movimentos contestatários de 1968 provocando um vento de revolta em muitos países, notadamente um vento de "anti" e "contra" encarnando em várias correntes de ideias, fazendo apelo ao "poder da imaginação", a maior liberdade, mais *love* e menos *technology* e proclamando que "é proibido proibir". Tratou-se de um movimento de protesto ameaçando abalar a ordem institucional das democracias ocidentais e questionando, pela crítica dos esquemas de pensamento reinantes, o monopólio da representação dos partidos políticos e das associações intermediárias.

A este respeito, a evolução da família torna-se uma fonte nova de inquietação. Doravante, começam a prevalecer cada vez mais os casamentos por amor, não por arranjos. Paradoxalmente, na medida mesma em que a autonomia feminina e a dessacralização do casamento (notadamente pela generalização e a permissão das uniões livres e pelo uso dos anticoncepcionais) só foram conquistadas após duros combates ideológicos, a ampliação dos pedidos de divórcio e das situações de monopaternidade e de reconstrução familiar torna-se um tema suscetível de provocar profundas inquietações e dúvidas angustiantes. Doravante, temem-se os efeitos da "desinstitucionalização" do casamento e da ausência de pai. O tema da crise do elo social ganha uma dimensão psicológica coletiva. Tudo isso ocorrendo num momento em que aumenta consideravelmente o descrédito do *político*. O fim da crença em nossa possibilidade de *mudar a sociedade*, simbolizada pela conversão à economia de mercado de muitos intelectuais de esquerda e pela queda do muro de Berlim (1989), bem como o desabrochar e a instauração hegemônica do pensamento liberal lançam um grande vazio no campo das esperanças coletivas. Por toda parte se propaga a "morte das utopias" e a desmitização do futuro. Ora, como a função política perde cada vez mais a confiança dos cidadãos, passam a se refugiar no indiferentismo ou na descrença e a buscar sua felicidade no mais tentador consumismo. Aderem a uma visão do mundo em que passam a reinar o instável, a desordem e o incerto: a lógica do sempre mais e melhor cede o lugar à desorientação, ao medo e à decepção da "miséria interior".[39]

* * *

Nesse contexto, nosso atual cenário intelectual parece dividido em dois: de um lado, alguns filósofos e cientistas políticos são chamados a emitir suas opiniões ou pareceres sobre os mais candentes e variados assuntos socioculturais; do outro, uma comunidade esfacelada de pesquisadores em ciências humanas produzindo uma massa colossal de trabalhos dificilmente acessíveis ao grande público e aparentemente muito distantes dos debates políticos travados no seio da sociedade. Não resta dúvida que, nos últimos anos, vêm aparecendo trabalhos, nas diversas disciplinas, desembocando em proposições realmente inovadoras e fornecendo novos elementos para, *de outra forma*, pensarmos o humano, o social e o político. Novos conceitos vêm sendo elaborados e novas teorias têm surgido, parecendo restabelecer as pontes entre os diferentes campos da pesquisa e tentando re-situar o homem e o sujeito no cerne mesmo das reflexões. Veremos que uma nova geração está emergindo, preocupada com uma busca do *sentido* sem teleologia e revelando grande gosto por uma *ação* sem ativismo, tendo em vista *pensar* o elo social na cidade dita pós-moderna.

A esse respeito, a obra coletiva dirigida por J. M. Berthelot, *Épistémologie des sciences sociales* (PUF, 2001), é significativa: após constatar que as ciências humanas constituem ainda disciplinas com fronteiras e estatutos incertos, possuindo uma diversidade de origem, de objeto e de tradição, embora revelando pontos essenciais de encontro e recobrimento, as aborda em três níveis: a) no de sua configuração disciplinar, confiado a um especialista do domínio; b) no de seu movimento transdisciplinar, inscrito em alguns temas relevantes; c) no de sua estruturação epistemológica global e de seu alcance filosófico. E relança as questões centrais: como administrar as relações entre modelizações matemáticas e relatos de situações? Que lugar se deve dar às causas? Que significações conferir às razões? Devemos opor ou articular explicação e compreensão? Quais os programas e paradigmas subentendidos nessas ciências? Por que criam "escolas" ou "tendências" que se digladiam? Teria chegado ao fim todo engajamento solidário ou político? Voltaremos a essa questão. Por ora, a crise.

Somos obrigados a reconhecer que até hoje persiste, em numerosos cientistas humanos, uma nefasta repartição de tarefas produzindo estragos irreparáveis: a reflexão sobre as *normas* e os *valores* deveria ser uma exclusividade dos filósofos, os cientistas só devendo se preocupar com a análise fria e objetiva dos *fatos*. Como se as ciências humanas devessem passar por um processo de imunização contra as ingerências do *político*, devendo se pautar e se submeter apenas aos ditames do utilitarismo e do individualismo metodológico impedindo-nos de reconhecer a dimensão plural e coletiva das ações sociais. Veremos que esta tese, segundo a qual o papel das ciências humanas se limitaria aos *juízos de fato*, é historicamente insustentável. Há alguns anos, o renomado filósofo das ciências Karl Popper parecia ter decretado a inutilidade dessas disciplinas ao constatar e resumir o aspecto positivo de seu otimismo:

> Pretendo que vivemos num mundo maravilhoso. Nós, os Ocidentais, temos o insigne privilégio de viver na melhor sociedade que a história jamais conheceu. É a sociedade a mais justa, a mais solidária, a mais humana da história. (*Revue Française d'Économie*, n. 2, 1989)

Segundo nosso filósofo racionalista, uma teoria científica forma um corpo de hipóteses (ou conjecturas) cuja validade se mede por sua capacidade de resistir a testes ou a experiências cruciais que poderiam infirmá-la ou falsificá-la. Por exemplo, censura a Psicanálise por funcionar como uma ideologia e não ser uma ciência propriamente dita. Porque uma ciência se distingue por sua capacidade de submeter-se a provas críticas: "A atitude científica é uma atitude crítica. Não procura verificações, mas experiências cruciais. Estas experiências podem refutar a teoria submetida ao exame, nunca estabelecê-la. Eis o princípio da falsificabilidade". Ora, o essencial do discurso psicanalítico funciona como um discurso que se valida a si mesmo, sendo sempre possível interpretar qualquer fato fazendo referência a uma força inconsciente e oculta. Encontra sempre confirmação na realidade, porque é construído de tal forma que pode integrar um fato e seu contrário. Em toda lógica, e em conformidade com sua epistemologia só atribuindo valor de verdade científica às proposições refutáveis, nosso autor conclui que as ciências sociais em geral e a sociologia em especial deveriam limitar-se a um papel bastante modesto de *assistência social*. Ademais, deveriam renunciar à sua pretensão de se interrogar sobre a *justiça* e as *formas desejáveis* das relações sociais e assumir de vez, como seu destino próprio, um papel decididamente assistencialista. Como se devessem se converter em autorizadas "enfermeiras científicas" do *status quo*.

Se a História terminou, como proclamaram os neoliberais (Fukuyama entre outros), pois não forma mais um todo evoluindo para um termo final e possuindo um sentido; melhor ainda, pois nenhuma forma de sociedade e de economia não combinando a economia capitalista e a democracia parlamentar tem a mínima chance de se impor; ou como também vem propondo Karl Popper há décadas, pois este filósofo se julga um otimista racionalista "que ignora tudo do futuro e que, portanto, não faz nenhuma previsão, pois teriam desaparecido as três interpretações da história: a racionalista ou racista, a marxista e a cínica", então não valeria mais a pena tentarmos reinventá-la ou reanimá-la. O historicismo atribuía às ciências humanas a tarefa de formular profecias de ordem histórica a fim de instaurar uma política racional. Popper recusa a ideia de "leis da história", em particular, a de uma lei do progresso. Porque a aventura da humanidade não segue uma trajetória inelutável, mas indeterminada. O que podemos dizer é que essa decretação do fim da História teve muito a ver com o processo de *denegação do político*. Sendo assim, as ciências humano-sociais não precisariam mais *pensar nosso tempo*: reduzidas a simples doutrinas racionais das condutas, deveriam apenas descrever e mostrar o mundo social e humano tal como *aparece*, não como é ou deveria ser. Seu grande objetivo? Construir uma sociedade sem poder, apolítica, funcionando sozinha graças à simples *força das coisas*.

O grande risco dessa proposta de negar um sentido para a História foi o de privar o homem de sua capacidade de dominar sua natureza e tornar conforme à razão a ordem da vida em comum; ou então, como já nos alertava Marx, o de confundirmos as coisas da lógica com a lógica das coisas, como se as possibilidades lógicas pudessem ser tomadas como reais (paranoia). O que precisamos entender é que não foi o socialismo que realizou o sonho saint-simoniano, não só de substituir a administração das pessoas pela gestão das coisas, mas de uma nova ordem social e econômica permitindo a realização ótima das virtudes humanas graças à obra das elites do futuro (cientistas, industriais, artistas) que viriam substituir as velhas classes dirigentes. Foi a sociedade liberal. Ao se interrogarem sobre o ponto de vista do universalismo, do mercado, do Estado administrativo e da ciência, não ficaram as ciências humano-sociais impossibilitadas de compreender a afirmação das identidades particulares? E não tem contribuído este fenômeno para que assistamos hoje à explosão dos racismos, do ódio, da xenofobia e dos mais diversos fundamentalismos e obscurantismos irracionalistas? O que devemos fazer para que as ciências humanas voltem a alimentar o diálogo dos homens entre si e o debate político da sociedade consigo mesma? Creio que, ao analisar algumas das causas de seu mal-estar, já estaremos indicando algumas pistas possíveis de sua saída da crise.[40]

Em primeiro lugar, precisaríamos fazer uma análise rigorosa e desapaixonada dos mecanismos da instituição universitária e do mundo da pesquisa a fim de compreender como seu agenciamento produziu, sem que ninguém ousasse assumir qualquer coisa, uma *desresponsabilização* generalizada de todos em relação à *coisa pública*, as ações coletivas passando a ser consideradas apenas um aglomerado de comportamentos individuais isolados. Nas últimas décadas, tem sido crescente a perda do espaço público. Se, no início dos anos 1980, podíamos denunciar a vaidade do indivíduo que se sentia emancipado de todo vínculo, hoje podemos pintá-lo acabrunhado pelo medo do fracasso e pelas flutuações de seu desejo. Por que isso ocorre? Uma hipótese não deve ser descartada: num mundo "povoado" pela erosão do tecido social, pelos guetos, pela apatia, pelo niilismo, pelo cinismo, pela corrupção, pela degradação do sistema educacional..., um dos principais fatores de esterilização do pensamento, sobretudo no domínio das ciências humanas, reside na crescente e gulosa adesão à *lógica da encomenda* administrativa da pesquisa e na consequente *desqualificação* da esfera pública. Muitos jovens pesquisadores devem sua sobrevivência à sua capacidade de responder às pesquisas encomendadas pelo poder público ou pelas empresas privadas. E o que precisamos reconhecer com tristeza é que essa encomenda pode desempenhar (é o que infelizmente tem acontecido) um papel bastante perverso, notadamente o de amortecer sua consciência crítica e favorecer seu conformismo.

Ora, ornada de todas as indumentárias utilitárias e da retórica científica, a pesquisa encomendada praticamente *sugere* claramente as questões pertinentes a serem estudadas e sub-repticiamente *induz* os resultados desejados ou a serem obtidos. A finalidade principal dessas pesquisas não é tanto a de fornecer esclarecimentos e elucidações (produzir conhecimentos), mas a de previamente neutralizar ou amortecer toda eventual crítica vinda do exterior. Como evitar que isso ocorra quando toda a nossa cultura parece ameaçada pelo império do dinheiro, do comércio, do espírito mercantil, pelas pesquisas de *marketing*, pelos índices de audiência, pelas cifras de venda e expectativas dos publicitários? Como evitar tudo isso quando sabemos que nossa cultura não só desenvolveu uma extraordinária capacidade de abafar ou neutralizar toda crítica ou divergência, seja forçando-as ao silêncio seja convertendo-as num fenômeno entre outros, comercializado como os outros, mas nos oculta ou tenta destruir os verdadeiros problemas, passando a se interessar apenas pelos falsos, magnificados e enaltecidos pela mídia? Bourdieu lamenta que a televisão tenha se convertido

> num dos lugares de produção de problemáticas, num dos lugares de produção de filosofia, num dos lugares de produção de ciência ou de representação da ciência. Face a ela, deveríamos instaurar uma espécie de movimento de resistência cívica *contra a imposição generalizada de problemáticas* que nem sempre são cínicas, mas idiotas e, por isso mesmo, perigosas. (*Les usages sociaux de la science*, 1997)

Nesse tipo de pesquisa, o importante é fazer os intelectuais e pesquisadores acreditarem que suas opiniões e pareceres técnicos são relevantes e deveriam ser levados a sério e em conta nas "políticas" e "decisões" do poder e dos gestores. Na verdade, intervêm cada vez menos no mundo político como "intelectuais": cidadãos que engajam num combate político sua competência e sua autoridade específicas. Na maioria das vezes, desempenham apenas funções protocolares e decorativas, permanecendo dóceis aos que os contratam e pagam. Sendo assim, não se convertem, as pesquisas, nessas disciplinas, numa espécie de engenharia social ou de pragmatismo gestionário apto apenas a produzir intervenções mais ou menos miraculosas sobre as contradições da realidade? Se esses gestionários ou pragmatistas — acreditando que a verdade de uma proposição se define por seu êxito — fossem ouvidos, será que haveria menos miséria e injustiça, com a ilusão renovada de que a gestão racional poderia suprimir todas as formas de dominação? Teriam as ciências humanas acompanhado melhor o movimento democratizador das sociedades modernas e superado sua dificuldade intrínseca de pensar o político e a democracia? Não nos esqueçamos do alerta de Espinoza: "a ideia verdadeira não possui força intrínseca". Em sua sabedoria política, o rei Luiz XIV já havia encarregado seu ministro das Finanças Colbert de silenciar ou cooptar os intelectuais de sua época ofertando-lhes alguns cargos e honrarias. Donde a proposta de Bourdieu: precisamos abandonar a alternativa entre *ciência pura* e *ciência serva* (submetida às demandas político-econômicas):

> O campo científico é um mundo social; enquanto tal, exerce coerções e solicitações, mas que são relativamente independentes das coerções do mundo social global e globalizante. (Ibidem)

É evidente que os pesquisadores atuais não se encontram *a priori* totalmente submetidos ao regime da encomenda — defendida com ardor pelos partidários incondicionais da livre concorrência e pelos intransigentes e raivosos oponentes da intervenção do Estado (o mercado regularia tudo) — nem se deixam facilmente cooptar pelos poderes ou seduzir por cargos e honrarias (sereias de um micropoder). Mas há algo de estranho e surpreendente em nosso meio acadêmico: o clima de *medo* que nele reina. Pelo fato de cada vez mais se comparar a produtividade e a eficácia acadêmicas à produtividade e à eficácia dos agentes de bens econômicos, passa a reinar a chamada *flexibilização* fazendo da insegurança um princípio positivo de organização capaz de formar pesquisadores mais produtivos e eficazes, mais atomizados e dessocializados, as relações de trabalho passando cada vez mais a ser fundadas na institucionalização da insegurança. Donde a seguinte constatação: todo mundo parece desconfiar e ter medo de todo mundo. A situação adquirida dos mandarinatos no ensino, na pesquisa e na administração abafa ou anula o espírito crítico e freia as inovações mais ousadas. O poder científico institucional desses mandarinos exerce um fascínio tão grande sobre os jovens pesquisadores, que frequentemente são levados não só por um servilismo interesseiro, mas por um forte instinto de sobrevivência,

> a emprestar qualidades científicas àqueles dos quais dependem para sua carreira e que podem se garantir uma clientela dócil e todo o cortejo de citações, amabilidades e homenagens acadêmicas [...] Outro fator de confusão dos jovens que, em parte, contribuem para se fazer o capital

simbólico é o fato de o crédito científico poder, com o tempo, garantir uma forma de crédito político de consagração temporal podendo constituir um fator de desencantamento ou descrédito. (Bourdieu, ibidem)

Não raro esses mandarinos e administradores usam seu poder científico para assegurar a perpetuação da ortodoxia reinante contra as tentativas de inovação, contribuindo para a instauração de uma burocracia da pesquisa em que são valorizados e autorizados, não os pesquisadores mais inteligentes e criativos, mas os subservientes e carreiristas. O peso da rotina por vezes é sufocante. A rigidez das estruturas mentais paralisa e bloqueia as iniciativas. A inevitável inveja dos conformismos e conservadorismos em relação às ideias novas que seduzem alimenta o ódio fraterno entre os "colegas". No enfeudamento das instituições, em que frequentemente o carreirismo é buscado em detrimento do mérito e inexiste a crítica dos saberes fragmentados, os professores mais titulados pouco se arriscam. Nesse clima, a lógica da encomenda se revela uma tentação constante. Inclusive, uma solução. O valor de cada um passa a ser medido pelo tamanho de seu gabinete, é proporcional ao número de contratos de pesquisa obtidos ou de orientandos de teses, à quantidade de pesquisadores envolvidos, de instrumentos disponíveis e de *papers*, comunicações ou artigos publicados. É a predominância do quantitativo sobre o qualitativo. Nessas condições, é muito difícil a realização de pesquisas livres e inovadoras. Porque, num mundo dominado pela ideologia neoliberal, é árdua a luta contra seus efeitos mais perniciosos:

- a miséria e o sofrimento de inúmeros indivíduos nas sociedades mais avançadas economicamente;
- o crescimento extraordinário das diferenças de rendimentos;
- o desaparecimento progressivo dos universos autônomos de produção cultural;
- a destruição de todas as instâncias coletivas capazes de compensar os efeitos da máquina infernal, notadamente do Estado (depositário dos valores universais associados à ideia de *público*);

- a imposição de um darwinismo moral que, com seu culto ao *vencedor*, não só instaura a luta de todos contra todos, mas erige o *cinismo* em norma de todas as práticas. Consequência: nesta nova ordem moral, fundada na derrubada dos princípios éticos, torna-se fácil ao pesquisador vender ou alugar seu saber e sua dignidade aos poderes. (cf. Bourdieu, *Contre-feux*, 1998).

Nesse contexto, a lógica do *conhecimento* tende a docilmente submeter-se à da *encomenda*, pois vivemos em uma época, como declara o título do livro de Robert Kuttner, *Everything for sale* (A. Knopf, 1997), como se tudo pudesse ser vendável e todo mundo tivesse um preço, como se produzir novas formas de sociedade fosse apenas adaptar-se ao mercado. São tantas as pesquisas aplicadas que não se aplicam, que parece verdadeira a constatação irônica da juventude rebelde de maio de 1968 (em Paris): "Pesquisadores que pesquisam, encontramos; pesquisadores que encontram, procuramos". A esse respeito, Balzac já havia profetizado: "Invente, e morrerás perseguido como criminoso. Copie, e viverás feliz como um idiota". Assim, instala-se o carreirismo. Até mesmo o ensino constitui um fator de inércia. Os professores têm um interesse inconsciente pela inércia: a partir do momento em que não se encontram engajados numa pesquisa viva, tornam-se solidários da rotina e sentem certo medo inconsciente de promover a invenção e a descoberta. E passam a buscar a todo custo promoções e reconhecimento. E o conformismo se instala. As vozes discordantes ou dissidentes são abafadas pela comercialização geral. Isto não quer dizer que os resultados obtidos não tenham valor. Mas os colegas mais inventivos e corajosos que, "na ordem do pensamento, fazem da imprudência um método" (Bachelard), passam a ser desqualificados, quando não combatidos por sua própria instituição. Assim como o sacerdote (Weber) rotiniza a mensagem do profeta, da mesma forma o professor rotiniza e banaliza o discurso do criador, especialmente fazendo desaparecer a coisa fundamental: o problema, tal como foi posto por ele.

Em geral, boa parte do que é produzido pelas pesquisas em ciências humanas se assemelha bastante a "relatórios" mais ou menos bem elaborados, embora de relevância cultural ou intelectual duvidosa ou de insignificante utilidade social. Não dizemos que os professores e pesquisadores de ontem eram melhores que os de hoje ou que tiveram maior envergadura teórica. Atualmente, não resta dúvida que são mais bem preparados e informados. A causa da perda de sentido e credibilidade das ciências humano-sociais reside na *mutação* mais ou menos radical das instituições do saber e na profunda *mudança* de rumo que se impuseram para se adequar às novas "políticas" de fomento e financiamento das pesquisas nesse setor. A mentalidade calculadora e administrativa que impregna toda a vida e todos os domínios da prática parece estar cada vez mais dominando as instituições de ensino e pesquisa, na esperança de que em breve se transformem em verdadeiros *academic market places*. Nas instituições dominadas por uma mentalidade mercadológica, quantitativista e consumista, os agentes econômicos se tornam burocratas racionais e calculistas fazendo tudo para maximizar sua utilidade: obter a melhor relação custo/benefício possível. Em contrapartida, as pesquisas nas ciências humanas devem boa parte de sua relativa autonomia ao fato de serem financiadas pelo Estado tornando possível uma produção não imediata, não diretamente submetida à sanção do mercado, mas obedecendo, primordialmente, à lógica própria do mundo científico. Claro que são importantes, ao mesmo tempo, a *invenção* e a *inovação*, a pesquisa científica e a busca de aplicações. Mas devem obedecer à mesma lógica: a das instituições públicas para que se libertem da coerção do mercado.

* * *

Por tudo isso, talvez o único remédio possível, para tal evolução funesta, seja a reivindicação de uma *separação* clara e decidida entre o Estado (ou Mercado) e o Saber. Trata-se da condição material de uma renovação das ciências humanas. Separação análoga à que outrora se instaurou entre a Igreja e o Estado. Só que, neste caso, foi o Estado que se libertou da Igreja. Agora, compete ao Saber tentar promover sua libertação. Essa independência na dependência (de tipo particular) tem suas ambiguidades: o mesmo Estado que garante as condições mínimas da autonomia é o que impõe exigências geradoras de heteronomia, por vezes se transformando no intermediário das coerções das forças econômicas do mercado. Daí a importância de não só redescobrirmos as ciências humanas como origem (oculta e mascarada) dos discursos administrativos comandando o trabalho social, mas de enfatizarmos seu lugar na constituição desse ideal "utilitário" proposto aos pesquisadores. Porque esses discursos têm ocupado um lugar essencial: como objeto de crítica (excessiva e até dogmática) nos anos 1960, e como fonte de esperanças tecnocráticas, posteriormente. Em cada setor, as tarefas de coordenação, previsão e síntese são entregues a especialistas, os únicos que seriam capazes de gerir o funcionamento da sociedade em seu conjunto; sonhou-se até mesmo em fazê-los ocupar o lugar dos filósofos. No período seguinte, só a segunda tendência parece ter subsistido sob a denominação da *utilidade*: os tecnocratas se julgam os mediadores exclusivos entre os interesses particulares e contraditórios dos capitalistas e o interesse geral da sociedade. Não é tanto pelo custo das ciências humanas, tampouco pelo medo de seu potencial crítico, que o sistema capitalista busca desqualificá-las ou abatê-las, mas porque, por definição mesma, no plano ontológico, estão destinadas a opor, à sua pura e simples instrumentalização, o não fechamento de seu objeto: o ser humano social.

Claro que tal emancipação não significa um retorno necessário ao mandarinato de outrora. A libertação do Saber relativamente ao Estado e ao Mercado pressupõe a existência de cientistas dispostos a viver *para* o Saber e com a coragem de não aceitar a posição que lhes parece estar reservada: a de simples funcionários ou tecnocratas vivendo *do* Saber e a serviço do Poder. Ora, exigir a separação do Saber e do Estado (e do Mercado) é pedir o impossível, pois logo surge a questão: quem pagará as pesquisas? Significa pedir ao Estado e às empresas que se disponham a financiar os cientistas sem exigir deles nenhuma prestação de contas ou que se submetam aos controles sociais. Assim, é tão intensa a submissão dos que sabem aos que gerem e financiam, que parece inconsequente toda ideia de emancipação do

Saber. Mas eis o grande desafio: sem uma real independência financeira, praticamente nenhum saber consegue libertar-se totalmente da instrumentalidade e da obrigação de ser útil, pois suas teorias são facilmente convertidas num instrumento para a ação e num enriquecimento para experiências ulteriores. As ciências humanas precisam reivindicar sua independência em relação ao Estado e às forças econômicas e sociais justamente utilizando a relativa independência que lhes garante o Estado (e seu financiamento), por oposição aos "contratos" das empresas que já implicam uma ameaça de instrumentalidade e heteronomia. A esse respeito, é mais sensata a posição tomada por Bourdieu:

> O confronto das visões antagonistas dos pesquisadores ditos *puros* à heteronomia dos pesquisadores *aplicados* nos impede de ver que, o que efetivamente se defronta são duas formas, ambas relativamente autônomas de pesquisa: uma, mais voltada (pelo menos na intenção) para a invenção científica (respeitando a lógica do conhecimento), a outra mais voltada para a inovação (mais preocupada em responder à lógica da encomenda), embora também independente, para o melhor e o pior, das sanções do mercado e capaz de dar-se a si mesma fins também universais de serviço público e de promoção do interesse geral. (*Les usages sociaix de la science*, op. cit.)

Até recentemente, as ciências humano-sociais ainda possuíam um inegável caráter *político* e exerciam sua indispensável capacidade *crítica*. Tudo começa a mudar a partir dos anos 1980, época em que desaparecem muitos (os últimos?) dos "mestres de pensamento" ou intelectuais no sentido clássico e forte do termo: Sartre, Barthes e Piaget (1980), Lacan (1983), Foucault (1984) e Braudel (1986) e em que praticamente todo mundo se põe a raciocinar a partir de um único referencial remanescente, o "mercado", a célula de base de toda a economia. O que supõe que a economia de conjunto seja o somatório dos mercados parciais. O desaparecimento dos grandes *maîtres à penser* marca também o fim do modelo do intelectual "engajado" ou "orgânico" preocupado em intervir no debate público a serviço das "grandes causas", comprometendo numa luta política ou ideológica sua competência e sua autoridade específicas.

No início da década de 1990, uma mudança subterrânea está em curso. Novos paradigmas emergem. Surgem as correntes interacionistas e construtivistas dando-se por objetivos: a) afirmar que não podemos pensar o indivíduo, sua identidade, sua personalidade e suas condutas independentemente de suas relações sociais; b) admitir que o indivíduo precisa reconstruir seu meio, não se contentando mais em observá-lo: construir é emitir hipóteses, aplicar formas ou esquemas, analisar as informações e não apenas descobrir. No domínio da Psicologia, começa a impor-se a abordagem cognitivista privilegiando (no indivíduo) as funções psíquicas ajudando-nos a conhecer nosso meio: a percepção, a memória, a aprendizagem, a linguagem e a inteligência. E a renovação de uma filosofia humanista repõe ao gosto do dia o sujeito, o sentido e a moral. A maioria dos chamados *social scientists* admite uma incompatibilidade radical entre o *científico* e o *político*, entre o desejo de *saber* e o de enunciar *normas* para a vida em comum. Somos "cientistas", não "ideólogos" suscetíveis de fornecer diretrizes de ação! O que não impede as teorias e os instrumentos da ciência (paradigmas) de modelar a prática dos pesquisadores e determinar o pensável e o impensável. Portanto, de exercer um poderoso papel ideológico na afirmação coletiva das verdades científicas.[41]

A partir de então, a *ética* fica praticamente reservada aos saberes religiosos ou filosóficos. É praticamente assimilada a uma arte de bem-viver, consistindo apenas num meio a serviço de um único objetivo final: a felicidade individual, praticamente identificada com ganhar dinheiro, ter saúde, obter notoriedade e bem-estar, consumir e se divertir. Numa palavra, o homem de hoje busca desesperadamente substituir a *felicidade espiritual* (quimérico sonho do passado) pela busca frenética do *bem-estar material*. Como se esses saberes práticos fossem os únicos detentores dos critérios podendo guiar, senão todas as ações humanas, pelo menos os atos e comportamentos singulares. Esse ressurgimento das questões éticas deve ser atribuído a certos fenômenos de sociedade: o declínio das ideologias e das utopias, o desabrochar do novo individualismo, a crise da família, a procriação artificial, as manipulações genéticas, a defesa do meio ambiente etc. De repente, a moral deixa de ser vista a partir de um ângulo repressivo e inibidor, passando a recolocar a questão das condições da vida em comum. Esta questão merece ser refletida, sobretudo nos dias de hoje quando, para a maioria das pessoas, sua vida sexual passa a ser compreendida e estruturada como um dos elementos da esfera do consumo. Como se as relações amorosas fossem o equivalente das relações aos serviços e às mercadorias. Ora, se é bem-vinda a mudança repetida no consumo, torna-se um fracasso na vida amorosa.

Quanto ao *político* (à esfera dos interesses públicos geridos e representados pelo Estado), torna-se quase uma exclusividade das chamadas "ciências políticas". Assim, o caráter propriamente científico de uma obra ou pesquisa, nas ciências humanas, é considerado como diretamente proporcional à ausência de toda cultura filosófica e à exclusão de todo propósito normativo (ético ou ideológico) e de todo juízo de valor. Pelo menos, é assim que funcionam as comissões de recrutamento e promoção no ensino e na pesquisa. Produz-se uma verdadeira assepsia política do saber. Mas tal pasteurização constitui uma invenção recente: funda-se no princípio segundo o qual as ciências humanas só conseguem impor seu estatuto de cientificidade na medida em que abandonam seus próprios desafios e desistem de seu questionamento ético-político. Como se devessem acreditar no dogma de não se sabe que "imaculada conceição" das ciências. Como se lhes fosse possível instaurar uma completa dissociação entre os juízos de *fato* e os de *valor*. E devêssemos aceitar como uma aquisição definitiva e inquestionável o triunfo da crença numa separabilidade radical entre o saber e o questionamento político. Não podemos nos esquecer de algo muito sério: foram as dúvidas provocadas pelas tragédias do século XX e pelos riscos tecnológicos e ecológicos que deram os mais duros golpes em nossa crença num futuro possível melhor e suscitaram a ideia de pós-modernidade concebida como *perda de credibilidade* dos sistemas progressistas e como total *desencantamento* ideológico.

Claro que, historicamente, as coisas nem sempre se passaram assim. Na Grécia antiga, por exemplo, não havia incompatibilidade entre a preocupação normativa e o conhecimento positivo. Para Platão e Aristóteles, é a preocupação *normativa* que impulsiona e dá forma a esse conhecimento. A questão primeira e central é a da *justiça*: quais as instituições mais *desejáveis* para a cidade? Qual a *melhor forma* de vida para os indivíduos? Esse modo de ver permaneceu inalterado até o início da era moderna. O filósofo Hobbes, tentando pensar os fundamentos do poder político e retomando o realismo cínico de Maquiavel, funda a filosofia política ao inventar a doutrina do direito natural e lançar as bases da teoria do contrato social. Descreve o estado de natureza como aquele no qual estariam os homens se não houvesse nenhuma lei ou moral: agiriam apenas em função de seus instintos, encontrando-se numa situação de rivalidade permanente: "a guerra de todos contra todos" ou "o homem é um lobo para o homem". Com isso, deu um elã à possibilidade das ciências humanas. A partir de então (durante dois séculos) os pensadores não se preocupam tanto em *descrever* o mundo e a sociedade, mas em *imaginar* como poderiam e deveriam ser. Hobbes acredita que, na natureza humana, há uma inseparabilidade do desejo, do progresso e da felicidade. Por isso, o progresso aparece como norma natural, norma de uma moral derivando da constituição natural do homem. E este se caracteriza pela insaciabilidade de seu desejo, pois está voltado para o futuro no qual será conquistado. Essa doutrina vai desembocar na dos *direitos do homem* da Revolução Francesa. Praticamente todos os pensadores posteriores ficam obcecados pela seguinte ideia-força: descobrir, para o conhecimento da sociedade, fundamentos tão sólidos quanto os que Newton havia proposto para as ciências da natureza.

Foi só a partir do século XIX que pudemos falar, no domínio das ciências humanas, de um saber propriamente *positivo*. Inicialmente, surge sob a forma da Economia política, com Adam Smith (†1790), o pai dessa disciplina, pregando que o enriquecimento da sociedade se faz pelo trabalho e pela liberdade do comércio. Depois, surge sob a forma da Sociologia, com Augusto Comte, que, ao considerar o desenvolvimento do pensamento humano uma sucessão de três fases ou "estados" (teológico, metafísico e científico), pode ser considerado o fundador da ciência da sociedade ("física social"), por ele denominada Sociologia. Como a sociedade não se reduz aos indivíduos que a compõem, a jovem sociologia aparece como um meio de resolver a questão social e de estabelecer uma comunidade entre os homens. Nas obras da maioria dos autores dessa época ainda é marcante o caráter profético. E são repletas de injunções normativas. Saint-Simon pretende transformar sua doutrina num "novo cristianismo" e criar comunidades utópicas experimentais. O marxismo toma um rumo semelhante. Posteriormente, Durkheim e Weber tentam produzir conhecimentos científicos independentes dos juízos de valor e fundados apenas nos juízos de fato. Ambos elaboram todo um arsenal de categorias que formam um conjunto de pilastras permitindo classificar e distinguir os fatos sociais. Esse arsenal constitui uma caixa de ferramentas do cientista social. Fundação bastante paradoxal: por natureza, esses conhecimentos eram incapazes de legitimar ou invalidar os valores últimos. Trata-se de um aparente paradoxo: dessa impossibilidade decorre a superioridade intrínseca que Weber atribui ao liberalismo ou, pelo menos, a essa doutrina reconhecendo o politeísmo dos valores e afirmando que as aspirações dos homens precisam submeter-se às normas da racionalidade formal. Por sua vez, Durkheim acredita piamente na possibilidade de determinar cientificamente as normas necessárias a uma existência social harmoniosa. Se foi como cientista que abordou os problemas políticos e sociais de seu tempo, qual seu grande objetivo? Colocar os fundamentos, não só de uma ciência da moral, mas de uma moral da ciência. Portanto, para esses dois pais fundadores, o desafio primeiro da Sociologia reside justamente na questão política. O que confere às suas obras uma importância fundamental? A acuidade do questionamento normativo (político) da sociedade de sua época: descrever o ideal para o qual deveria tender.

* * *

Mas tudo isso parece ter sido relegado a um passado já distante das ciências humanas. Como dissemos, a partir dos anos 1980, a maioria de seus especialistas passa a adotar uma clara posição de renúncia ao político (ao *político*, estrutura da ação em comum, não à *política*, atividade gravitando em torno do poder, de sua conquista e de seu exercício). Observemos que o *político* repousa numa tensão entre a busca de racionalidade histórica e o uso limitado da violência a serviço do poder. Com a crise das sociedades ("valores") e das "significações imaginárias" suscetíveis de mantê-las coesas, cresce a rejeição ao político e aumenta a tentação de se escudar em éticas tradicionais. Donde ser corrente os especialistas se refugiarem nas trincheiras de suas disciplinas. E passarem a negar a ideia segundo a qual as teorias e os instrumentos da ciência (paradigmas) modelam a prática dos pesquisadores determinando o pensável e o impensável: desempenham um papel ideológico na afirmação coletiva das verdades científicas.

Assim, distanciam-se do "mundo" e começam a perder a capacidade de interrogar sua época. Seu espírito crítico se refugia no acanhado e conformista mundo acadêmico onde não mais consegue inquietar quase ninguém. Reina uma espécie de conspiração: tudo sopra na mesma direção, de uma sociedade em que toda crítica perde sua eficácia e as vozes discordantes ou dissidentes são silenciadas ou abafadas pela comercialização geral. O esquecimento do político se inscreve no interior mesmo de suas teorias. Ganham terreno e começam a se impor o utilitarismo e o individualismo metodológico impedindo-os de reconhecer a dimensão plural e coletiva da ação social. No campo do ensino e da pesquisa, teria se instaurado uma profunda mutação: as ciências humanas passariam a funcionar segundo um novo regime epistemológico. Ao instaurar uma ruptura com a tradição, iniciam o processo de *despolitização* e começam a alimentar-se do mito da *neutralidade axiológica*; e ao recusar cada vez mais a avaliação crítica, teriam revelado sua verdadeira natureza: constituir uma racionalização (no sentido freudiano) de uma prática de opressão, exploração e normalização.

Triunfa a crença na distinção tradicional entre juízos de valor e juízos de fato. Apesar de sua paixão pela política, Weber jamais se engajou em qualquer ação política. Sua concepção da ciência social, expressa em *Ciência e Política*, supõe uma distinção radical entre juízo de valor e de fato. A ciência não pode fundar os valores que guiarão a política. O que pode fazer é esclarecer a ação, não definir seus fins. Por isso, passa a reinar a separabilidade radical entre o Saber e o questionamento político. Nas diversas disciplinas, os pais fundadores e os clássicos pouco influenciam. Deles, os alunos em geral e os jovens pesquisadores conhecem apenas os nomes e uma ou outra ideia geral. Seja pela leitura direta (de textos) ou dos manuais que resumem suas ideias ou seu pensamento, só é preservado, para cada campo do saber, aquilo que se julga útil conhecer (pouca coisa): através de apostilas ou fragmentos de textos fotocopiados. Trata-se de um tributo a ser pago à instituição e, um pouco, à tradição. Esta, embora canonizada ou glorificada, apresenta-se como algo morto, pouco ou nada tendo a nos dizer. Ninguém mais parece segui-la, embora muitos ainda a ela se refiram como se fosse uma fonte inspiradora e repleta de sábios ensinamentos. Esquecem-se do que dizia Hegel: tudo o que somos em matéria de ciência e filosofia, devemos à *tradição*: "ela é viva e aumenta como um rio poderoso que se amplia à medida que se afasta de sua fonte". Vale para as ciências humanas o que dizia o poeta Péguy: "Quando a poesia está em crise, a solução não consiste em decapitar os poetas, mas em renovar as fontes de inspiração".

Nos domínios da Sociologia, da Linguística, da História, da Psicologia e da Economia etc., o que se diz é que se faz *outra coisa*, totalmente diferente do que se praticava em décadas anteriores ou do que faziam os pais fundadores. O grande problema consiste em sabermos o *valor*, o *sentido* e o *alcance* dessa outra coisa que estariam fazendo os cientistas humanos. É possível que suas disciplinas tenham se tornado *indescritíveis* ou *inacessíveis* a todo olhar englobante. A ponto de ninguém parecer mais saber *de que* falam. Se ninguém parece saber *o que* nos dizem, talvez seja porque tenham abandonado toda ambição *normativa* e toda pretensão *política* de elucidar a escolha das regras da Cidade. E foi pelo fato de terem-se tornado neutras ou *apolíticas* que ingressaram num estado de letargia ou torpor e de relativa insignificância social para se transformarem em simples *saberes instrumentais* a serviço dos poderes.

A este respeito, permanece válido o que dizia o velho Aristóteles: "a ciência soberana e a mais organizadora é a ciência política: determina quais são as ciências indispensáveis ao Estado, fixa as que cada cidadão deve aprender e em que medida". Donde considerarmos lamentável o fato de as ciências humanas terem abandonado *o político*. Por tudo isso, precisamos nos interrogar sobre a normatividade intrínseca dessas disciplinas e reconhecer que, nelas, a separação radical entre juízos de valor e de fato não só se revela impossível, mas nem mesmo é desejável. Claro que se distinguem. Todavia, nenhum critério positivo nos garante que nos encontramos efetivamente na ordem dos fatos, não na da valoração. Diria que, entre essas duas ordens, existe uma relação de incerteza e indeterminação que precisa permanecer em aberto. Toda a pretensa afirmação de que a ciência teria chegado, enfim, ao verdadeiro real, ou que teria conseguido abolir por completo o normativo e afastado totalmente os valores, é bastante ideológica, perniciosa e de alta periculosidade para a saúde intelectual.

Por isso, por mais que possamos achar que as ciências humanas "funcionam", diria que não funcionam. Porque só "funcionarão" efetivamente no dia em que conseguirem assumir seus próprios desafios e não mais proscreverem ou banirem sua textura propriamente normativa. Em outras palavras, quando voltarem a alimentar a esperança de compreender o *sentido* e elucidar a *direção* da aventura humana e, assim, contribuirem para esboçar os contornos de uma sociedade menos injusta e mais harmoniosa. Embora não visem à busca do sentido, mas da verdade, pois o sentido é sempre produzido (segundo), não devem ter medo dessa esperança, a pretexto de um eventual retorno às velhas impregnações teológicas e metafísicas. A esse respeito, recentemente foi publicada uma obra coletiva (dir. de Jean Staune), *Science et quête de sens* (2006), em que vários cientistas defendem o lugar do sentido. Todos se opõem à tese do biólogo Jacques Monod segundo a qual "o Universo não estava prenhe da vida, nem a biosfera do homem": é a ciência (não a filosofia) que nos habilita "a nos vermos como uma das partes de um modelo cósmico que apenas começa a se revelar". E constatam:

nossa época tem se confrontado com um inegável "desencantamento do mundo", os golpes da ciência tendo completamente abalado o sentido e o lugar do Homem no Cosmos. Mas esse movimento vem sofrendo profundas mutações suscetíveis de provocar uma verdadeira redescoberta dos caminhos do sentido. No Prefácio, se lê:

> O fato de existir um nível de realidade para além do tempo e do espaço nos dá uma credibilidade nova naquilo que constitui a afirmação central de todas as grandes tradições: a ideia de que um nível de realidade existe para além do espaço e do tempo, e de que o espírito do homem está, de um modo ou de outro, ligado a esse nível. Assim se reabrem as portas que a ciência clássica havia fechado. Um sentido poderia existir no Universo: nossa existência não é um acontecimento contingente, mas se inscreve num processo; o Universo é portador de sentido porque podemos compreendê-lo e existe um vínculo entre nosso espírito e sua estrutura.

Importa lembrar que, historicamente, o papel das ciências humanas foi o de destruir as ingenuidades e os preconceitos obscurantistas, dissolver a tradição e as sociedades arcaicas para promover a instauração de uma sociedade totalmente moderna e racionalizada, definitivamente cortada e libertada da tradição, quer dizer, *desencantada* ou dessacralizada. Ora, se tal tarefa já foi realizada, como parecem supor e proclamar os epígonos do neoliberalismo, nada mais teriam a comunicar aos homens e às sociedades de hoje. Não lhes caberia mais propor-nos o *possível* e tampouco o *desejável*. Será verdade que nossa sociedade moderna deve ser considerada "a mais justa, a mais igualitária e feliz jamais existente" (Popper)? Será verdade o que os profetas neoliberais (Fukuyama) anunciam a seus contemporâneos, ainda "humanos, demasiadamente humanos", seu ingresso iminente na era da pós-modernidade, graças à "revolução das biotecnologias" permitindo se eliminar a ideia de que existe "um limite superior à esperança da vida humana" e prometendo para amanhã um alongamento extraordinário da vida humana? O que nos diz o ideólogo nipo-americano? Em síntese, o seguinte:

Hoje, as possibilidades infinitas das ciências modernas sugerem que, daqui a duas ou três gerações, disporemos de conhecimentos e tecnologias necessários para ter êxito lá onde os engenheiros do social fracassaram. Neste estádio, teremos definitivamente posto um termo à história humana, porque teremos abolido o ser humano enquanto tal. Então, uma nova história pós-humana poderá começar. (*Le Monde des Débats*, ago. 1999)

Portanto, se a História já teria terminado, nada mais havendo a inventar, é claro que as ciências humanas não precisam mais intervir nos debates políticos e ideológicos, visto que as sociedades modernas teriam condições de funcionar sozinhas, sem necessidade de recorrer às ideias. Seriam incapazes de estar à altura dos desafios de nossa época, de contribuir para formular as questões cruciais e de fornecer-lhes algumas das respostas mais esperadas. Claro que precisamos evitar cair na tentação profética e na pretensão arrogante de alguns especialistas das ciências humanas de anunciarem, para denunciá-los, os males presentes e futuros. Mas não temos o direito de submetê-las ao império do dinheiro, do comércio e do espírito mercantil em suas múltiplas formas de manifestação: índice de audiência, sondagens de marketing, cifras de venda e lista de mais vendidos.

Como podem se calar quando sabemos que vivemos em sociedades profundamente desiguais? Weber nos mostrou que não vivemos mais sob um tipo de dominação tradicional, fundando sua legitimidade no caráter sagrado da tradição, nem sob a carismática de uma personalidade excepcional, mas sob a dominação racional apoiando-se no poder do direito formal e impessoal. E pouco importa, quanto a essa desigualdade, a renovação das camadas dirigentes por recrutamento ou cooptação dos elementos mais aptos, hábeis ou inteligentes das camadas dominadas. O que levou Bourdieu a reconhecer: "uma sociedade (como a americana) que se arma da insegurança exaltando o individualismo e a *self help* é a encarnação de uma visão neodarwinista completamente oposta à visão solidarista que a história do movimento social inscreveu nas estruturas sociais e cognitivas das sociedades europeias". Trata-se de uma visão concebendo e explicando as instituições humanas em termos de herança da evolução. O que propõem os profetas do "fim da história"? Que já dispomos dos instrumentos necessários para realizar o que os cientistas humanos não conseguiram até aqui. Ao analisar a passagem ao "pós-humano" como uma utopia técnica, provocam pesadelos na humanidade.

Nessas condições, a ideia que pretendo defender é muito simples: as ciências humano-sociais (identificadas pelos neoliberais como "engenharias sociais") não podem nem devem abdicar de sua condição de *pensar nosso tempo* e exercer um relevante papel de esclarecedoras e despertadoras da consciência coletiva, se é que ainda pretendem dizer o possível e o desejável. Por isso, não podemos aceitar nenhum diagnóstico pessimista a seu respeito. Porque parece-nos insustentável a dicotomia radical entre juízos de valor e de fato, entre plano cognitivo e normativo. Foi essa dicotomia fantasmática que introduziu o lamentável divórcio entre ciências humanas e filosofia. Ora, as primeiras surgiram, pela substituição do pensamento mítico ou religioso, quando buscaram, para a ordem social, uma origem propriamente humana, não divina. Quer dizer, quando tentaram fornecer-lhe um fundamento imanente. O que tentaram buscar os teóricos do direito natural (até Rousseau)? O fundamento "político" da ordem social. Claro que o filósofo não produz conhecimentos. Mas uma vez produzidos, tem o direito de perguntar: o que faço com eles? Como poderão ajudar-me a guiar minha vida? Não está mais tão interessado em saber "o que é o homem?" (questão kantiana) mas em "como posso viver?". A essa questão, as ciências humanas não podem responder. Se não há propriamente *conhecimento* filosófico, tampouco há *juízo* científico: uma julga sem conhecer (a partir de conhecimentos que lhe vêm do exterior), as outras conhecem sem julgar (juízos de valor).

* * *

Qual a grande originalidade das ciências humanas? Sempre foi a de reconhecerem que a sociedade civil não se reduz ao político, embora a essência do elo social seja de ordem política. No mundo globalizado, quando se proclama o fim das certezas, o declínio das verdades e a crise da racionalidade científica; e assistimos ao fracasso das grandes ideologias e ao fim dos megarrelatos, tudo isso transformando nossas vidas em aparências, espetáculos e simulacros, os cientistas humanos ficam totalmente inseguros e desamparados diante de uma sociabilidade desagregada; e incapazes de conferir certo sentido às nossas existências individuais e coletivas. Muitos se acomodam a essa situação: trancam-se no conforto da erudição acadêmica e se protegem por detrás dos muros de sua disciplina enclausurada em Departamentos sem portas nem janelas, em que o clima é viciado e pobre o diálogo. Refugiam-se no indiferentismo e no cinismo. Ou passam a fazer concessões aos tecnoburocratas da pesquisa e da administração. Esquecem-se de que as ciências humanas se encarnam em *ações*. Por isso, deixam de buscar seu sentido. Ora, a questão do *sentido* também se impõe em termos de verdade. E coloca o problema das relações entre Saber e Liberdade. Em sua *Ética*, Espinoza nos ensina: não podemos separar a exigência da liberdade, a busca da beatitude (alegria) e o *desejo de saber*, essa pulsão ou "paixão" (*libido sciendi*) que os gregos acreditavam ser "natural" ao homem. Quem faz concessão ao Saber faz concessão à Liberdade! Por isso, se pretendem preservar sua liberdade e sua dignidade, os pesquisadores não podem "vender" ou "alugar" seu saber a um poder econômico, prontos a colocar a seu serviço os recursos científicos e técnicos disponíveis a fim de mantê-lo. Tampouco devem abandonar a lógica "carismática" da invenção em proveito da simplesmente burocrática exigida pelos "detentores do capital científico institucionalizado" (Bourdieu).[42]

    Tudo indica que os cientistas humanos só continuam a ser prestigiados quando podem ser recuperados ou cooptados pela ideologia dominante a fim de pô-los a serviço da gestão da ordem estabelecida e garantir, mediante justificativas racionalizadoras, a perpetuação da ortodoxia conservadora contra a suspeita e subversiva inovação. Pelo fato de as diferentes disciplinas estarem sempre precisando de recursos econômicos e apoios institucionais para sobreviver, alguns pesquisadores (convertidos em administradores) podem, por intermédio do controle desses recursos, "exercer sobre a pesquisa um poder que podemos chamar de tirânico" (Bourdieu). Como se a finalidade dessas disciplinas devesse coincidir com a de um pragmatismo gestionário tendo por função fornecer "receitas científicas" (conselhos ou pareceres) aos dirigentes das empresas e da administração. Como se sua vocação fosse a de fornecer uma racionalização do conhecimento prático desses dirigentes. Mas quando os cientistas humanos e sociais assumem um papel propriamente teórico e crítico, logo passam a ser suspeitos e a decepcionar os detentores dos poderes e a desagradar às agências de financiamento. São socialmente desqualificados ou relegados a certo ostracismo, senão como "traidores", pelo menos como "parasitas inúteis". Mas a partir do momento em que põem seus saberes a serviço dos poderes e da ordem e se convertem em "mercenários do saber", merecem toda credibilidade e recebem certos favores. Mas têm um alto preço a pagar: cedem em relação ao Saber, consequentemente, em relação à sua Liberdade. Nem sempre foi assim. Essa concepção é relativamente recente.[43]

No início dos anos 1960, quando as ciências humanas começaram a alimentar o sonho tecnocrático de produzir soluções tecnicamente estabelecidas para os problemas sociais, o psicanalista Jacques Lacan, ao defender a tese segundo a qual o Sujeito é dominado por forças inconscientes que o atravessam, que o Id nele fala e que as ciências humanas não podem eliminar a questão de seu sentido nem impedir que suas respostas se imponham em termos de verdade, toma posição contra a transformação (na França) das Faculdades de Letras em Faculdades de Letras e Ciências Humanas: "Os programas que se esboçam como devendo ser das ciências humanas não têm outra função senão a de ser um ramo acessório do serviço dos bens, do serviço dos poderes". A partir de então, praticamente se convertem em auxiliares do exercício do poder. O interessante a observar é que, nesse momento histórico, entre nós (regime militar), o reduzido ensino da filosofia passa a ser ainda mais desprestigiado e desqualificado, tornando-se praticamente abolido (no curso secundário) ou relegado (nas universidades) a um papel de desodorante cultural mais ou menos supérfluo, sem nenhuma força de invasão. Ora, devemos salientar a estreita ligação entre a existência de um ensino livre da filosofia e a possibilidade mesma da vida democrática; e a relação entre o cerceamento ou a supressão desse ensino e a tarefa consignada à educação de qualificar profissionais para o mercado e produzir agentes dóceis ao poder.

O que pretendia mostrar Lacan, para quem o inconsciente é uma espécie de máquina simbólica de produzir sentido ("o inconsciente é estruturado como uma linguagem"), é que "o serviço dos bens" diz diretamente respeito ao poder, a seu estabelecimento e à sua manutenção. Poder humano, demasiado humano, cuja consequência é o rebaixamento do *desejo* (do Saber, da Liberdade) ou, como diria Kant, impedindo o indivíduo de ser feliz: alcançar a totalidade de suas satisfações possíveis. Qual a proclamação de Alexandre Magno ao conquistar Persépolis, a de Hitler ao tomar posse de Paris, a de Bonaparte ao invadir o Egito e a de Bush ao destruir e submeter o Iraque? Ouçam-nos! *Viemos libertá-los!* Continuem a trabalhar! Que o trabalho não pare! Não ousem pensar! Isto que estamos fazendo é para o seu bem! Em termos atuais, estamos trazendo-lhes os verdadeiros bens e os valores da sacrossanta sociedade ocidental democrática e liberal. Tradução: em hipótese alguma deve manifestar-se seu *desejo*, quer dizer, sua *liberdade*, sua capacidade de pensar livremente e de decidir soberanamente sobre seu destino! O Pensar é algo perigoso (tentei mostrar isso em *Desistir do pensar? Nem pensar!*, 2001). O Saber também. Por isso, devem ser controlados e cooptados. Donde a moral do Poder, do serviço dos bens: ou eu estou certo, ou vocês estão errados; se der cara (no jogo), eu ganho, se der coroa, vocês perdem; o Desejo (a Liberdade, o Saber) *sempre pode esperar*. A função dos cientistas humanos é a de continuarem trabalhando na convicção de que é para o seu bem (uma mãe perversa que pratica atrocidades contra seu filho sempre o faz para o seu bem!).

Creio que não só podemos, mas devemos reagir a esse processo de alienação: situação de alguém que se submete a relações sociais que ajudou a construir, tornando-se despossuído de sua capacidade de autonomia. Porque jamais devemos nos comportar em conformidade com o desejo dos outros. Se assim o fizermos, estaremos nos alienando, obedecendo à lei de um outro e assumindo a servidão que, por ser voluntária, provoca em nós uma dupla atitude: de ignorância e canalhice (Lacan). Ao revelar, em seu *Discurso da servidão voluntária*, as fontes do poder, La Boétie se pergunta: por que os homens aceitam obedecer a um tirano? Sua resposta: por hábito, por admiração pelo chefe e porque o tirano, sabendo "dividir para reinar" (Maquiavel), sabe sempre usar as divisões internas dos indivíduos, conferindo a alguns certos privilégios e certas parcelas de poder para mantê-los sob seu controle. Não podemos aceitar que ninguém se aproveite de sua posição de Saber para dar-nos conselhos ou impor-nos algo capaz de impedir a realização de nosso desejo ou de nossa liberdade, consequentemente, de nosso saber. Nem pedagogias, nem terapêuticas, nem governos: todas essas práticas participam da escolha por um outro (para o seu bem, é claro), sem que esse outro tenha sua palavra a dizer sobre o que poderia constituir o seu bem. Não devemos aceitar que, a partir das ciências humanas, sejam constituídas técnicas capazes de bloquear e recalcar o desejo dos sujeitos humanos, técnicas de *reeducação, readaptação, reintegração, reinserção, ressocialização* etc.

Todas essas técnicas ou estratégias de ação têm por objetivo primordial nossa *normalização*, nosso enquadramento nas normas e nosso conformismo ou a supressão de nossa autonomia (para o nosso bem!, dizem). Em hipótese alguma podemos abdicar de nossa autonomia (aliená-la), pois deve ser definida e entendida como a capacidade que temos de dar-nos a nós mesmos, em plena consciência, nossas próprias leis. Não podemos aceitar ficarmos submetidos por relações sociais que ajudamos a construir e que tentam nos privar de nossa capacidade de autonomia, tornando-nos estrangeiros a nós mesmos. Ora, uma das funções dos cientistas humanos e sociais é a de *inventar as normas*, não impô-las pela força. Não há "canalhice" em inventá-las e fazê-las respeitar, em difundi-las e ensiná-las, mas quando procuram fazê-las passar por aquilo que efetivamente não são: "leis da natureza", não da sociedade. Por isso, deveriam questionar o novo evangelho neoliberal professando que as novidades tecnológicas e as inovações econômicas que as exploram só poderão aumentar a quantidade e a qualidade dos bens culturais oferecidos, por conseguinte, a satisfação dos consumidores. Como se a felicidade consistisse no *ter* ou *possuir* determinadas coisas, não no *modo de ser do homem* dependendo da maneira como se relaciona com as coisas. Ora, a abundância de bens materiais, em vez de *preencher* o homem, frequentemente o *esvazia*, pois compromete sua consistência e densidade moral.

Em relação a esse debate, creio que o discurso das ciências humanas deveria assumir uma clara e decidida postura de independência. Porque, relativamente às necessidades econômicas, seu processo de produção e circulação de saberes encontra-se ameaçado pela intrusão de uma lógica comercial tendendo a reduzir seus "produtos" a simples "mercadorias" submetidas às sanções imediatas do mercado. Ou então, a postura da filosofia que, com serenidade e humildade, hoje reconhece: *não serve para nada* (quer dizer, serve para tudo). Precisamos ver na lógica do lucro a negação mesma da cultura. Porque esta supõe investimentos, não só a fundo perdido, mas de retornos incertos e a longo prazo. Essa reivindicação de inutilidade remete à recusa de servir a algo ou a alguém. Dizer que a filosofia não serve para nada não significa negar que possa ter eventuais efeitos, mas recusar que lhe seja simplesmente posta a questão de sua instrumentalidade. Não podemos aceitar essa lógica pretendendo que toda ação humana só vale pelo serviço que presta, que só podemos avaliar uma ação por sua operacionalidade ou valor de uso. Por isso, "não servir para nada" significa adotar a lógica do saber e recusar toda limitação à produção dos conhecimentos e à sua difusão; jamais aceitar que, em nome da utilidade, muitas pessoas possam ser mantidas na ignorância por outros que saberiam por elas. Ora, nenhuma ignorância é útil. A não ser a socrática: só sei que nada sei. Esta deveria ser a divisa das escolas. Não nos esqueçamos do alerta de Einstein: "A mente que se abre a uma ideia nova jamais voltará ao seu tamanho natural".

Coloca-se aqui o famoso problema da *profissionalização*. Tanto os professores quanto os alunos podem subordinar seu ensino e sua aprendizagem às palavras de ordem das necessidades do mundo econômico ou do mercado. Sendo assim, o que significa este nome pomposo "profissionalização"? Nada mais nada menos que a interdição dirigida a todos de se interessarem por outra coisa distinta do que poderia almejar um empregador possível. Profissionalizar consiste, antes de tudo, em fechar-se às ideias novas e reduzir o campo dos conhecimentos (fazer o máximo de concessão possível ao Saber) e ampliar as zonas de ignorância, a pretexto da especialização necessária à eficácia e à rentabilidade (da formação, do formando e do formador). Nesse sentido, é altamente limitadora e castradora da liberdade, pois faz demasiada concessão ao Saber, só levando os indivíduos a aprenderem o que é útil (o máximo de pouca coisa), o que pode estar a serviço dos bens e submetido às "leis" do mercado. Qual o grande risco que corre esse tipo de preocupação pedagógica? O de converter os indivíduos em "boias-frias do saber", mãos de obra docilizadas pela precarização e pela ameaça do desemprego; ou em "proletários do saber": portadores de diplomas de primeira comunhão científica. Qual o fundamento último de uma ordem econômica estabelecida sob a invocação desse tipo de liberdade dos indivíduos? A *violência estrutural* do desemprego e do *medo* que inspira sua ameaça real. Nas palavras de Bourdieu,

> a condição de funcionamento *harmonioso* do modelo microeconômico individualista e o princípio da *motivação* individual ao trabalho residem, em última análise, num fenômeno de massa: a existência do exército de reserva de desempregados. (*Contre-feux*, 1998)

Se o especialista é alguém que possui grandes lacunas em sua ignorância, profissionalizar significa aumentar essas lacunas. E quando essa perspectiva profissionalizante domina a mentalidade dos professores e pesquisadores, trata-se de uma "questão de polícia" (caso confiássemos na nossa), pois mutila tudo o que poderia fazer deles *intelectuais*, considerados na tríplice afirmação nietzschiana: potência de tornar-se ativo, vontade que avalia e vontade que interpreta. Enquanto *potência de tornar-se ativo*, o intelectual se afirma e se define pelo interesse ou paixão por aquilo que escolheu como seu objeto: recusa que lhe seja imposto pelo jogo da atribuição de cargos ou de subvenções. Enquanto *vontade que avalia*, define-se e afirma-se pelo caráter diferenciado de seu trabalho. Enquanto *vontade que interpreta*, como alguém que tem o direito ao pensamento e à paixão por ele. Não condenamos as ciências humanas por terem nascido do capitalismo. Devem ser criticadas quando passam a adotar seu ideal utilitarista e a fornecer-lhe justificações epistemológicas (empirismo), teóricas (evolucionismo, organicismo, naturalismo) e filosóficas (noção ideal de natureza humana) a fim de instaurar um sistema de governo e controle social, permitindo-se fazer a economia do debate ético-político, posto que o único objetivo razoavelmente consignado à humanidade seria o da acumulação indefinida do poder econômico, técnico e científico. Como se os indivíduos devessem ser considerados produtos diretos e mecânicos da totalidade; e esta pudesse ser reduzida ao simples produto direto ou indireto dos cálculos individuais.

Uma das consequências que podemos tirar dessa situação é que, assim como as culturas anteriores à nossa institucionalizaram a *mania* (ideia fixa caracterizada por uma exaltação do humor), nossa cultura tecnocientífica parece ter conseguido, após um grande esforço, institucionalizar a *melancolia* (estado de abatimento caracterizado pela depressão). Bom grado mal grado, o desejo de secularizar as crenças e as práticas, de racionalizar a economia e a administração pelo *cálculo* e pelo *quantitativismo* só podia chegar a esse resultado. Serge Moscovici, ao nos mostrar que as minorias ativas, determinadas e seguras de si exercem uma influência maior sobre os comportamentos individuais do que o impacto de uma maioria inconsistente, confessa ignorar que devemos buscar e descobrir as causas desse fenômeno nos puritanos calvinistas (Weber) ou nos burgueses capitalistas. Quaisquer que sejam, precisamos tomar consciência: não só o desprezo pelo cerimonial e o ritual, mas o combate dos cientistas humanos contra as paixões da subjetividade, em nome do *interesse*; e contra os entusiasmos coletivos, em nome da *organização*, só podiam chegar a esse resultado. O fato é que, no mundo secularizado, o poder deixa de ser exercido em nome dos deuses, passa a ser exercido em nome dos homens e fora de toda referência ao sagrado. Nesse sentido, podemos dizer que essa condição de indiferença ativa que nos invade decorre logicamente de uma vida que se torna egocêntrica e isolada, de relações dominadas por leis pretensamente neutras.

Assim, num mundo que se pretende profano, do qual seríamos os autores, tudo deve ser desencantado, condenado a uma melancolia ou a uma depressão sem remédio para ser *compreendido* e *dominado*. Não por acaso a Economia, a ciência que tem a pretensão de explicar inúmeros fenômenos humanos e sociais e, em princípio, não só prever as etapas da história, mas guiar nossas ações, foi batizada pelos ingleses de "ciência morna":

> As expressões da mania, êxtase e rituais desempenham o papel excedente a ser exorcizado, comprimido e dissimulado porque, de outra forma, a sociedade voltaria a coincidir com a religião [...] A conclusão? A vida em sociedade, concebida pela psicologia das multidões, resulta de uma regressão e possui um grande teor histérico. Eis uma das razões da presença do arcaico e do alucinatório. Vislumbrada por Durkheim, essa vida se torna maníaco-depressiva. (*La machine à faire des dieux*, 1988)

Por isso, as ciências humanas não podem se esquecer de que nasceram como *ciências morais*. Seria uma pena se continuassem a nos ensinar a *conhecer* sem nada terem a nos dizer sobre como podemos *viver melhor*! O que levou o grande romancista russo Dostoievski a constatar: de tanto se esforçar para apagar os vínculos entre a moral e o caráter, nossa civilização terminou por construir a imagem de um *homem sem perfil*: as obrigações morais e recíprocas tenderiam a tomar a feição de imperativos formais e a depender do consenso entre os indivíduos, cabendo à filosofia neutralizá-los e, à discussão pública, trivializá-los.

Outra consequência, não menos danosa, foi que insidiosamente se instalou, em nossa cultura, como uma espécie de instituição social, a segregação entre o *psíquico* e o *social*. Embora independentemente de nossa razão crítica, esse *apartheid* parece resistir a toda crítica. Quem ousa colocá-lo em questão frequentemente se sente patrulhado, quando não é ele próprio quem se autocensura. O historiador Paul Veyne constata que, do ponto de vista político, boa parte do século XX foi dominada pela tendência de "explicar sociologicamente as produções do espírito". Em *Comment on écrit l'histoire* (1971), mostra-nos que essa disciplina só pode ser um romance verdadeiro, um simples relato jurídico. Quanto às causalidades introduzidas pelo historiador, só possuem um valor de artifícios permitindo o desenrolar da intriga. Assim, diante de uma obra, logo surge a pergunta: o que pode trazer de útil à sociedade? Donde podemos sustentar: a maioria das ciências humanas foi vítima desse duplo patrulhamento. Por exemplo, raros foram os contatos da História com a Psicologia social. Sem falarmos da Sociologia que, de tanto se distanciar da Psicologia, da História e da Economia, contribuiu para se enfraquecer o exercício do pensamento. Daí a importância de procurarmos superar a segregação do psíquico e do social. De forma alguma estamos querendo afirmar que haja uma identidade entre as causas psíquicas e as sociais dos fenômenos humanos. O que pretendemos enfatizar é que todos os fatos sociais e humanos constituem *fatos dos homens*. Não podemos admitir que os movimentos, as crises e os fenômenos que se produzem na sociedade sejam explicados apenas por causas sociais. Moscovici escreveu *A máquina de fazer deuses* para demonstrar: são as *paixões* do homem (carisma, sacrifício, comunidade, efervescência, revolução...) que estimulam e dinamizam suas criações culturais, políticas e religiosas. São elas que, mais do que um amálgama de interesses e pensamentos, definem os vínculos que presidem seus modos de ser e agir em comum. Se não levarmos em conta uma interfecundação das disciplinas, obteremos um conhecimento mutilado.

4 Renascimento[44]

Dissemos que uma das funções fundamentais que as ciências humanas receberam e assumiram com denodo e coragem foi a de acompanhar o advento da Modernidade e contribuir para a liquidação simbólica e ideológica das sequelas da sociedade tradicional. Desempenharam um papel importante nessa passagem do poder exercido em nome dos deuses ao poder exercido, não somente em nome dos homens, mas fora de toda referência às divindades. Contribuíram decididamente para que o "religioso" não mais continuasse estruturando a política, a moral e a sociedade. Mas será que esse projeto que, de uma forma ou de outra, tentaram implementar em nossas sociedades modernas já estaria mais ou menos realizado? Teria sido concluído? Se a resposta for afirmativa, claro que essas disciplinas não teriam mais tanta razão de ser nem um papel tão importante a desempenhar na atualidade. Se o grande projeto da modernidade consistiu em desembaraçar os indivíduos dos particularismos da sociedade tradicional a fim de impor os três universais que mais a caracterizam: o Mercado, o Estado representativo e a Ciência, e como parecem inegáveis os êxitos desses universais, a conclusão a que se poderia chegar é a de que, nesse domínio, também teria terminado a aventura das ciências humano-sociais. Estariam condenadas ao conformismo presente e a seu desaparecimento futuro? Ou teriam ainda condições de inventar novas formas de cidadania universalizáveis ou de reconhecer as singularidades histórico-culturais nas quais os indivíduos ainda possam buscar razões de viver e esperar?

Evidentemente que não creio em sua *demissão* total, em sua *derrota* completa ou que estejam definitiva e irremediavelmente condenadas à pura e simples *instrumentalização* a que foram destinadas. Pelo contrário, acredito que tenha chegado o momento de uma reação: no interior de uma visão transdisciplinar fundada na busca do *sentido* do agir humano em todas as suas dimensões, as ciências humano-sociais ainda têm condições de responder às interpelações e urgências de nossa atualidade, não só perseguindo sua busca de *sentido* sem teleologia, mas exprimindo sua sensibilidade a uma real *historicidade* sem historicismo e seu gosto por um *agir* sem ativismo. Por isso, falei de *crise* ou *eclipse*. Porque acredito que terão ainda um belo futuro pela frente na medida em que se disponham a revisitar esses três universais da modernidade com o objetivo de encontrar uma resposta satisfatória para a seguinte questão desafiadora e aparentemente insolúvel: qual *a essência do social*? Formulada de outra maneira: qual a essência daquilo que permite aos homens *viverem juntos* e a não se converterem em lobos uns para os outros? O que essas disciplinas deveriam fazer para restabelecer uma nova relação com o mundo? Colaborar para a criação de uma atitude humana caracterizada pela vontade de organizar o real segundo uma racionalidade totalmente independente de toda autoridade distinta da Razão graças à qual o homem, de modo autônomo, tenta fazer do mundo sua própria morada. E colocar seus saberes não a serviço dos que tentam organizar procedimentos segundo a lógica da encomenda burocrática, mas dos que se preocupam em se situar na lógica carismática da invenção sem perder de vista suas funções sociais.

Em nosso entender, outra coisa importante e urgente a ser feita deveria ser o questionamento radical do corte, durante tanto tempo considerado constitutivo da especificidade dessas disciplinas, entre os juízos de fato e os de valor. Com isto, estaríamos superando a perniciosa cisão ou esquizofrenia entre ciências humanas e filosofia, o filósofo deixando de ser o guardião exclusivo e patenteado do *normativo* enquanto o especialista dessas disciplinas deixaria de ser o guardião legítimo da veracidade dos *fatos*. Teriam muito a ganhar se voltassem a reatar (em novas bases) seus vínculos mais ou menos insolúveis com sua matriz, a filosofia política. Voltariam a ter condições de novamente poder colocar a questão do verdadeiro, do justo e do desejável, sem importar para seu saber os modelos da política que envenenam o desenvolvimento de suas desejáveis trocas racionais. O atual despertar da filosofia corresponde a uma nova demanda social e deve muito à atual valorização da *busca do sentido*. Exemplo: o tema da moral reaparece com força sob a denominação renovada da *ética*: a bioética, o princípio de precaução e o tema da "responsabilidade" aparecem nos debates públicos e neles filósofos são convidados a intervir: é a partir de uma filosofia política que podemos interrogar a sociedade. Como o político é o eixo constitutivo da relação social, compete a uma filosofia a tarefa de esboçar o espaço de questionamento sobre as variantes institucionais da sociedade e as condições de sua unidade. Sua vitalidade atual se deve, em parte, ao crédito reencontrado de uma *démarche* crítica recusando-se a enfeudar-se na cientificização positivista do sociopolítico. Doravante, o culto dos fatos dá lugar à interrogação sobre valores e significações.[45]

Claro que as ciências humanas já revelam sinais de saída da crise e do eclipse. Começam novamente a brilhar. Não somente dão hoje muita importância à questão do Sujeito, mas não separam mais tanto suas reflexões teóricas dos problemas concretos, notadamente dos político-religiosos que tanta necessidade têm de elucidações racionais. Já mostram sinais de um promissor renascimento. Estão tomando consciência de que não podem mais ficar presas às rígidas rédeas do individualismo metodológico. Porque devem, além de aceitar o nível *supra*individual, evitar atribuir a entidades supraindividuais propriedades de indivíduos humanos (desejos, pensamentos, crenças etc.) e não humanos (propriedade de manter relações *causais*). E isto, sem perder sua razão de ser fundamental: sua capacidade de *explicar* compreendendo ou *compreender* explicando (M. Weber) os fatos humanos e sociais: propor explicações no nível das crenças, dos desejos e das ações individuais e atribuir poderes causais a entidades supraindividuais. Não acreditamos que nossa época esteja irremediavelmente marcada pelo medo da tecnociência e pelo total desaparecimento das utopias políticas, isto é, pelo estigma da "crise do futuro". Claro que não mais se justifica uma fé ingênua num futuro necessariamente melhor que o presente; tampouco a crença numa luta final, no destino apocalíptico da humanidade ou na cidade radiosa por vir. Porque "à absolutização do devir histórico sucedem a inquietude, a pane das representações do futuro e o eclipse da ideia de progresso" (Lipovetsky). Se precisamos temer o risco de uma catástrofe, devemos aprender a não imaginá-la num futuro improvável, mas a pensá-la e enfrentá-la no presente.[46]

Ora, a ideia de uma melhora da condição humana pela aplicação dos conhecimentos elaborados pelas ciências humanas sempre fez e ainda faz sentido. Em vez de queimarmos os ídolos de ontem a fim de prestar culto aos novos de hoje, precisamos adotar uma atitude mais tolerante e eclética. Um certo pluralismo está se afirmando e se disseminando um pouco por toda parte. No plano teórico, não mais se admite a existência de um modelo único e hegemônico podendo explicar o real. No dos métodos, adota-se uma atitude de prudência diante da diversidade das abordagens. Em matéria científica, há um consenso: não existe mais nem deve haver um "pensamento único" e homogeneizador. Adota-se uma atitude de abertura crítica e prudente. Trata-se de uma mudança em profundidade das ideias e posturas intelectuais. E que vem sendo acompanhada de outras transformações no plano do ensino dessas disciplinas. Nos últimos anos, cresceu muito o número de estudantes em ciências humanas e sociais. Não é mais tão raro assim assistirmos especialistas dessas ciências participando em debates políticos e filosóficos televisivos ou na imprensa. E essas disciplinas estão promovendo, de outro modo, seu reingresso na sociedade, no todo da cultura: a comunicação, a inserção social, o setor paramédico, as relações humanas, a formação contínua, o urbanismo... O método empregado consiste em praticar uma epistemologia da "sutura" (Morin). Na maioria das vezes, são os novos conceitos produzidos no campo das ciências da natureza que são invocados para justificar essa refundição unificante. Novas profissões estão surgindo e empregando recém-formados "polivalentes" em muitas dessas disciplinas.

Estamos também assistindo hoje não ao fim de toda crença no Progresso, mas à emergência de uma nova e fecunda ideia: a de um Progresso como devir indeterminado e problemático, não devendo sucumbir a nenhum fatalismo, mas fazendo com que o futuro sonhado e pensado seja tomado como um *guia* ou uma *bússola* de nossas ações presentes. Nessa perspectiva, estamos presenciando o surgimento de uma série de novos setores fazendo apelo a conhecimentos e métodos oriundos de várias ciências humanas: a pedagogia, as psicoterapias, o marketing, as consultorias, as atividades de conhecimento, a gestão, a tradução automática etc. O termo "aplicação" pode até não ser tão adequado assim. Porque raramente há uma continuidade direta entre as ciências e a ação, entre o teórico e o prático: por exemplo, entre a pesquisa psicológica e a pedagogia, entre a ciência econômica e as políticas econômicas. Outro desafio dessas ciências: saber conviver com a decupagem entre suas pesquisas fundamentais e sua utilidade prática. A grande dificuldade reside nesse casamento sempre tumultuado da teoria e da prática. A esse respeito, é mais nuançada a posição do diretor da Escola de Frankfurt, Anex Honneth, quanto ao rumo que elas vêm tomando:

> Apontam para várias direções. Por um lado, observa-se uma profissionalização cada vez maior, bem como uma enorme variedade de perspectivas empíricas, como nunca houve antes, baseada numa poderosa estatística que nos oferece a possibilidade de fazer prognósticos muito precisos. Neste sentido, as chances de uma unidade teórica entre filosofia e pesquisa, como se pensou no passado, é cada vez menor. Com a exceção dos trabalhos de Habermas, Pierre Bourdieu e Alain Touraine, poucas reflexões contemporâneas oferecem essa amplitude e busca de unidade entre teoria e práxis. (*Folha de S.Paulo*, 23 jun. 2001, caderno Mais!)

Quando falamos da crise ou esterilidade política das ciências humanas, tomamos o termo "político" como a relação do homem com o conflito e a divisão social. Por isso, se quisermos saber qual a *direção* que precisam tomar para que reconquistem peso, alcance, significação, audiência, credibilidade, estima de si e razão de ser, diria: deveriam *restaurar* ou resgatar uma de suas funções mais profundas e libertárias: a de constituírem o *momento reflexivo* por excelência da *invenção democrática*. Os cientistas humanos deveriam lutar praticamente, quer dizer, politicamente, se é que pretendem conferir força à Razão para intervir com eficácia na realidade. Não se trata de subordinar o movimento do conhecimento às exigências da busca e instauração do projeto democrático. Mas, consideradas em seu conjunto, as ciências humanas nunca tiveram tanta fecundidade e tanto alcance, tanta credibilidade e força emancipatória, mesmo permanecendo no plano estritamente teórico-cognitivo, quanto nos momentos em que emprestaram sua voz às aspirações democráticas de todos os que procuravam viver sua liberdade e sua autonomia em sociedades pondo em questão, lúcida e explicitamente, suas próprias instituições. Jamais podemos nos esquecer que a democracia constituiu a expressão por excelência da autonomia dos homens relativamente à ordem religiosa. Há uma transformação daquilo que outrora acontecia na ordem das representações religiosas em articulações sociais efetivas. No fundo, ela se impôs em ruptura com o modo de estruturação religiosa do conjunto das sociedades humanas. Afirmou-se como o poder dos homens tomando o lugar da ordem definida pelos deuses. Entre as tarefas essenciais que as ciências humanas historicamente se deram, destaquemos duas: *a crítica da ordem estabelecida*; b) *a denúncia dos privilégios abusivos e das dominações ilegítimas*. Dessa forma, contribuiriam de modo decisivo para revelar a parte de *contingência* sobre a qual se baseia a invenção das regras da vida em comum.[47]

Há alguns anos, ao refletir sobre a possibilidade e a necessidade de um *saber engajado* ou politicamente comprometido; e ao fazer uma análise exigente e sistemática da nova ordem econômica mundial, dos mecanismos que a regem e das políticas que a orientam, Bourdieu defendeu a tese segundo a qual o especialista das ciências sociais não só pode, mas deve intervir (em determinadas condições) no mundo político (*Contre-feux* 2, 2001). Tem um importante papel a desempenhar nos movimentos sociais, quer dizer, nos lugares mesmos onde se decide o destino dos indivíduos e das sociedades. Não pode deixar de contribuir para a invenção de um novo modo de se fazer política. Claro que sua intervenção continua sendo a de um *intelectual* (no sentido de Zola ou do *public intellectual*): "alguém que engaja num combate político sua competência e sua autoridade específicas, como os valores de verdade ou desinteresse ou, em outros termos, alguém que vai ao terreno da política, mas sem abandonar suas exigências e competências de pesquisador". Estando sempre atento para não confundir as coisas da lógica com a lógica das coisas, quer dizer, não tomar as revoluções na ordem das palavras pelas revoluções na ordem das coisas, esse intelectual, ao tomar consciência e convencer-se de que "a ideia verdadeira não é portadora de uma força intrínseca" (Espinoza) e de que jamais deve renunciar à luta pela Verdade e pela Justiça (para além de todos os poderes), precisa desempenhar a função insubstituível de conferir *força simbólica* às suas ideias e análises críticas:

- em primeiro lugar, uma função negativa, eminentemente *crítica*: deve trabalhar para que sejam construídos e disseminados os instrumentos de defesa contra a dominação simbólica que hoje se arma da autoridade da ciência para instaurar uma verdadeira "epistemocracia" lançando mão das ciências econômicas matematizadas para justificar a ordem estabelecida. Não é por acaso que as ciências humanas, por terem um vínculo bastante forte com a democracia, passam a ser combatidas ou menosprezadas, não só por ditaduras e regimes totalitários, mas pelo reino do dinheiro-rei. Tampouco é por acaso que a atual globalização constitui o efeito, não de uma fatalidade econômica, mas de uma política deliberada de instauração de uma efetiva *despolitização* tendo por objetivo maior não só conferir uma total hegemonia aos determinismos econômicos *liberando*-os de todo controle político e social, mas obtendo a submissão dos governantes e cidadãos às forças econômicas e sociais pretensamente liberadas. Ora, uma sociedade reduzida

a seu funcionamento econômico só pode funcionar como uma grande máquina azeitada, não para uma transformação social coerente, mas para reprimir e reproduzir-se;
- em seguida, uma função positiva: deve contribuir para um trabalho coletivo de invenção política. Com o desmoronamento dos regimes comunistas, houve um enfraquecimento do pensamento crítico, insiste Bourdieu: "a *doxa* neoliberal tomou todo o lugar deixado vazio e a crítica se refugiou no pequeno mundo acadêmico onde se encanta consigo mesma, ficando sem condições de inquietar realmente quem quer que seja ou o que quer que seja. Portanto, todo o pensamento crítico precisa ser reconstruído" (op. cit.). E isto, para que seja instaurada uma verdadeira democracia: uma sociedade afirmando-se por sua autorreflexividade sendo capaz de autoinstituir-se, de pôr sempre em questão suas instituições e valores, em suma, defrontar-se com a mortalidade virtual de suas significações anteriores. As ciências humanas precisam pôr em questão o modelo cientificista que adotaram ao serem levadas a aceitar os critérios válidos nas ciências duras ou da natureza. Torna-se urgente que restabeleçam ou resgatem o caráter histórico-crítico-reflexivo dizendo respeito a um amplo campo de seus conhecimentos, da filosofia à sociologia, com uma especificidade das *démarches* segundo as correntes e as disciplinas. Em suma, trata-se de restabelecer em seu seio o sentido do debate e da vida intelectual.

É nessa direção que vêm aparecendo interessantes e fecundos trabalhos nas diversas disciplinas humano-sociais desembocando em proposições realmente inovadoras e fornecendo novos elementos para pensarmos de outra forma, no domínio dos saberes sobre o homem, o *político* e o *social*. Novos conceitos vêm sendo elaborados e novas teorias têm surgido tentando restabelecer pontes entre os diferentes campos de pesquisa e ressituar o *homem* no cerne mesmo do pensamento. Uma nova geração de pesquisadores está surgindo, bastante mais preocupada com uma busca de *sentido* para o elo social na Cidade. É o que nos tem mostrado uma série de publicações, em sua maioria obras coletivas. Cada vez mais estamos assistindo a uma crescente realização de pesquisas culminando numa promissora atividade de produção do humano, de seus modelos históricos e de sua incessante transformação. Ao se voltar para uma valorização da história dessas disciplinas suscetível de romper com uma história das ideias marcada por uma concepção desencarnada e descontextualizada, mostram-nos a grande vantagem do olhar retrospectivo: vacinar-nos contra as ilusões do presente, como a de acreditar que podemos nos libertar do peso de nossa época. Exemplos:

- No capítulo dedicado à "Filosofia das ciências sociais" (In: BERTHELOT, *Épistémologie des sciences sociales*, 2001), o antropólogo Ruwen Ogien declara não ter nenhuma razão *a priori* para não acreditar que as ciências humanas tenham um belo futuro pela frente. Juntamente com outros autores, reconhece a pluralidade dessas ciências como um estado de fato precisando constituir objeto de análise. Todos adotam algumas convicções comuns: a) recusam a reivindicação de um pluralismo, de direito, dos discursos levando a uma insustentável posição relativista, como se cada disciplina pudesse reivindicar sua verdade; b) recusam opor, a um pluralismo niilista, uma teoria unitária com pretensões universais, como se uma teoria devesse ser imposta como doutrina; c) sugerem que a única pista razoável é a de uma discussão argumentada procurando remontar aos postulados implicados pelas diversas tomadas de posição e abordagens. Ogien aceita mesmo a possibilidade de uma "nova filosofia das ciências sociais" suscetível de mobilizar filósofos mais sensíveis ao estado das pesquisas empíricas, de seus limites e resultados e cientistas mais dispostos a reconsiderar de outra forma seus antigos problemas: holismo/individualismo, explicar/compreender, causas/funções, predizer/explicar etc. Mesmo assim, adota uma postura que considera bastante *cética*: um ceticismo bem argumentado em relação a essas disciplinas permanece uma opção viva; nada tem a ver com niilismo; visa apenas à possibilidade de encontrar um *fundamento seguro* para nossas pesquisas, não o interesse de constituí-las: "Esse ceticismo não versa sobre a necessidade de se construir teorias em ciências sociais, mas sobre a possibilidade de fundá-las em princípios infalíveis. Meu ceticismo certamente é menos radical que o dos antiteóricos em ciências sociais (etnometodólogos e hiperempiristas) que passam seu tempo tentando ridicularizar as posições de seus colegas funcionalistas, culturalistas e racionalistas, como se não houvesse nada a se retirar desse enorme desperdício de energia intelectual" (p. 572).

- Por sua vez, o sociólogo Alain Caillé, em sua obra *La démission des clercs* (1993), analisa "a crise das ciências sociais e o esquecimento do político". Sua grande interrogação: o que essas disciplinas ainda têm a nos dizer sobre o homem e a sociedade? Podem nos ajudar a compreender o mundo e agir sobre ele para transformá-lo? Analisando de perto a produção intelectual de numerosos pesquisadores, para além de alguns intelectuais que monopolizam o olhar da mídia, constata: a resposta a essas questões parece bastante embaraçosa. No entanto, devem ser postas sob o signo da filosofia política e apontam em sua direção. Porque as ciências humanas precisam ser reinscritas na esfera de uma nova filosofia política, posto revelarem-se deficientes suas teorizações atuais. Se perderam prestígio e significação sociais, não seria pelo fato de terem renunciado a considerar o político como o melhor instrumento, permitindo-lhes interrogar nossa época e não se cantonar em disciplinas fechadas? Ao analisar, não só as formas e as causas dessa "demissão dos clérigos" (intelectuais), mas as teorias dominantes em sociologia, economia e filosofia política, nosso autor mostra como o esquecimento do político se inscreveu no *cerne* mesmo dessas teorias. Por isso, além de postular a saída e a superação do utilitarismo e do individualismo metodológico, incapazes de reconhecer a dimensão plural e coletiva da ação social; além de lançar as bases de um programa de trabalho para as ciências sociais, propõe, sem abrir mão das exigências de um saber rigoroso, não só que sejam repensados o esquecimento e a incompreensão do político, mas que sejam reinventadas novas formas de cidadania universalizáveis, capazes de valorizar o político e de reconhecer as singularidades histórico-culturais das quais os homens possam retirar razões de viver e esperar. Razão pela qual as ciências humanas precisam urgentemente voltar a pensar seu tempo, a fim de nele agirem e desempenharem seu papel de esclarecedoras e despertadoras da consciência coletiva, e possam voltar novamente a dizer o possível e o desejável.[48]

- Em seu documentado livro-enquete *L'empire du sens: l'humanisation des sciences humaines* (1995), o historiador François Dosse nos fornece um balanço de quase tudo o que vem sendo pesquisado nos vários domínios das ciências humanas, permitindo-nos identificar as pesquisas mais fecundas e promissoras e uma grande renovação do pensamento político (na Europa e nos Estados Unidos). Além de propor uma análise sistemática das diversas "pesquisas de ponta", mostra-nos ainda que os trabalhos produzidos nos últimos anos já nos permitem vislumbrar a instauração de um novo paradigma para essas disciplinas. Várias correntes do pensamento contemporâneo parecem convergir para um novo paradigma centrado nas *teorias da ação* e na *análise do sentido*. Já são bastante emblemáticas dos novos modos de elaboração dos conhecimentos, pois nos permitem abrir portas de acesso a um campo intelectual cuja maior característica consiste num método coletivo e pluralista de funcionamento. Trata-se, no fundo, de uma abordagem constituindo o sinal promissor, não só de uma *revitalização e re-humanização das ciências humanas*, mas de uma renovação do pensamento político. Para alcançar tal objetivo, nosso autor postula a adoção de uma transdisciplinaridade fundada na pesquisa do *sentido* e do *agir humano* em todas as suas dimensões a fim de que sejam respondidas as interpelações urgentes de nossa atualidade: "Tomar consciência da guinada atual e detectar as potencialidades oferecidas, eis a ambição deste livro que pretende tornar audíveis, para o cidadão, os desafios atuais da pesquisa traçando os contornos do espaço teórico comum a práticas inovadoras ainda amplamente fragmentadas. Portanto, deve contribuir para se repensar o elo social na Cidade moderna". O que postula nada tem a ver com um ecletismo informe ou com um dogmatismo renovado impondo-se em nome da tradição: as disciplinas se interfecundam através de um diálogo animado por porta-vozes cujos testemunhos e convicções devem revelar a força da *atestação*.

- Mais recentemente, J. F. Dortier (fundador e atual diretor da revista *Sciences Humaines*) apresenta-nos, em sua obra *Les sciences humaines: panorama des connaissances* (1998), um amplo guia permitindo-nos percorrer os diferentes domínios dessas disciplinas através das teorias, dos autores e das pesquisas mais inovadoras. Propõe um amplo leque de seu estado atual e das tendências principais de suas pesquisas: um panorama denso e vivo do universo de seus conhecimentos. Em outras palavras, propõe uma cartografia dos principais domínios e disciplinas que formam as "grandes avenidas" dessas ciências, mas tentando distinguir, sem nenhum *parti pris*, de um lado, o que depende dos conhecimentos já solidamente estabelecidos e as hipóteses em debate, do outro, as referências clássicas e as tendências atuais das pesquisas. A essas questões, consagra um número especial da revista *Sciences Humaines* (n. 100, dezembro de 1999). E, em 2007, dirige uma alentada *Histoire des sciences humaines* levando o leitor a penetrar nos recônditos da construção, durante os últimos dois séculos, do saber sobre o homem e a sociedade, a história das ciências humanas aparecendo como uma soma de histórias de vida, intuições brilhantes e erros de julgamento: "Inicialmente, houve os pioneiros,

Michelet, Tocqueville, Comte e muitos outros participaram da construção de um saber novo. Depois, vêm os tempos de fundação, com Durkheim, Freud, Weber, em que as disciplinas se cristalizam em torno de revistas, escolas de pensamento e instituições. Enfim, chega o momento dos pesquisadores. As ciências humanas então conhecem crescimento, especialização e profissionalização". Os autores, com um olhar original e bastante erudito, levam o leitor a penetrar nos meandros da construção do saber das ciências do homem e da sociedade, revelando-lhe, não só os processos de seu surgimento, constituição e afirmação, mas certas pistas esquecidas ou afastadas, permitindo-lhe se apossar de ideias e saberes enunciados pelas gerações que nos precederam.

- Antes de dirigir essas obras buscando revelar os pioneiros, inventores e fundadores das ciências humanas, e mostrando que sua história é uma soma de histórias de vida, intuições brilhantes e erros de julgamento, Dortier já havia coordenado um longo e rico dossiê sobre "Le renouveau des sciences humaines" (a renovação das ciências humanas). Seu objetivo? Mostrar que seu momento de crise estaria terminando e que já estaríamos vivendo uma nova era. Já estamos saindo do eclipse. Podemos perceber uma luz no fim do túnel. Vivemos um momento de renascimento. Não é por acaso que também a obra dirigida pelo sociólogo Michel Wieviorka recebeu o nome de *As ciências sociais em mutação* (2007). A vantagem da noção de "mutação" é que, sendo polissêmica e dinâmica, permite-nos abrir uma reflexão coletiva sobre os desafios contemporâneos das ciências humanas. Toda a obra é dominada pelo tema da *renovação*. Não fala mais de crise ou declínio, mas do surgimento de novos paradigmas e métodos de abordagem. Se os autores valorizam a perspectiva histórica, é porque estão convencidos de que frequentemente vivemos na ilusão, na impressão de inventar, de estarmos na modernidade e ignorando a contribuição de nossos predecessores. A renovação da reflexão passa pela capacidade que essas ciências estão tendo de pensar suas fronteiras e, para além do diálogo com as ciências naturais, de se reorientarem e transformarem, debatendo com a filosofia e os demais ramos do saber, num espírito efetivamente transdisciplinar. Portanto, temos o direito de voltar a ser otimistas, com bastante realismo e nenhuma ilusão. Novos conceitos e novas abordagens e muitas evoluções estão surgindo em duas direções fundamentais:

a) em primeiro lugar, no plano das *ideias*. Como o pensamento tem horror ao vazio, outros modelos, referências e objetos de estudo estariam tomando o lugar dos antigos: os pesquisadores dos anos 1990 começaram a se interessar, não tanto pelo individualismo metodológico, mas pelas dinâmicas locais, pelas redes, pelas interações individuais e pelas "ordens locais";

b) em seguida, no plano da *postura intelectual*. Algo de novo começa a surgir e empolgar as novas gerações de pesquisadores e docentes. Nesse sentido, a história das ciências humanas não é um cemitério de ideias mortas, diz Dortier: "Algumas continuam a viver em nós. Numerosos foram os erros e os impasses, embora pistas promissoras tivessem sido afastadas. Aprendemos muito, mas esquecemos também muito. Nem tudo o que é passado permanece sempre passado."

- Gostaria ainda de chamar a atenção para a importante obra coletiva dirigida por J. Heilbron, R. Lenoir e G. Sapiro, em homenagem a P. Bourdieu: *Pour une histoire des sciences sociales* (Fayard, 2004). Em seu último curso no Collège de France (1997), consagrado à sociologia das ciências (*Science et réflexivité*, 2001), Bourdieu esboçou o projeto do que deveria ser uma história das ciências sociais tendo por objetivo elucidar o *funcionamento do campo científico* e favorecer a *dimensão reflexiva* da atividade de pesquisa. Nascidas no final do século XIX com o objetivo de lutar contra os poderes temporais e espirituais dominantes, elas proclamam sua autonomia e reivindicam seu direito de propor um discurso científico sobre a moral, a família, a sociedade e o religioso. Por isso, se libertam as instituições tradicionais e se aventuram em novos horizontes. Ao falar do nascimento e desenrolar dessas disciplinas, reconhece: "Edificadas, na origem, contra a visão religiosa do mundo, as ciências sociais se viram constituídas em bastião central do campo das Luzes (notadamente com a sociologia da religião, cerne do empreendimento durkheimiano e das resistências que suscitou) na luta político-religiosa a propósito da visão do "homem" e de seu destino. E a maioria das polêmicas, das quais periodicamente constituem o alvo, só faz estender à vida intelectual a lógica das lutas políticas".

Retomado por vários amigos e discípulos, esse projeto foi realizado pela presente obra: não pretende ser uma história das ideias promovendo uma concepção desencarnada e descontextualizada da evolução dos conhecimentos das ciências humanas, mas uma história tomando essas disciplinas se constituindo em estreita relação com as demandas estatais ou da economia. E que tentaram se autodeterminar e definir relativamente aos porta-vozes autorizados da moral, a começar pela Igreja. Todavia, mais afetadas que as ciências naturais pelos desafios ideológicos, tiveram que se libertar das diferentes tentativas de cooptação e recuperação pelos poderes temporais e espirituais. Por isso, trata-se de uma *história social* e universal dessas disciplinas, tomando por objeto as instâncias específicas ao campo científico (lugares de formação, revistas, congressos etc.), seus agentes (trajetórias individuais e coletivas), o estado das problemáticas, a hierarquia dos objetos e as ferramentas disponíveis em determinado momento. Mas levando em conta as condições político-econômicas nas quais conquistaram sua autonomia:

a) a primeira parte trata das lutas geradas pela institucionalização de uma ciência dos costumes, notadamente contra os guardiões tradicionais da moral: a Igreja, as academias, os homens de letras e a filosofia moral. Exemplo: "A família, a educação e a religião constituíram o desafio de violentos enfrentamentos entre os representantes dessas instituições e os sociólogos na França";[49]

b) a segunda se concentra nos mecanismos próprios à produção intelectual, notadamente nas condições sociais de um traço fundamental dessas disciplinas: seu caráter *reflexivo*. Em sua busca de conquistar um espaço relativamente autônomo e irredutível aos outros universos sociais, os cientistas humanos viram o funcionamento de seu campo intelectual ser atravessado por lógicas específicas, dentre as quais, "a etiquetagem de ideias, autores e escolas é uma estratégia recorrente nas lutas de concorrência entre intelectuais";

c) na terceira, são congregados estudos versando sobre a relação entre as ciências sociais e o Estado. O desabrochar dessas disciplinas, no fim do século XIX, esteve ligado à demanda dos Estados-nações. Essa demanda é analisada levando em conta as conjunturas sociopolíticas, em diversos estudos de casos reveladores das formas que podem revestir as relações entre o universo científico e o político.

- Enfim, gostaria também de recomendar a obra do antropólogo Maurice Godelier, *Au fondement des sociétés humaines: ce que nous apprend l'antropologie* (Albin, 2007), na qual o autor, ao buscar e revelar o fundamento das sociedades humanas, nos mostra que sempre há um *sagrado* que não podemos menosprezar se é que pretendemos verdadeiramente saber e compreender o segredo de fábrica daquilo que os ocidentais denominaram o "político-religioso" nestes tempos de crise em que o social se distende e a lógica comunitarista e identitária parece prevalecer sobre o conjunto. Num momento em que assistimos a um movimento de integração e de globalização das atividades e das relações econômicas e a um movimento de segmentação política e cultural que divide e subdivide, qual a grande questão que hoje se põe? Parece-nos bem simples: será que os debates, as contestações e as desconstruções que agitam o campo das ciências humanas ou sociais constituem sinais anunciadores de seu "crepúsculo", de sua morte anunciada ou, ao contrário, provas indiretas de que elas atravessam, de modo contraditório, um tumultuado mas normal período de transição, do qual estão em vias de sair, dotadas de uma maior consciência crítica de seus métodos, conceitos e limites, e de um maior rigor analítico? As ciências humanas são mais indispensáveis do que nunca e mais aptas para analisar a complexidade e as contradições de nosso mundo globalizado no qual os cientistas humanos têm algo a nos dizer para aprendermos a viver melhor. Por isso, a crise das ciências humanas, longe de anunciar, à força de desconstruções, seu desaparecimento ou sua simples dissolução nas chamadas formas moles das *cultural studies*, constitui a passagem obrigatória de sua reconstrução num nível de rigor e vigilância crítica só agora em condições de funcionar a contento.

Qual a grande mutação intelectual dos anos 1990? O aparecimento e a invasão do cognitivismo no domínio da psicologia com todo um cortejo de noções novas considerando o cérebro um computador e o pensamento uma espécie de programa informático. Esse modelo conduziu a vivos debates em torno dos vínculos entre cérebro e espírito ou da capacidade da máquina de pensar. A crítica que hoje lhe fazemos é a de pretender reduzir o pensamento humano a seus fundamentos biológicos. Claro que as ciências humanas precisam estar atentas às múltiplas descobertas das ciências cognitivas. Mas não podemos nos esquecer do seguinte fato: o homem não é uma coisa, mas um ser *bio-antropo-sócio-lógico* afirmando-se pela busca constante do *sentido*, e do acesso ao universo da consciência de si.

No campo das ciências humanas, vale destacar a contribuição de Morin, notadamente sua concepção trágica da condição humana. Seu livro *O pensamento da complexidade* abre todo um caminho novo a um pensamento autêntico, libertado dos dogmas da Verdade absoluta. As questões dos fundamentos do pensamento ou da moral estão longe de esgotar a reflexão filosófica. As ciências humanas ajudam a promover novos e renovados debates. Se está encerrado o tempo dos grandes sistemas, nem por isso a filosofia renunciou a pensar. Mas cada vez mais precisa da ajuda das ciências humanas para pensar o homem, o mundo, a pós-modernidade, a bioética, os direitos do homem, a democracia, a felicidade, a busca do sentido, os desenvolvimentos da ciência contemporânea em todos os níveis... Em nossa época de globalização e tecnologia onipresente, o ensino das "humanidades" se mostra, não só uma atividade de plena atualidade, mas torna-se algo muito importante. Num país como o nosso, onde várias culturas formam uma única nação, talvez tenhamos mais necessidade de *sabedoria* do que do saber fornecido por historiadores, filósofos, religiosos, literatos e artistas. A ciência e a tecnologia atingem seu objetivo quando se tornam ultrapassadas. Mas as *humanidades,* ao contrário, registram e refletem sobre a grande complexidade da condição humana, embora jamais possamos compreendê-la totalmente. Mas precisamos reivindicar o direito de reclamar e redescobrir o lugar do Humanismo em nosso sistema de educação, em nossa cultura e em nossa sociedade.[50]

* * *

Assim, nos últimos vinte e poucos anos, passada a moda dos megarrelatos ou grandes teorias (funcionalismo, estruturalismo, marxismo, freudismo), as novas gerações de pesquisadores vêm se apresentando de modo mais cético e bem mais aberto, admitindo a coexistência (nas ciências humanas) das diversas abordagens e a multiplicidade das perspectivas. Não pretendem mais redigir obras de "síntese" supondo uma hipotética integração dos modelos e das teorias num paradigma exclusivo ou numa única camisa de força. Preferem trabalhar em equipe com uma nítida preocupação pluralista e norteados por um espírito mais propriamente multi-, inter- ou transdisciplinar, tentando preencher as lacunas de um pensamento científico tão mutilado pela especialização. O que se pretende é construir um mundo onde seja possível a expansão de todas as criatividades e possam conviver todas as pluralidades. Esse pluralismo vem cada vez mais se expressando em fecundos projetos de pesquisas multidisciplinares e guiadas por um espírito mais propriamente transdisciplinar (ver meu *O sonho transdisciplinar*, 2006). Convencidos de que a interdisciplinaridade, se não conseguiu produzir uma verdadeira descompartimentação das disciplinas, pelo menos estimulou notáveis aberturas, muitos pesquisadores estão comprometidos com opções mais pluralistas e dispostos a valorizar uma nova *episteme*, recusando toda forma de dogmatismo e toda espécie de arrogância autoritária. Claro que essa opção pluralista não é partilhada por todos. Tem suscitado resistências e, até mesmo, hostilidades por parte dos que veem nessa tentativa um risco de relativismo e ecletismo ou de uma debilidade de espírito bastante nociva à pesquisa. O que não se pode negar é que as ciências humanas estão reganhando fôlego e pondo-se novamente em movimento. Por isso, convencido de que todo conhecimento é uma "resposta a uma questão", creio que sua *crise* pode ser entendida de um tríplice ponto de vista:

- o declínio dos grandes paradigmas e o desaparecimento dos grandes mestres de pensamento podem ser lidos não só como uma recusa de fechamento no quadro de um modelo único, mas como um sinal de abertura e prudência do pensamento;
- a atual fragmentação dos domínios de pesquisa e das disciplinas, bem como a dispersão dos estudos traduzem, além do aumento extraordinário do número de pesquisadores, estudantes e docentes, o reconhecimento explícito de sua pluralidade buscando certa "unidade" num projeto ou sonho transdisciplinar;
- doravante, o estudo das ciências humanas está resgatando seu projeto de assumir uma dimensão propriamente cultural, modificando nossa percepção teórica dos sistemas sociais e afastando-se das imagens envelhecidas correntemente associadas à noção mesma de ciência. Uma clivagem começa a se operar

entre uma representação memorial do passado, própria das comemorações institucionais dos "heróis e pais fundadores" e uma história mais propriamente "historiadora" das ciências propondo-se a estudar os contextos de emergência desses saberes onipresentes e até temidos. As ciências humanas parecem estar retomando sua atividade de produção do *humano*, de seus modelos históricos e de sua transformação. Para compreendermos o homem, precisamos levar em conta, além da tríplice evolução (biológica, do indivíduo e das culturas), a necessidade de superar a falsa oposição entre a "dissolução do sujeito" e a divinização do indivíduo "liberado das estruturas". Donde a importância da recomendação de Bourdieu aos pesquisadores dessas disciplinas:

Em vez de desperdiçar tanta energia nas disputas intestinas que têm por efeito apenas desenvolver uma forma perversa, exasperada e estéril de lucidez (lucidez ao mesmo tempo total e nula, porque sempre parcial e destinada a justificar uma forma mais profunda de cegueira), os pesquisadores deveriam unir seus esforços para desenvolver e acentuar o que constitui sua especificidade, isto é, a dualidade das funções de pesquisa: longe de se oporem como autônomas e heterônomas, as pesquisas ditas fundamentais e aplicadas têm em comum o fato de serem igualmente autônomas e inscritas na lógica universalista de uma instituição pública destinada e devotada ao serviço público e ao interesse geral. (*Les usages sociaux de la science*, 1997, p. 52)

Outro traço marcante dessa situação: a *reconciliação* anunciada das relações entre as ciências naturais, as humanas e a filosofia. É alvissareiro o papel das humanas nesse diálogo ecumênico e nesse processo geral de pacificação. O veto positivista dessas disciplinas à filosofia foi levantado e, em seu lugar, instaurada uma promissora relação de interfecundação. Posições diversas convergem para certas linhas de força em que se destaca a atenção que vem sendo dada à parte explícita e refletida da *ação* e à superação da velha dicotomia entre *explicar* e *compreender*. E a filosofia é vivida, não mais como a arqueologia dos saberes positivos sobre o homem e a sociedade, mas como seu futuro. Cada vez mais os pesquisadores vão buscar, na velha e sempre mestra filosofia, as fontes de inspiração e os conceitos de que precisam para analisar seu material empírico e iluminar suas estratégias de ação transformadora. Consideram importante e imprescindível seu papel de *provedora de conceitos* e de *retomada reflexiva* dos conteúdos científicos. Por sua vez, além de cada vez mais se abrir às questões de ética, direito, política, economia, arte, cultura etc., a filosofia se mostra muito mais receptiva às questões sociais e políticas. Os filósofos não possuem respostas prontas para tudo. A ideia kantiana de uma moral "universal" parece caduca. Não há mais critérios absolutos para se julgar o Bem e o Mal. Claro que a exigência moral se impõe, mas não encontra mais justificação absoluta. Enfim, a filosofia volta a interessar-se por pensar seu tempo. Porque, enquanto "fundamento do racional, é a inteligência do presente e do real" (Hegel). Sua imorredoura função: conferir um *sentido* a tudo e à totalidade da condição humana. Cada vez mais os filósofos são convidados a participar dos debates públicos em torno de questões sobre bioética, princípio responsabilidade etc.[51]

    Hoje já podemos falar de uma rica *interfecundação* entre filosofia e ciências humanas, na medida em que a circulação conceitual tende a quebrar as fronteiras das disciplinas e inaugurar um tipo de aliança permitindo a cada uma utilizar a outra para melhor aprender a seu respeito, compreender o sentido do que está fazendo e reconhecer a opção que a dinamiza. Será que as imagens que elas nos fornecem do mundo constituem a própria objetividade do mundo, ou não seriam representações diferentes de uma *realidade* que nos é dada? Tem razão Nietzsche quando diz: "Não existem fatos, só interpretações", pois "o mundo verdadeiro se tornou finalmente fábula"? Em nosso entender, a lógica na base da qual podemos, não só descrever e avaliar criticamente o saber das ciências humanas, mas descobrir sua "verdade" sobre o homem e o mundo social, é uma inegável lógica *hermenêutica* suscetível de procurar a verdade como correspondência ou diálogo entre textos, não como conformidade de seus enunciados a determinados estados de coisas. Porque, como nos diz Paul Ricoeur, a hermenêutica nada mais é que "a teoria das regras que presidem a uma exegese, à interpretação de um texto singular ou de um conjunto de signos suscetível de ser considerado um texto". Considera a realidade aparente e suas manifestações um conjunto de signos remetendo a um sentido latente que se trata de decodificar.[52]

Se, por um lado, sabemos hoje que um mesmo conjunto de fatos é suscetível de ser submetido a uma pluralidade de interpretações, todas coerentes (donde o problema de sua validade e seu controle), por outro, precisamos tomar consciência de que só um discurso claro e inteligível se presta à análise crítica e ao debate. E os cientistas humanos têm uma dupla obrigação de clareza, pois esta não constitui apenas uma regra técnica interna de sua profissão, mas uma regra ética de sua posição relativamente à sociedade em que a exercem. Não podemos nos esquecer de que essa sociedade vive hoje numa era denominada "pós-moderna", afirmando-se não só enquanto crítica da ciência e do pensamento ocidental como valores supremos, mas colocando no mesmo plano as culturas e os valores... De modo bastante sintético, essa pós-modernidade possui três características: 1) torna suspeita uma Razão fundadora capaz de proporcionar-nos uma base sólida, permitindo-nos formular uma visão coerente e totalizante da realidade, do homem, de seus comportamentos e valores; 2) leva-nos a descrer dos megarrelatos capazes de fornecer um sentido à História e legitimar os projetos políticos ou sociais; todos seriam geradores de coerções, uniformidades e totalitarismos; 3) impede que continuemos a acreditar no projeto de modernidade como estilo ou modelo de pensamento e de vida, projeto desenvolvimentista, competitivista e funcionalista; porque, não somente estamos buscando uma nova concepção da Razão e uma racionalidade pluralista, mas uma compreensão da vida humana não objetivante e não logicista. Mas procurando descobrir princípios políticos e éticos que nos impeçam de cair na atual onda de neoconservadorismo que nos invade e domina. A esse respeito, acrescentemos algumas observações inconclusivas:

- No dizer do filósofo Lyotard, "Auschwitz é o crime que inaugura a pós-modernidade". Tendo sua origem no Renascimento, a modernidade se manifesta como a fé numa Razão capaz de abolir as crenças e superstições antigas e de promover, com a ajuda das ciências e das técnicas, o progresso econômico e social. A novidade da história ocidental moderna é o aparecimento de uma sociedade que decide organizar-se inteiramente liberta dos vínculos religiosos: o poder exercido em nome de Deus é substituído pelo poder exercido, não só em nome dos homens, mas prescindindo de toda referência ao religioso. Mas os desastres causados pelas tecnociências, as abominações das duas guerras mundiais, a queda do nazifascismo e do comunismo põem um fim aos "megarrelatos" da modernidade. A ideia de pós-modernidade, fazendo sucesso a partir dos anos 1980, remete à imagem de um mundo que não mais acredita no Progresso inelutável, na Ciência onipotente, na Razão triunfante, nos megarrelatos e num Futuro sorridente. Não se trata mais de valorizar uma cultura em relação a outra, mas de louvar os méritos da mestiçagem, do multicultural e da diferença. A pós-modernidade é a era em que a dúvida se torna invasora. Os movimentos contestatários do final dos anos 1960 contribuíram bastante para o desmoronamento de muitos valores estabelecidos, tais como a superioridade da cultura ocidental, os inegáveis benefícios do crescimento econômico, a adesão incondicional à Razão e à Ciência ou a um passado histórico comum. De repente, eis que, nas últimas décadas, assistimos a uma explosão (notadamente nos Estados Unidos) dos *cultural studies* nos quais cada comunidade (negros, índios, latinos, mulheres...) propõe uma releitura dos programas acadêmicos e exprime uma visão relativista do saber científico. Dessa explosão, nasce o multiculturalismo como uma exigência da política contemporânea.

- Essa noção de "pós-modernidade" começa a invadir os domínios das *social sciences*, notadamente o da Sociologia e o da Antropologia. O movimento pós-moderno aparece como uma análise particular do mundo, podendo ser caracterizada pela incredulidade em relação aos megarrelatos: o questionamento dessas visões grandiosas como a das Luzes ou a do marxismo, que incluíam ao mesmo tempo uma filosofia da história, uma concepção da ciência e um ideal de sociedade. Invade também o campo da filosofia, dos estudos literários e dos *cultural studies*. Na verdade, trata-se de uma noção que se alimenta de várias correntes filosóficas afirmando-se por uma crítica bastante radical da modernidade racionalista e universalista ocidental. Sobretudo, uma crítica aos filósofos da "desconstrução" (Lyotard, Derrida, Deleuze...) visando desestabilizar certos sistemas teóricos ao revelar seu "impensado" e abalar suas bases e pondo em questão as sociedades modernas. Em *La condition postmoderne*, ao mesmo tempo que define esse movimento como a busca de um ultrapassamento dos ideais progressistas que se desenvolveram a partir do espírito das Luzes, Lyotard questiona o racionalismo e o cientificismo que dele surgiram. Se a Verdade, a Razão, a Ciência, o Progresso e a Revolução constituíram os grandes valores da modernidade, devendo permitir-nos alcançar e viver a liberdade e a felicidade, constata que, depois dos horrores do século XX (guerras e regimes totalitários), não podemos mais esperar da Ciência, da Razão e dos Megarrelatos nenhum futuro promissor, nenhum amanhecer sorridente. O desmoronamento dos regimes comunistas e o colapso dos movimentos de libertação e dos regimes desenvolvimentistas no Terceiro Mundo só vieram trazer uma confirmação a esse novo tipo de pensamento. E no domínio das ciências humanas? As análises pós-modernas duraram pouco tempo. Constituíram uma moda efêmera.

- Para nos darmos conta disso, relembremos que o propalado "fim da história" não anuncia o término de todo acontecimento, mas tão somente o reino progressivo da economia de mercado em todo o planeta, não havendo outro modelo visível capaz de fazer-lhe concorrência. Dez anos depois (1999), revendo sua tese anterior, o profeta neoliberal Fukuyama ("A pós-humanidade é para amanhã") anuncia a seus contemporâneos ainda "humanos, demasiado humanos", seu ingresso iminente na era da pós-humanidade, graças à revolução das biotecnologias, permitindo se eliminar a ideia de que existe "um limite superior à esperança de vida humana" e prometendo para amanhã um alongamento dessa vida. Declara também ter-se esquecido de um dado: o prodigioso progresso científico e técnico (genética, informática etc.) pode contribuir para uma mudança da humanidade. No fundo, queria dizer: pensando bem, depois de muita reflexão, a história continua. Ainda bem.

- Em 1997, o físico americano Alan Sokal publica seu famoso, intrigante e preconceituoso artigo "Transgredir as fronteiras: para uma hermenêutica transformativa da gravitação quântica" (na prestigiosa revista *Social Text*) tentando desmistificar a corrente de pensamento denominada *cultural studies*, ramo pós-moderno da sociologia que pratica deliberadamente a fusão entre a *démarche* científica e a interpretação literária. Depois de tentar convencer seus editores de flagrante delito de preguiça intelectual e complacência ideológica (uma revista científica séria como esta jamais devia ter aceitado publicar um artigo de conteúdo grosseiro e propósitos impostores), Sokal volta à carga. Com o físico Jean Bricmont, publicam *Impostures intelectuelles*, mostrando um conjunto de tolices de alguns intelectuais franceses (Lacan, Virilio, Kristeva): trata-se de pensadores que não saberiam do que estão falando, pois fazem um uso abusivo de certas noções precisas de física ("caos", "topologia") e adotam uma abordagem relativista próxima da análise de certos sociólogos e historiadores atuais. Seu relativismo cognitivo e cultural trata as ciências como "narrações" ou simples construções sociais. Enquanto esses dois físicos os consideram "filósofos impostores", eles próprios são acusados de francofobia, ódio às ciências humanas, racionalismo obtuso, autoritarismo prepotente, imperialismo, insolência e truculência, transformaram o debate e a crítica em acusações e denúncias descontextualizadas. De qualquer maneira, o *"affaire* Sokal" aparece hoje como uma polêmica de múltiplas dimensões: cultura americana *versus* cultura francesa, "espírito de ciência" (geométrico) *versus* "espírito de finura", universalismo *versus* relativismo. Para alguns, essa história constituiu uma espécie de alerta contra certas tendências literárias e, mesmo, irracionalistas das ciências humanas. Para outros, ilustra o desprezo dos cientistas pelos saberes, não se submetendo docilmente a seus ditames e métodos: donde adotarem a política do *big stick*.⁵³

- O livro de Sokal e Bricmont, apesar de inspirar-se num cientificismo meio *old style* baseado num critério de demarcação entre "o verdadeiro" e "o falso" tão rígido quanto ilusório, tem o mérito de rejeitar o relativismo cognitivo e cultural proposto por muitos cientistas humanos. O interessante é que, ao fazerem um enorme esforço para desmascarar esse relativismo, a ele opondo um pretenso discurso científico racional objetivamente verdadeiro, os dois cientistas conseguem fabricar um jargão tão incompreensível quanto o que pretendem fustigar. A manipulação e a ignorância dos textos criticados autorizam a fabricação de imposturas imaginárias. Não é por acaso que evitam expressamente denunciar as imposturas intelectuais dos cientificistas que, com seus "discursos verdadeiros", alimentam as piores extravagâncias de uma normatização policialesca do pensamento. Também não é por acaso que não consagram nenhum capítulo a Prigogine, cujas especulações (a vida é movimento, mudança, energia) em nada alteram os projetos de se construir uma poderosa tecnocientocracia, nem às elaborações nascidas "sob o sol da Califórnia". Ao acreditarem que as imposturas devam ser imputadas aos "filósofos", orientam o debate num sentido bastante mistificador.

- Enquanto Sokal procura expor e defender a imagem de uma "verdadeira ciência" afetada pelos excessos do pós-modernismo, o historiador das ciências G. Holton busca encontrar o verdadeiro lugar da ciência na cultura e denunciar os perigosos excessos que são o intolerante cientificismo acrítico e o raivoso movimento anticiência que ainda ocupam os espaços de nosso saber. Ambos se apresentam como arautos e defensores da ciência, embora caricaturem sua imagem. A diferença é que a argumentação de Holton (*Science en gloire, science en procès*, 1996), ao ser apresentada numa perspectiva mais histórica e filosófica, evoca as etapas da construção dessa imagem redentora da ciência no interior do pensamento político da sociedade americana na segunda metade do século XX. Essa imagem positiva repousa na constatação geral dos inquestionáveis progressos da ciência. Mas essa bela imagem se degradou. Por isso deplora, não só o excesso de veneração científica oriundo do positivismo, mas o exagero de crítica das correntes radicais. Essa situação veio reavivar a velha guerra entre as *hard* e as *soft sciences*. Na verdade, o que esboça é toda uma dimensão política de crítica da ciência e de suas promessas: longe de garantir-nos o paraíso na terra (como pregava a tradição positivista), aparece hoje, por sua tecnologia invasora, seus armamentos poderosos, destruidores e poluidores, como a causa principal de muitos males de nossa modernidade. Há uma redução drástica dos investimentos em pesquisa. No grande público, diminuíram bastante, não só o prestígio, mas a autoridade inquestionável do pensamento científico. Inclusive, nele reina um clima de revolta geral e de indiferença oficial. O pior é que os próprios cientistas se põem a duvidar das excepcionais virtudes da Razão.

- Foi nessa perspectiva que começou a surgir e impor-se (anos 1980) uma nova visão do mundo ou um novo paradigma, em que passaram a reinar o instável, a desordem, a incerteza e o indeterminismo. Até então, vivíamos num universo submetido a determinismos implacáveis. De repente, assistimos a uma mudança de perspectiva e ao surgimento de "*instabilidades, flutuações e bifurcações*", pondo fim à era do determinismo e inaugurando uma nova representação do humano valorizando a instabilidade e o imprevisível. Nas ciências humanas, a teoria do caos é utilizada, não só no domínio das finanças, em que os modelos pareciam adaptados à explicação das flutuações das bolsas, mas no da psiquiatria, em que alguns viram um meio de modelizar as crises psíquicas. No entanto, essa nova teoria teve poucas aplicações concretas. Independentemente de esse uso ter sido abusivo ou não, o fato é que as ciências humanas estão buscando um novo paradigma, distinto do da era precedente, dominada por um determinismo em que o homem e a sociedade eram abordados em termos de estruturas, funções ou leis de desenvolvimento. A nova representação do humano dá lugar à incerteza, à indeterminação e à desordem. Ao estudar *O lugar da desordem* (1984) na sociedade, o sociólogo Boudon faz uma crítica severa ao determinismo que ainda invade as ciências sociais. Os fenômenos sociais constituem o produto de uma multidão de *ações individuais livres* que, ao se agregarem, produzem "efeitos inesperados" ou "perversos". O objetivo dessas disciplinas? Não é o de descobrir leis da mudança social, mas construir modelos suscetíveis de descrever o resultado (hipotético) da combinação das ações individuais: "Ao substituir a noção de lei pela de modelo, transpomos o fosso epistemológico ainda bastante aberto". Por sua vez, G. Balandier publica *Le désordre* (1988) para descrever uma sociedade na qual a ordem e a desordem seriam indissociáveis. Ao declarar que "a modernidade é o movimento mais a incerteza", convida-nos a admitir a ideia de que certa desordem é constitutiva da sociedade: participa ativamente de sua vida e de seu movimento. E conclui: "as civilizações nascem da desordem e se desenvolvem como ordem; são vivas uma pela outra".[54]

- Gostaria ainda de lembrar, aos que menosprezam as ciências humanas, por estarem cometendo pecados de impostura: continuam detendo e desempenhando um inegável poder civilizatório: têm ajudado o homem moderno a se defrontar com os novos modos de pensar e agir, com os valores que o Ocidente acredita encarnar a Civilização e traçar os caminhos do Progresso para o resto da humanidade. Quando, num jardim de decoração, constatamos a presença de algumas ervas daninhas, poderíamos utilizar a seguinte estratégia: arrancá-las ou matá-las com veneno, como faríamos com as imposturas do "jardim do espírito". A esse respeito, é exemplar a parábola do joio e do trigo. Mas há uma outra estratégia: plantar mais resistentes espécies, capazes de se desenvolverem apesar das ervas. Por isso, talvez o melhor remédio para eliminar e neutralizar as imposturas intelectuais, nas ciências humanas, seja proporcionar aos bons, sérios e honestos pesquisadores os recursos de que tanto precisam para desenvolver suas disciplinas, notadamente no interior de um competente projeto transdisciplinar. Estariam mais aptos para enfrentar os grandes problemas que continuam desafiando o comportamento humano: a violência, a droga, a depressão, a fome, a poluição, o desemprego, a exclusão social, a superpopulação etc. Evidentemente que esses problemas não se resolvem por si mesmos.

- Poderiam nossas sociedades se dar ao luxo de prescindir das ciências humanas? Claro que não. Seria negar tudo o que sempre as animou em suas pesquisas. Ademais, alimentariam o irracionalismo que tanto deploramos e nos invade. A não ser que neguemos de vez seu caráter de cientificidade para reduzi-las a ornamentos fúteis e socialmente inúteis de nossos saberes sérios. Aliás, creio que têm um papel muito importante a desempenhar na atual "sociedade do saber" (cognitiva, da informação ou do conhecimento) destinada a suplantar a do mero "consumo". A expressão *knowledge society* foi lançada pelo teórico do *management* Peter Drucker para anunciar a ascensão dos *knowledge workers*. Ao ser generalizada, designa as transformações econômicas da sociedade: escalada dos setores terciários, das tecnologias de ponta e crescente valor agregado das profissões altamente qualificadas. Mais que um conceito sociológico, essa expressão recobre toda uma galáxia de domínios: os que se voltam para os programas das tecnologias da informação e formação contínua, para a criação de universidades virtuais, de programas educativos preparando os indivíduos para exercer funções em organismos internacionais etc.

- Por outro lado, creio que as ciências humanas precisam se libertar da moda intelectual durante muito tempo dominada pelo *american way of thinking*, submetendo-se ao rígido imperativo da produção e resumido no famoso *slogan publish or perish*. Ora, a inflação produtivista da ciência pode correr o risco de tornar-se *contra*produtiva: a qualidade média da pesquisa diminui quando cresce sua quantidade; o número de publicações não garante *ipso facto* seu valor. Donde outra ameaça: *publish AND perish*. Esse imperativo pressupõe uma aceitação permanente e acrítica de tudo o que é atual e novo e um certo menosprezo pela tradição. Claro que, para a medicina e a biologia, tornam-se imprescindíveis a leitura e a citação dos últimos trabalhos científicos, bem como a referência às últimas descobertas em seus respectivos domínios. Estamos diante de ciências eminentemente experimentais, cada especialista precisando tirar proveito dos trabalhos mais recentes em seu setor. Em contrapartida, nas ciências humanas, não é muito nítida essa noção de experiência cujos resultados apresentariam *progressos* tão significativos assim para os outros práticos. Sua produção (artigos, *papers* e comunicações) pode ser considerada teorias *interessantes*, modos de fazer *transferíveis*, e não *resultados* no sentido forte que o termo tem em física ou biologia. É possível que a necessidade de citar a última referência importante derive da preocupação de seriedade científica e racionalidade simulando esse imperativo de atualidade. Ora, um dos objetivos para se cultuar esse efeito de moda cognitiva é o da manutenção de revistas nos quais muitos escrevem para enriquecer currículos. Podemos até nos perguntar: por detrás do objetivo explícito de promover uma disciplina ou corrente de ideias, não se oculta outro inconfessado: garantir o futuro e o destino de muitos pesquisadores fornecendo-lhes tribunas críveis para suas instâncias de controle universitário? Isto explicaria, em parte, toda uma produção científica na qual a literatura secundária prevalece sobre a original. E esclarece-nos sobre a apropriação da "racionalidade" (por cientistas humanos) para designar certas ações racionais.

- Vimos que o paradigma ainda dominante de nossas atuais ciências humanas se caracteriza por um preocupante simplismo, que designamos pela etiqueta da *razão utilitária*, consistindo em três petições de princípio que precisam ser criticadas, se é que desejamos ter acesso a uma visão mais realista, vale dizer, política e democrática da existência do social. Não nos esqueçamos de que "a simplificação é a barbárie do pensamento. A complexidade, a civilização das ideias" (Morin). Este simplismo dominante enuncia: a) toda ação social deve ser referida apenas aos indivíduos; b) os indivíduos são movidos apenas por interesses (preferências, utilidades etc.); sua função é a de calcular mais ou menos bem; c) a justiça consiste na maior satisfação possível (para o maior número de sujeitos) de seus interesses. Segundo Alain Caillé, foi justamente esse simplismo que levou as ciências humanas a se esquecerem do *político* e a não mais compreendê-lo em seu real valor e alcance. Por isso, se quisermos nos interrogar sobre as razões e as consequências de sua evanescência em nossas sociedades; e se quisermos encontrar alguns remédios permitindo-nos restituir vida e vigor à esperança democrática, precisamos levar em conta três pistas de reflexão parecendo fornecer-nos um princípio de resposta aos transtornos de que são ameaçadas nossas sociedades:

1. tornam-se sociedades compostas de trabalhadores privados de trabalho e cidadania: "Não vemos como o deslocamento que se anuncia da sociedade salarial poderá ser superado sem

garantir a todos uma renovação de cidadania, incondicional, irrevogável e acumulável com outros recursos";

2. outro problema com o qual se defronta a sociedade moderna? O que resulta da acumulação indefinida do poder econômico, técnico, político e científico: "Cedo ou tarde será preciso fixar os limites para essa acumulação. Esta constitui uma condição do enfrentamento democrático. Uma primeira limitação previsível é a da renda. Mesmo fixada num nível elevado, creio ser necessário instituir um nível máximo simétrico a um nível mínimo";

3. não há esperança de vermos renascer um debate democrático se continuarmos confinando a democracia unicamente em seu clássico modelo representativo: "Pretender abolir ou prescindir do sistema representativo abriria a porta a todas as pulsões totalitárias. Mas conceder o monopólio da palavra pública e política a representantes seria fazer pesar uma barra de chumbo sobre as democracias modernas". Donde a necessidade de se reinstituir espaços de democracia direta conciliáveis com a essência da representativa. (*La démission des clercs*, 1993, p. 185 ss.)

- Se alguém me perguntasse, dos três comportamentos: jogar na loto, abrir uma caderneta de poupança ou consultar o horóscopo, qual o mais racional? Responderia: certamente o segundo, pois a ideia de racionalidade está associada à de utilidade e à de eficácia. Considerada a característica fundamental das sociedades modernas (Weber), a racionalidade não se apresenta como um conceito unívoco: tem múltiplas definições e interpretações. Não se encontra submetida apenas aos rígidos ditames da lógica formal e do cálculo. O sociólogo R. Boudon (*L'Art de se persuader des idées fausses, fragiles ou douteuses*, 1990) nos mostrou que há várias formas de racionalidade e que, às vezes, temos boas razões para agir irracionalmente. Quem pode negar o papel importante desempenhado pelas emoções, pelos afetos, pelas normas e pelos valores como potentes motores dos comportamentos sociais? Essas novas abordagens se integram bastante bem em diversos modelos de análise científica, notadamente no *marketing* e no *management*. Não condenamos *a priori* o frequente recurso que se faz a determinada ideologia da ciência ou a modelos tecnicistas, burocráticos e tecnocráticos de seu uso e funcionamento. Porque a reivindicação utilitária encontra-se bastante estabelecida e enraizada em nossas sociedades. Origina-se na relação que mantém com suas condições históricas, econômicas e ideológicas de aparecimento. O que questionamos é a ausência e a recusa, nas ciências humanas, de uma avaliação crítica permanente para que não voltem a cair na tentação fácil de se converter numa racionalização de práticas de opressão, exploração e normalização das condutas humanas: seu destino se traça numa busca sincera de sentido sem teleologia, não só para exprimir sua sensibilidade a uma historicidade sem historicismo, mas seu gosto depurado por um agir sem ativismo ou militantismo. A esse respeito, o biologista François Jacob sintetiza os abusos que deformaram duas teorias da realidade humana:

Freud chegou a se convencer, bem como a uma parcela considerável do mundo ocidental, do papel que desempenham as forças inconscientes nos negócios humanos. Depois disso, ele, e mais ainda seus discípulos, esforçaram-se desesperadamente por racionalizar o irracional, confiná-lo numa intransponível rede de causas e efeitos. Graças a um surpreendente arsenal de complexos, interpretações de sonhos, transferências, sublimações etc., tornou-se possível explicar qualquer aspecto visível do comportamento humano por qualquer lesão oculta da vida psíquica. Quanto a Marx, mostrou a importância do que chamou de materialismo histórico na evolução das sociedades humanas. Ainda aqui, seus discípulos sentiram a necessidade de explicar, pelo mesmo argumento universal, o barulho e o furor da história em seus mínimos aspectos. Cada detalhe da história humana se torna o efeito direto de alguma causa econômica. (*Le jeu des possibles*, op. cit., p. 45)

- Enfim, gostaria de concluir endossando algumas ideias expostas por J. F. Dortier na obra por ele dirigida, *Une histoire des sciences humaines* (2005). Começa relatando a história de um jovem soldado russo que, durante muito tempo desacordado (devido a um acidente), ao despertar, nada compreende do mundo que o cerca, pois lhe parecia "em pedaços", totalmente incompreensível em seu todo; então confessa: "meu universo se encontra desintegrado"; enfim, mostra-nos que nossa inteligência global também se encontra dissolvida. Não temos mais uma visão global de nosso mundo. Somos assaltados por uma onda contínua de informações. Mas o sentido global nos escapa. As cartas estão misturadas. Nosso pensamento está esfacelado, disperso numa miríade de conhecimentos parcelares e locais. Não possui mais nenhuma grelha de leitura global permitindo-nos congregar essas "migalhas" de saber num todo coerente. Estaríamos perdidos, porque não possuímos ideias claras, simples e sem equívocos? Certamente. Porque não conseguimos ler o mundo de modo transparente. Houve um tempo em que podíamos lê-lo de modo mais claro: quando as ciências humanas nos propunham uma grelha de leitura global para pensarmos o homem e a sociedade. Durante o século XIX e parte do XX, "grandes paradigmas" nos forneceram chaves explicativas globais: marxismo, psicanálise, culturalismo, estruturalismo, teoria dos sistemas. Os marxistas interpretavam a história e a sociedade a partir de suas infraestruturas econômicas. Freud e os psicanalistas diziam que nossas ações revelavam um sentido oculto: o das pulsões inconscientes. Os estruturalistas pretendiam desvelar a armadura oculta dos mitos, dos ritos e da sociedade. A história podia ser dotada de sentido. A economia possuía leis; a sociedade, ordem; e o indivíduo, objetivo. Parecia haver coerência no mundo. Sem dúvida oculta, mas os cientistas podiam revelá-la.
- Mas a partir dos anos 1980, tudo explode. Desaparecem os grandes paradigmas e os *maîtres à penser*. Irrompe o tempo da

complexidade, do caos, do indeterminismo e da incerteza. A sociedade se torna opaca. O indivíduo, menos determinado. Com o fim das grandes ideologias e sínteses filosóficas fornecendo-nos uma visão global do mundo, instala-se a dúvida nos espíritos. A partir dos anos 1990, assistimos à invasão do relativismo, do ceticismo e da crítica de toda pretensão à verdade e ao universalismo. Em várias disciplinas, é abandonado o espírito de sistema em proveito de estudos locais mais modestos. O declínio da autoridade atinge também o domínio das ideias e dos magistérios intelectuais:

> A dúvida e o espírito crítico — sempre salutar para a inteligência — tornaram-se máquinas de dissolver os saberes. A *desconstrução* havia feito seu trabalho... O pensamento contemporâneo se assemelha a um imenso canteiro em perpétua reconstrução. É muito difícil vermos nele uma ordem geral, linhas de força. No entanto, por detrás da confusão de superfície, estão em curso recomposições subterrâneas. Numerosos paradigmas estão tomando o lugar dos antigos, mesmo que não sejam propostos por *grandes figuras* ou obras marcantes.
> Não tem razão para desanimar o jovem soldado. Deve assumir com coragem o trabalho de repor ordem em seu mundo pulverizado. Precisa reaprender a ler, escrever e decodificar o mundo que o cerca. "O relato de sua reconstrução encontra-se consignado num jornal que decidiu dar o seguinte título: *Retomo o combate*" (p. 372 ss.).

Conclusão

Se é verdade que as ciências humanas estão vivendo hoje uma época de Renascimento, tornam-se pertinentes algumas questões: Qual seu "estado de saúde" atual? E seu futuro? Já teria mesmo passado seu eclipse? Terminado seu momento de crise? Estaria chegando ao fim seu período de indeterminação paradigmática, turbulência e ostracismo? Concluído o tempo do paradigma estruturalista, no qual se pensava que as atitudes perceptivas do ser humano deveriam ser procuradas exclusivamente na esfera cultural (a linguística sendo a ciência-piloto), estando essas disciplinas marchando em direção a um novo paradigma capaz de dominar nosso atual modo de fazer e pensar o saber científico? Saíram ilesas do poderoso assédio do movimento cognitivista dos anos 1990, apegado a um modelo de pensamento calculador e computacional considerando o cérebro um contêiner de genes e o pensamento uma espécie de programa informacional? E concebendo o pensamento apenas como uma espécie de programa lógico construído para manipular símbolos abstratos? Resistiram a esse modelo praticamente reduzindo o homem a um cérebro, a uma máquina de pensar, mas tentando situar-se numa confusa encruzilhada disciplinar em que circulam livremente inteligência artificial, psicologia cognitiva, filosofia do espírito, linguística e neurociências? Ou estariam em condições de se tornar mais humanas e solidárias, tendo superado o paradigma construído sobre o método de um individualismo metodológico descrevendo o social simplesmente como um agregado de ações individuais, concebendo o indivíduo como um mero ator, um ser humano racional e livre em suas escolhas, mas realizando espasmodicamente os gestos que lhe impõe o campo social, não sendo verdadeiramente autônomo, quer dizer, capaz de questionar todo sentido pré-dado a fim de criar novas significações para sua vida e participar ativamente (como autor e receptor) das que são criadas pela sociedade? Ou já teriam ingressado na era da chamada "dupla hermenêutica", vale dizer, de um processo complementar de tradução e interpretação conferindo um primado fundamental ao presente, embora valorizando uma releitura memorial e simbólica do passado, mas sem cair num ecletismo informe e tampouco num novo dogmatismo suscetível de impor-se em nome da tradição? Espero que sim.[55]

Dominadas dos anos 1950 até 1975 pelo poderoso paradigma estruturalista decalcado na linguística (disciplina-modelo), bastante atuante na sociologia e na etnologia (disciplinas fundamentais) e muito inspirado no marxismo e na psicanálise (doutrinas de referência); em seguida, pela teoria da escolha racional fundada no interesse pessoal e concebendo a sociedade como uma combinação de inúmeras ações individuais; posteriormente, pelo individualismo metodológico considerando que o modo dos comportamentos individuais e da vida em sociedade repousa em dois princípios: a) o indivíduo é um agente racional (calculador) buscando maximizar seus interesses; b) a vida social é percebida como o somatório de ações individuais orientadas para fins pessoais; e, mais recentemente, pelas neurociências, cujos progressos espetaculares levam ao risco de um triunfalismo podendo lançá-las em vertigens ilusórias e novos engodos reducionistas, pergunto: não estariam essas disciplinas vivendo uma nova fase, em que começam a prevalecer o primado da *ação* e a busca do *sentido* das atividades humanas? O indivíduo hoje é considerado um ator social dispondo de uma relativa autonomia de ação e pensamento. Não pode mais ser estudado e pensado como um agente inteiramente prisioneiro das estruturas sociais nem como um "idiota cultural" totalmente moldado e condicionado por sua cultura de pertença. Tampouco como um sujeito integralmente submetido a um inconsciente psicológico (caso freudiano) ou social (o *habitus*: condutas e hábitos incorporados) predeterminando seu destino. Porque cada vez mais se afirma como um ator possuindo não só competências específicas, mas uma lúcida reflexividade e uma boa margem de ação livre, não se dando por únicos e exclusivos valores o dinheiro, o divertimento, a notoriedade midiática ou o poder, tampouco deixando sua liberdade funcionar como um simples complemento instrumental do dispositivo maximizador dos "gozos" individuais.

Por conseguinte, as várias correntes de pensamento das atuais ciências humanas parecem adotar um ponto de vista bastante comum: estão em busca da construção de um novo paradigma privilegiando as teorias da *ação* e da análise do *sentido* após ter substituído o tema da "estrutura" pelo da *historicidade*. Diferentemente das ciências formais (repousando na especulação e descobrindo seu objeto ao construí-lo) e das naturais (dotadas de componentes formal e empírico), as humanas buscam compreender as condutas e comportamentos individuais e coletivos a partir das categorias fundamentais da *subjetividade*, do *simbólico* e da *significação*. No fundo, tentam, além de reabilitar a parte explícita e refletida da *ação*, redescobrir o que há de verdadeiramente *humano* no mundo social. Rousseau, retomando a tradição espinozista segundo a qual o indivíduo livre é o que governa seus afetos e age conforme sua própria lei, reconhece: a verdadeira diferença entre o homem e o animal não se encontra na inteligência, na afetividade ou na sociabilidade, mas em sua *perfectibilidade*: capacidade de mudar e aperfeiçoar-se.

Enquanto o animal é um ser totalmente programado, o homem possui uma liberdade de manobra relativamente à natureza. É na liberdade, faculdade de não ser encerrado *a priori* numa essência (programa natural), que reside a possibilidade da cultura e da história. Por ser regulado pela natureza, o animal não possui história e prescinde de educação. Quanto ao homem, possui uma dupla história: a) a do indivíduo, que se faz pela educação; b) a da espécie, realizando-se pela cultura e pela política. Ao libertar-se da natureza, o ser humano se aperfeiçoa, marcha para o melhor, afirmando-se pela liberdade e pela historicidade. Se as ciências humanas continuarem a fazer de nossa história nosso código, restituirão vida à velha ideia segundo a qual nossas tradições pensam em nós. Uma frase de Nietzsche, *"Es denkt in mir"* ("isto pensa em mim"), foi muito utilizada para enfatizar como era absurda a pretensão moderna à liberdade. O "isto" que pensa em mim era a tradição, notadamente nacional. E não foram poucos os sociólogos e psicanalistas que retomaram essa ideia de que um inconsciente fala em nós, de que um "Id fala", "isto fala" ou *"on pense"* (pensa-se). Heidegger denunciou a ditadura do *"on"*, desse poder anônimo e impessoal da opinião comum: a existência-em-comum gera a existência inautêntica desse *"on"* pela introdução da banalidade cotidiana, pelo nivelamento e pela dissolução do indivíduo no grupo.

Se a *humanitas* do homem reside em sua liberdade, no fato de não possuir definição, pois sua natureza consiste em não ter natureza, mas em sua capacidade de libertar-se de todo código no qual poderíamos aprisioná-lo, estamos diante de um movimento de humanização das ciências humanas. Em seu domínio, as pesquisas mais fecundas e interessantes são realizadas sob a égide de uma abordagem, podendo ser considerada *construtivista,* não mais concebendo e descrevendo o mundo social como um somatório de indivíduos, mas como um mundo onde os atores (individuais e coletivos) são pensados e estudados como criadores de realidades sociais suscetíveis de exteriorização (sob a forma de sistemas de coerções) e interiorização (sob a forma de representações, aprendizagens, socializações). E isto, emitindo hipóteses, aplicando formas ou esquemas e analisando as informações. Trata-se de uma abordagem negando e superando a clássica dicotomia indivíduo/sociedade. Porque o indivíduo não constitui uma mônada habitando um mundo preexistente e por ele predeterminado. Participa ativa e efetivamente do processo de sua construção permanente. Não só por suas ações e reações recíprocas, mas por suas variadas formas de representação (crenças, saberes, competências etc.).

Se nosso mundo atual se caracteriza pela mudança, compete às ciências humanas, que têm por objeto pensá-la de modo crítico, viver a mesma reviravolta de suas categorias para tornar inteligíveis nosso tempo e nossa realidade. Mas tendo a coragem de superar, não só seus velhos pontos de vista, mas os paradigmas que até então as dominavam e moldavam (estruturalismo, marxismo, funcionalismo etc.), delas retirando boa parte de sua liberdade de pensar e agir. Não devem mais privilegiar as considerações utilitaristas do mercado nem colocar no centro de tudo o indivíduo e sua capacidade estratégica singular. Porque não querem mais partilhar o ponto de vista dos que veem na afirmação do sujeito moderno um retorno ao narcisismo e ao egocentrismo. Tampouco ver seu modelo priorizando os esquemas de reprodução, oposto e complementar à lógica interna à obra em instituições manipuladoras e redutoras. Como oportunamente nos lembra o historiador F. Dosse,

> a nova interrogação sobre o elo social implica outra escala de análise, mais próxima dos atores sociais. O cotidiano e as representações desempenham o papel de alavancas metodológicas permitindo-nos interessar-nos mais pelo instituinte que pelo instituído. As noções de situação, momento, geração... são revisitadas a partir dos procedimentos narrativos de construção e reconstrução, de reconfiguração e "colocação em intriga" dos próprios atores sociais. O grande fato novo é a reconciliação das posições ontem antinômicas entre ciências da natureza, ciências humanas e filosofia estabelecendo relações de alianças, frequentemente por iniciativa das próprias ciências humanas que renunciaram a uma cultura de ressentimento que foi a sua por ocasião de sua emancipação da especulação filosófica. (*L'empire du sens*, 1995, p. 418)

São essas representações que mais dinamizam e orientam as ações, as condutas e as relações dos indivíduos com o mundo e com os outros homens. Claro que se trata de representações que se afirmam pela ausência de unidade e pela convivência mais ou menos harmoniosa de uma ampla pluralidade de abordagens. O fato é que instauram uma nova relação com o saber, relação menos arrogante e ambiciosa, mais prudente e emancipada da camisa de força dos grandes *maîtres à penser* ou da intolerância e sectarismo das "escolas" ou correntes rivais. Com o desaparecimento ou a perda de força das grandes teorias de outrora (marxismo, funcionalismo, freudismo, estruturalismo etc.), surge toda uma nova geração de pesquisadores bem mais abertos à pluralidade das perspectivas e à diversidade das abordagens. Mas também mais céticos em relação a toda e qualquer teoria tentando impor, do exterior, às ciências humanas, critérios de verdade e uma finalidade para sua história (racionalismo, positivismo, fenomenologia). Porque nenhuma ciência tem o direito de impor um modelo explicativo absoluto aos saberes humanos. Tampouco de converter-se no lugar de verificação de sua cientificidade. Elas não possuem nenhuma razão *a priori* para se deixarem moldar pelas representações passadas ou exteriores de cientificidade. Os modelos que lhes foram propostos ou impostos, decalcados nos das ciências naturais, parecem hoje inadequados para dar conta da efetividade de seu atual desenvolvimento. Neste sentido, num campo particular, estão inaugurando uma racionalidade nova capaz de recusar os pensamentos da ordem e afirmar uma investigação livre sobre um objeto definido por ele mesmo. Donde o lúcido esclarecimento de Dosse:

> Podemos considerar que as ciências humanas levam em conta uma concepção que não é mais a da divinização do sujeito nem a de sua dissolução. Possuem um ponto de vista comum: considerar a complexidade crescente dos problemas e recusar toda forma de dogmatismo e reducionismo, e postulando certa forma de indeterminação que torna impossível e vão o fechamento do homem numa lógica exclusivista: moral, nacional, genética ou neuronal. Portanto, as ciências humanas buscam realizar, seguindo outros caminhos, sua missão moderna de esclarecer as decisões graças à elucidação das formas de racionalidade. Deste modo, contribuem para barrar os caminhos autoritários, como o de resolver a complexidade dos problemas procurando impor, de cima, esta ou aquela solução. Ao contrário, sua função pragmática consiste em esclarecer o debate público e fazer valer um juízo prudencial oriundo da conflitividade dos pontos de vista e do caráter de incerteza das questões postas à sociedade. Aliás, a complexidade das questões é hoje tal, que nenhum especialista consegue atingir a totalidade dos aspectos em questão. No entanto, não deve lançar os "leigos" fora dos procedimen-

tos de debate e decisão. O *expert* solitário deve colocar seu saber à disposição do debate público. A este respeito, por detrás da efervescência das pesquisas em curso, esboça-se a emergência da definição de uma democracia participativa, de um parlamento das coisas concebido como a reunião dos delegados dos problemas e objetos híbridos, de tudo o que depende dos diversos domínios da biopolítica. (op. cit., p. 420 ss.)

Boa parte dos atuais pesquisadores nas ciências humanas não está muito preocupada em adotar uma atitude iconoclasta de demolir os velhos ídolos a fim de prestar culto aos novos: está libertando-se da obrigação de produzir um conjunto de discursos instrumentalizáveis como auxiliares do exercício dos poderes. Entre eles, parece dominante uma preocupação enciclopédica: tentativas de se fazer um balanço histórico das pesquisas de uma época reagrupando as aquisições intelectuais em obras coletivas dando conta do *status quaestionis* e dos lugares em todos os domínios. É o que testemunha o aparecimento recente, não somente de obras coletivas fazendo uma espécie de balanço das pesquisas e revelando seu estado atual, mas de dicionários e enciclopédias tratando de filosofia, psicanálise, ciências cognitivas, comunicação, história das ciências etc. Todas essas obras possuem algo em comum: não tentam mais fazer uma "síntese" pressupondo uma hipotética integração dos modelos e das teorias num mundo unificado, mas construir um trabalho de equipe suscetível de aceitar democraticamente todas as pluralidades e diversidades. Porque uma sociedade democrática é uma sociedade verdadeiramente autônoma, quer dizer, sabendo pôr em questão todo sentido pré-dado e onde, por esse fato mesmo, fica inteiramente liberada a capacidade de se criar novas significações. Não é por acaso que esse pluralismo cada vez mais vem se manifestando através de projetos, se não propriamente interdisciplinares, pelo menos multidisciplinares. Em todo caso, animados por um espírito bastante transdisciplinar. Multiplicam-se os projetos multidisciplinares de pesquisa sobre o trabalho, o meio ambiente, a gerontologia, a cidade, a cognição, a linguagem, a educação etc. No domínio da psicologia, por exemplo, é crescente esse interesse. Podemos reagrupar seu campo de estudo em torno de três temas fundamentais:

a) do pensamento e das funções cognitivas; b) das motivações e da personalidade; c) do estudo e tratamento das perturbações mentais. É ilustrativo o aparecimento da expressão "ciências cognitivas" visando analisar todos os processos mentais e englobando um conjunto amplo e variado de disciplinas: neurociências, psicologia, inteligência artificial, antropologia etc.

Nos dias de hoje, esses saberes têm procurado não tanto avançar no conhecimento de um objeto preciso, mas definir os níveis de análise mais eficazes e pertinentes para abordá-lo. Por sua vez, o estudo da linguagem recebe a colaboração crescente de neuropsicólogos, antropólogos, linguistas, psicólogos cognitivos e do desenvolvimento. Mesmo que cada especialista continue utilizando seus próprios métodos e preservando seu nível da análise, cada vez mais julga indispensável levar em conta as contribuições e os pontos de vista teóricos de seus colegas e com eles interagir e trocar. Um exemplo desse desejo de interdisciplinaridade: as fecundas tentativas de diálogo e intercâmbio entre psicanalistas e neurocientistas. Outro, mais eloquente, é o da instauração de uma "nova aliança" entre as ciências naturais, as humanas e a filosofia. As novas relações são construídas num clima totalmente pacificado, não sendo mais fundadas na prática meio selvagem de deportação ou importação de conceitos, teorias e abordagens, mas num clima interdisciplinar promovendo as trocas interfecundantes. E é reconhecendo um novo pluralismo teórico que uma transdisciplinaridade fundada na busca do sentido do agir humano em todas as suas dimensões terá condições de responder aos desafios que hoje são lançados às ciências humanas em busca de um novo paradigma marcado por uma teoria explícita e refletida da ação e de seu sentido. No dizer do sociólogo Alain Touraine, possuímos hoje uma representação da vida social em que a *filosofia* e a *espiritualidade* não são separáveis nem unificáveis. Claro que grande parte das condutas sociais continua sendo comandada pela organização técnica e econômica. Mas não podemos nos esquecer de que inúmeras condutas têm fundamentos não sociais. Portadores de uma nova ideia de *sujeito*, centrada na "busca de si" ou numa nova forma de "preocupação consigo", encontramo-nos diante do desafio: compreender o *meaning* de nossas condutas. Vivendo numa sociedade cuja representação de si é dominada por categorias culturais, nossa preocupação central é a de compreender o *sentido* de sua situação e de suas ações:

> não é mais a situação que confere sentido às nossas condutas. Tampouco é nossa ação que transforma nossa situação; é a construção de nós mesmos, como sujeitos, que guia o juízo que fazemos sobre nossa situação e nossas condutas. (M. Wieviorka, op. cit., p. 36).[56]

Com efeito, em nossas sociedades, a questão do *sujeito* não se coloca mais, como reconhece o antropólogo F. Laplantine, do mesmo modo que na época de Durkheim ou de Sartre (identificado com a liberdade). Estamos confrontados ao poder do economicismo e à legitimação-instrumentalização de um modelo neopositivista cada vez mais dominante (o determinismo antissociológico e antipsicológico das neurociências) tendendo a reduzir o sujeito ao cérebro. Ora, acreditando que o debate deve ser retomado e repensado em novas bases, nosso antropólogo considera que é a partir da noção indissociavelmente *ética, política* e *jurídica* de *pessoa* que a questão do sujeito precisaria ser renovada articulando uma política da redistribuição e uma outra do reconhecimento, a primeira dizendo respeito aos aspectos socioeconômicos, a segunda levando em conta o que a eles não se reduz: "as relações de cultura, geração, gênero, sexualidade e cor de pele. A primeira perspectiva é a do *alter-iguais* (designada pelos governos pelo nome de 'igualdade de oportunidades'): consiste em tender para a abolição das diferenças; denominamos a segunda, inseparável da precedente, a do *alter-ego*: trata-se de reconhecer as diferenças e valorizá-las". Donde a necessidade de adotarmos uma *démarche* transdisciplinar. Trata-se de uma

> *démarche* questionante, sem dúvida mais inquieta do que aquelas nas quais fomos formados. Mas também mais lúdica, porque o risco é indispensável nas situações de discriminação do sujeito. É uma *démarche* que se esforça por estar particularmente atenta ao que se joga nos interstícios e nas mar-

gens; estas também podem ser consideradas como margens de manobra para os que são o objeto de dominação, segregação e desprezo. As respostas lhe pertencem. Não obstante, estamos implicados nessas situações a partir do momento em que paramos de projetar sobre os outros a categoria de estrangeiro e começamos a nos dar conta de que, entre nós e os outros, mas também entre nós e nós mesmos, a relação não é tanto a de estrangeiro, mas de estranheza. (M. WIEVIORKA, op. cit., p. 47 ss.)

Embora ainda temida por alguns, a interdisciplinaridade vem recebendo o apoio decidido de muitos pesquisadores que não temem ultrapassar e transgredir suas tradicionais fronteiras disciplinares e buscar, em outros saberes, uma valiosa contribuição enriquecedora do seu. Apresenta-se como um meio privilegiado de suprir as lacunas de um pensamento científico ainda bastante *mutilado pela especialização*. Claro que ainda não conseguiu uma razoável descompartimentação das disciplinas. Mas já estimulou extraordinárias aberturas em vários domínios, notadamente no das ciências cognitivas e da comunicação. A partir dos anos 1990, vários psicanalistas e neurocientistas vêm tentando cruzar seus conhecimentos a fim de apreender as relações entre a vida psíquica e o sistema neuronal para melhor compreender os processos de somatização (ver J. B. STORA, *La neuro-psychanalyse*, 2006). Está surgindo hoje uma espécie de transdisciplina tentando buscar um tipo de aliança em que cada especialista utiliza o outro para aprender algo a seu respeito, melhor compreender o sentido do que faz e reconhecer a opção que o motivou. Nunca é demais insistir que, nos dias de hoje, a complexidade das questões é tal, que nenhum especialista, por mais competente que seja, consegue abarcar a totalidade dos aspectos em questão. Mas não deve deixar os "leigos" fora dos procedimentos de debate e decisão.

O que mais se critica nesse tipo de opção pluralista é seu decidido relativismo, seu exagerado ecletismo e sua eventual renúncia ao espírito crítico devendo presidir toda pesquisa. Tudo isso pode ser verdade. Mas não podemos negar: as ciências humanas estão renascendo e pondo-se novamente em movimento. Num mundo dominado por uma nova etapa do capitalismo, caracterizada pela globalização, ou seja, pela difusão desse termo nas ciências sociais para designar a passagem de uma economia internacional a uma economia mundial sob o efeito da universalização financeira, da desregulamentação, da revolução das novas tecnologias da informação e da comunicação, o rumo dessas ciências, apesar de mostrar-se ainda inseguro e incerto, está longe de afirmar-se como um ecletismo informe ou um novo dogmatismo devendo impor-se em nome da tradição. Pelo contrário, segue o caminho de um diálogo franco e aberto animado por todo um grupo de porta-vozes cujas convicções e testemunhos revelam a força do empreendimento. Ao formular novos conceitos e novas teorias, estão restabelecendo as pontes entre os diferentes campos da pesquisa e reintroduzindo o homem e o sujeito no cerne mesmo da reflexão.[57]

Por conseguinte, se ainda não temos o direito de falar de um novo paradigma para as ciências humanas, pelo menos podemos constatar a existência de uma nova configuração em torno de determinado número de linhas de pesquisa. Um fato não pode ser contestado: muitos cientistas estão voltando a procurar na filosofia os conceitos fundamentais de que têm necessidade para melhor analisar seu material empírico. Porque não podemos negar que o trabalho filosófico hoje possui uma característica bastante ecumênica: afirma-se como um reconhecimento dessa pluralidade de emergências dos lugares do pensamento, da verdade e da compreensão do modo como estão constituindo nosso momento histórico. A filosofia tenta pensar nosso tempo pondo em comum o estado dos procedimentos que a condicionam. Seus operadores não buscam mais "pensar-sobre", mas *pensar-com* numa tentativa constante de encontrar não mais "a" verdade, mas a unidade de um momento de verdades. Não mais estão preocupados com um passado morto, tendo com ele uma relação de repetição ou erudição, mas tomando consciência de um passado vivo, só podendo existir por um presente criador e aberto ao futuro. Porque não podem abrir mão do pensar, ou seja, dessa capacidade de pôr em questão as representações instituídas e herdadas da coletividade e de abrir o caminho a uma interrogação permanente. Inclusive, dessa extraordinária capacidade de afirmação da liberdade que é a de dizer "Não".

No fundo, em seu diálogo com as artes e as ciências humanas, a filosofia precisa aparecer como um *trabalho de pensamento* pondo em questão todo conformismo social tendendo a limitar o pensamento humano ou a arrefecer o poder e a turbulência das grandes forças que animam a criação das mais variadas formas culturais. Ela se define por ser um exercício do pensamento consistindo em interrogar-se sobre o Todo da condição humana enquanto podemos conferir-lhe um Sentido. Não diz apenas respeito às "coisas" da inteligência ou da razão. Sempre foi, mesmo em suas formas mais técnicas e lógicas, "algo" dizendo respeito à afetividade e à paixão. Põe à prova os motivos afetivos do intelecto. E faz aparecerem as raízes passionais da razão. É por isso que podemos *amar* uma e *detestar* outra. E nenhum cientista humano tem o direito de renunciar impunemente a esse exercício do pensamento permitindo-lhe pôr as *questões* radicais sobre o modo como os seres humanos se relacionam com o mundo e os demais homens, na perspectiva de buscar um sentido a ser conferido ao Todo da condição humana. Precisa trabalhar para demolir os falsos problemas e produzir, coletivamente e de modo organizado, os problemas reais. A esse respeito, Bourdieu chama nossa atenção para a televisão, um dos lugares de produção de problemáticas, de filosofia e ciência (ou de representação da ciência):

> Em face da televisão, precisaríamos de um movimento de resistência cívico contra a imposição generalizada de problemáticas que nem mesmo são sempre cínicas, mas que, sendo simplesmente o produto dos hábitos de pensamento, das rotinas, dos almoços na cidade, das camaradagens, revelam-se simplesmente idiotas e, por isso mesmo, terrivelmente perigosas. (1997, p. 76)

Por sua vez, em muitos cientistas humanos percebemos certa busca do sentido, um mesmo horizonte de reconciliação com o projeto democrático de apropriação e repartição do saber, uma problematização crescente das relações entre o indivíduo e o político, um desejo de romper com as pretensões disciplinares, uma vontade de promover a abertura, o diálogo, a descompartimentação e a transversalidade das disciplinas. Essas mudanças já nos permitem detectar uma série de pesquisas caracterizadas por orientações inovadoras e comuns e apresentando-se como o produto da abertura de portas e janelas, do confronto e diálogo dos diversos campos do saber e da superação dos provincianismos disciplinares. Por isso, o que ainda ontem considerávamos *crise* das ciências humanas, talvez hoje deva ser analisado de outro ponto de vista. Enquanto velhos paradigmas se eclipsam ou se estiolam, outros se tornam centrais e vitais: conceitos migram de um domínio a outro criando insuspeitadas riquezas epistemológicas. Busca-se a construção de uma disciplina a-disciplinar, lugar federalizador lembrando os tempos das ciências morais e políticas. Esse lugar da unidade poderia ser encarnado pela Filosofia Política, na medida em que conduz a interrogação da sociedade sobre ela mesma, esboça o espaço de questionamento sobre suas variantes institucionais e se afirma como um questionamento sobre as condições de unidade da sociedade. Donde a conclusão de Dortier (*Sciences Humaines*, dez. 1999, p. 23):

> o declínio dos grandes paradigmas e a ausência de substitutos para os grandes nomes de ontem podem ser lidos também como uma recusa de fechar-se no quadro de um modelo único, como um sinal de abertura e prudência do pensamento;
> a fragmentação dos domínios e a dispersão dos estudos traduzem (além do aumento considerável do número de pesquisadores, estudantes e docentes) um reconhecimento de sua diversidade. Este reconhecimento nos convida a nos inclinarmos com mais atenção sobre os estudos por vezes apaixonantes que fervilham na vida de bairro, as relações fraternas, a psicologia do raciocínio, a antropologia da guerra, a história das técnicas, as conversações ordinárias, os jogos de crianças, a geografia do turismo, a memória das famílias etc.[58]

Não tentando bancar o adivinho ou o profeta, poderíamos novamente perguntar: qual o futuro das ciências humanas? A que título as marcas profundas que deixaram registradas na ciência e na cultura estão destinadas à perpetuação? Qual seu próximo paradigma? E que tipo de futuro lhes está reservado? Podemos esboçar a ideia de uma "nova etapa" de seu desenvolvimento? Para onde se orientam, já que se influenciam e se interfecundam reciprocamente? Se é verdade que seu caráter empirista, pragmatista, utilitarista e evolucionário conferiu-lhes, por finalidade fundamental, a função de ajudar os homens a tomarem decisões políticas, administrativas, gestionárias, pedagógicas e terapêuticas, impõe-se a questão: como esta função de *serviço* se compatibiliza com a liberdade necessária à produção de um saber científico ao mesmo tempo racional e objetivo? Embora saibamos que a razão constitui a única instância a decidir sobre o que é racional, precisamos reconhecer: frequentemente o irracional invade e determina suas decisões.

No momento em que a ciência se converte em tecnociência, numa ciência indissociável de suas aplicações tecnológicas e profundamente por elas orientada, damo-nos conta de dois fatos: a) a ergonomia demonstra até que ponto as condições pragmáticas da efetuação do trabalho humano (individual e coletivo) revelam-se bastante normativas; b) a sociologia da ciência revela um mundo de laboratórios em que o *agente* se torna a figura principal e decisiva. A era iniciada nos anos 1980 também pode ser considerada como a do "retorno do ator", marcada por dois fenômenos diferentes: um, próprio das ciências humanas, o outro, tomando uma significação cultural e política (a onda do "indivíduo-rei" e do liberalismo). Em *Le retour de l'acteur* (1984), A. Touraine situa no centro de sua análise da sociedade os movimentos sociais em luta para impor seu projeto. Nesse tipo de sociedade, aparecendo como o produto de conflitos pelo poder, o ator é *coletivo*: portador de um projeto social, luta para impor seus ideais, seus valores e suas normas. O fato incontestável é que as ciências humanas estão amadurecendo: realizando observações cada vez mais complexas e precisas, não só dos grupos sociais, mas na escala das interações interindividuais.

Claro que não podemos confundir fim e meios, a conquista do racional e as astúcias que o acompanham. Mas as ciências humanas, independentemente de seus limites internos, estão renascendo com força e tentando enfrentar os novos desafios e os diversos problemas de filosofia prática, notadamente os psicossociológicos e éticos. Seu novo despertar merece reflexão. Nossa sociedade, além de exigir prestação de contas de seus cientistas, hoje se interroga sobre suas opções éticas e políticas. E começa a exigir, não mais uma "ciência das ciências", mas uma epistemologia não aceitando que seus cientistas saibam sem saber que *sabem* e *o que sabem*. Não basta saber: devem saber avaliar suas consequências. Se a História não nos fornece lições nem nos permite predizer o futuro, encontramo-nos diante de uma terrível responsabilidade. Mas é o que exigem nossas opções democráticas. Porque é num novo pluralismo teórico que devem investir as ciências humanas. Não para impor-se modelizações já prontas, mas para que sejam incentivadas a buscar o sentido do agir humano em todas as suas dimensões. Tudo indica que estão *reingressando em sociedade* e assumindo um relevante papel nos debates públicos. A denúncia do liberalismo produziu (anos 1990) uma forte corrente de crítica social ao "pensamento único". Muitos sociólogos e economistas adotaram essa postura crítica. Uma das mais fundamentadas foi a de Bourdieu: em sua análise da nova ordem econômica globalizada, dos mecanismos que a regem e das políticas que a orientam, propôs que cabe aos movimentos sociais e aos "intelectuais coletivos" oporem-se às forças econômicas que dominam o mundo e resistirem ao flagelo neoliberal que sobre nós se abate a fim de conseguirem "romper com a aparência de unanimidade que constitui o essencial da força simbólica do discurso dominante" (Bourdieu, 1998) que só faz uso da ciência econômica para legitimar e "justificar políticas cientificamente injustificáveis e politicamente inaceitáveis" (Bourdieu, 2001). Sem uma visão crítica do neoliberalismo, não teremos condições de organizar nossa esperança contra o medo nem de resgatar a utopia contra o conformismo.

Qual o objetivo fundamental do movimento contestatário se opondo à obtusa ditadura do mercado e à excludente globalização neoliberal? Pôr em questão as políticas exclusivamente gestionárias, romper com o fatalismo ambiente e denunciar o mal-estar social e as injustiças no interior das sociedades ditas democráticas: o desemprego, a exclusão, as desigualdades, a penetração da lógica mercantil em todos os domínios, a degradação do meio ambiente, o enfraquecimento dos Estados, o protecionismo egoísta dos países ricos etc. O cerne da crítica é a divinização do mercado que, tal um novo demiurgo, tenta impor impiedosa e implacavelmente suas leis, como se fosse o detentor exclusivo das Tábuas da Lei e o único porta-voz do novo monoteísmo. Por ser total, não hesita em ditar o verdadeiro, o belo, o bem e o justo. Chega mesmo a impor um novo tipo de totalitarismo: o de um "regime globalitário" que, repousando nos dogmas da globalização e do pensamento único, não admite a possibilidade de nenhuma outra política econômica, posto que todos os direitos sociais do cidadão precisariam subordinar-se à razão competitiva enquanto caberia aos mercados financeiros comandar todas as atividades humanas e sociais.[59]

De qualquer modo, o fato é que as ciências humanas voltam a "irrigar" o social, a cultura e a estar presentes na Cidade. O debate público reaparece na mídia. Aí são tratados assuntos de sociedade fazendo apelo aos pontos de vista de sociólogos, psicólogos, educadores, cientistas políticos etc. O sucesso de alguns livros contribui para se forjar as ideias de indivíduos nos domínios bastante cruciais: racismo, emprego, política internacional, família, droga, sexualidade etc. Em contrapartida, novos temas surgem e começam a desafiar o futuro de nossas sociedades: bioética, violência urbana, trabalho infantil e escravo, efeitos das novas tecnologias, consumo, bem-estar, fragilidade dos laços familiares, "era do vazio", "amor líquido" etc. Com esses assuntos, as ciências humanas estão comprometidas. E têm um papel a desempenhar. Até a filosofia é solicitada a ajudar os homens a se encontrarem e redescobrirem seus referenciais fundamentais. Muitos filósofos descobriram que vale mais a pena filosofar perigosamente na *agorá* do que impunemente em seus gabinetes. Donde não podemos negar: há um fenômeno de irrigação difusa das ciências humanas na sociedade. Essa impregnação parece o contraponto de transformações estruturais. Mudam até mesmo as atividades econômicas. Na fabricação de um automóvel, por exemplo, há mais elementos imateriais (conceito, *marketing*), de serviço e informação que de produção: o peso determinante da comunicação, do conhecimento, das competências, do símbolo e da cultura faz apelo a diversos conhecimentos produzidos pelas ciências humanas. Nesse sentido, seu futuro está garantido, não só como instrumentos de prosperidade coletiva, mas de conhecimento e prática democrática.

Os cientistas humanos sempre se engajaram no tratamento de problemas que ultrapassam os campos de sua especialidade. A palavra de um especialista sempre transborda e transgride os limites de sua competência: de um lado, não possui a resposta para a questão precisa e concreta que lhe é posta, pois as leis científicas só fornecem soluções a problemas gerais; do outro, a resposta a uma questão singular mobiliza especialistas de várias disciplinas: para responder às questões dos poderes públicos, por exemplo, o cientista humano precisa cada vez mais abandonar o estrito domínio de sua competência a fim de conjugar sua especialidade, comunicar-se com especialistas de outras áreas, pôr-se à escuta de outras linguagens, de outros modos de pensamento e análise. Assim, no processo mesmo de elaboração de uma especialidade, tornam-se imprescindíveis o diálogo aberto e o confronto crítico de interesses heterogêneos. Poderíamos denominar "foros híbridos" esses novos espaços de produção do saber em que se imbricam, dialogam e interfecundam as especialidades e os interesses funcionando num regime aberto de saberes. Num projeto verdadeiramente democrático, o cientista humano julga com certo "desconhecimento de causa": em matéria de *decisão*, "a consciência precisa primar sobre a competência". Esta fórmula, fazendo eco ao velho adágio "ciência sem consciência" (ruína da alma — Rabelais) enfatiza mais a postura ética que a dimensão política da ação do *expert*. O importante é que saiba transformar o que sabe, mas fazendo um julgamento como cidadão. Mas não se esquecendo de que, doravante, sabe fazer muito mais coisas do que pode compreender. E para compreender, precisa estar consciente de que sempre há algo a ser compreendido. Pobre do cientista indiferente às suas ignorâncias. Deve ser comparado a "um amante sem paixão: uma bela mediocridade" (Kierkegaard).

Um dos méritos do século XX foi o de ter contribuído para a promoção da opinião pública e o avanço da democratização da ciência.

Tomou consciência de que a razão científica não pode congelar-se, se constrói na história, nela afinando-se e complexificando-se. Bachelard funda sua epistemologia histórica na ideia de "não", de ruptura com as formas e normas de saber estabelecidas. Em seu entender, o primeiro grande obstáculo a ser ultrapassado é justamente o da opinião: "ela pensa mal; não pensa; traduz necessidades em conhecimentos". Nada pode nela ser fundado. Em primeiro lugar, precisa ser destruída. Interessada, ávida, preguiçosa, ao mesmo tempo cabeçuda e versátil, é sobredeterminada para ser melhor designada como alvo a ser destruído. A ciência moderna se instaurou desqualificando-a e dela retirando toda e qualquer faculdade de pensar. Convertida na sede de todas as pulsões contrárias à racionalidade, foi sempre estigmatizada e mantida à distância com o objetivo de não macular o espírito científico. O que podemos nos perguntar é se toda essa desqualificação ou diabolização da opinião constitui uma condição necessária ao exercício das ciências ou sua contrapartida inevitável. Estou convencido de que a opinião merece ser cultivada como uma virtude política insubstituível, pois é capaz de vincular, à indispensável faculdade de discernimento, a coragem do engajamento. Pensada como cultura, deve ser considerada uma aliada da ciência. Para esta, a opinião pública pode constituir a) uma importante fonte de créditos; b) um relevante mercado para seus produtos; c) uma ajuda inestimável na construção de sua identidade e imagem; c) um indispensável potencial de questionamento de sua aventura social. Nas sociedades democráticas, a opinião pública é chamada a desempenhar, no processo de desenvolvimento das ciências, não só o importante papel político de fortalecer as tomadas de decisão do cidadão, mas o cognitivo de pensar e ativar seu pensamento crítico.

Portanto, se concebermos a opinião (a *doxa*), não mais como uma fatalidade, ligada à impossibilidade de possuir a ciência, mas como uma *escolha voluntária*, podemos dizer: *Opinare aude (ouse opinar)*! Tenha a coragem de opinar! Esta máxima do cidadão poderia ser aplicada ao cientista humano, parodiando a fórmula de Kant. Deveríamos cobrar dele: ouse pensar fora dos muros de seu paradigma! Ouse construir seu próprio juízo sobre problemas tratados por sua disciplina! Neste domínio, precisamos pensar por nós mesmos. Não podemos deixar que os *experts* pensem por nós. Porque estamos convencidos de que nossa opinião, como término de um processo de reflexão sobre as ciências e seu lugar na sociedade, pode e deve constituir o ato inaugural de uma ciência que precisa ser apropriada democraticamente. Precisamos ter a coragem de formular e emitir opiniões, exercer a faculdade de pensar por nós mesmos, formar nosso próprio juízo sem termos plena consciência de causa. Porque a opinião deve ser reabilitada como o regime próprio do cidadão que precisa fazer dela um ato de coragem, tomar decisões na incerteza, pensar sem dispor de evidências e correr o risco de emitir juízos sabendo que não sabe. Não se trata de defendermos a equivalência dos saberes nem de fazermos a apologia da ignorância. Mas de reconhecermos este fato: a qualidade de usuários nos confere uma outra forma de saber. Melhor: uma prudência (*phronesis*) suscetível de fornecer-nos respostas para as questões que as ciências não conseguem resolver. O que postulamos? Que o cidadão reconquiste seu poder de decisão sobre as questões que lhe dizem respeito, inclusive as científicas. Que não renuncie a pôr em questão as representações coletivas estabelecidas, as ideias sobre o mundo, os deuses e a boa ordem da cidade. Nem se converta em racionalizador do *status quo* ou em justificador da ordem estabelecida numa sociedade em que parece ter emudecido completamente a crítica social emancipatória, em que se assiste à decadência da reflexão teórica e o ideal de vida para a juventude (viciada em diversões) passa a ser apresentado como o mais compulsivo e leviano consumismo perfumado de hedonismo, a sociedade de distração e bem-estar convivendo com seu crescente mal-estar subjetivo.

Uma das melhores maneiras de se lutar contra o círculo vicioso opondo "ciência autoritária" a "opinião desqualificada" consiste em reabilitarmos a velha figura da *opinião pública* enfatizada pelas Luzes. Em *A técnica e a ciência como ideologia* (1965), J. Habermas deplora: a "opinião pública" não desempenha nenhum papel na política científica e nas escolhas tecnológicas. O poder de decisão lhe foi gradualmente confiscado. Dois tipos de funcionamento prevalecem nas sociedades modernas. Em ambos, a solução das questões tecnocientíficas escapa ao debate democrático. Qual a função dessa opinião? Aclamar e fazer figuração. No *modelo decisionista,* as decisões políticas se encontram nas mãos de uma poderosa burocracia. No *tecnocrático,* são simplesmente confiadas aos *experts.* Por isso, a fim de recriar as condições de um debate democrático, propõe o *modelo pragmático* em que os *experts* ficariam encarregados de aconselhar as instâncias de decisão, cabendo à opinião pública o papel da discussão nos foros adequados e na mídia em geral. Esse programa, colocando o "vivido social" na frente dos interesses científicos, industriais e militares, vai encontrar sua realização no movimento mais tarde denominado "ciência cidadã". Em 1995 (*Citizen Science*), A. Irwin tenta fazer-nos compreender que precisamos comprometer os cidadãos com as tomadas de decisão científicas e tecnológicas frequentemente tomadas à sua revelia. Cada vez mais se convencem de que a ciência não é neutra e tampouco objetiva pelo fato de os *experts* se encontrarem vinculados a uma instituição, a uma agência do governo ou a um grupo industrial cujos interesses defendem. A instalação de uma central nuclear ou o uso de um pesticida, por exemplo, confirmam que a opinião pública não se deixa mais levar pelas campanhas e se julga capaz de contestar a credibilidade da palavra sábia. Porque a credibilidade científica nada tem de absoluto: é relativa a certos problemas, postos em termos científicos. Longe de representar a figura do ignorante obscurantista que aguarda ser instruído, o cidadão cada vez mais "ousa saber" e pretende tomar a palavra para fazer-se ouvido.

Esse movimento ganha ainda mais força com o declínio da auréola das ciências fundamentais (como a física) e o prestígio crescente das ciências da vida e do meio ambiente. As ciências biomédicas e do meio ambiente tornam mais aceitável a participação pública nos debates em torno do futuro da ciência e da tecnologia. A prova é o surgimento de numerosos comitês de bioética e de várias associações promovendo debates sobre as questões ambientais e de saúde. Claro que ainda são reduzidos sua influência e seu poder. Não obstante, cresce a força moral e simbólica (inclusive de controle) dessas instâncias de olhar crítico implicando um número cada vez maior de cidadãos conscientes. Uma "opinião pública" esclarecida serve, no plano do funcionamento social, de para-raios ao poder do dinheiro, da tecnociência, da burocracia do Estado e dos partidos políticos e, no individual, para impedir que as "massas" caiam no conformismo proposto e imposto pelo mais frívolo teleconsumismo midiático. No campo da saúde, por exemplo, como nos mostra Steve Epstein, cresce o número dos doentes que, em sua vontade consciente de assumir o controle de seu destino, não mais aceitam passivamente ser considerados e tratados como simples objetos de pesquisa ou eventuais consumidores de medicamentos produzidos pelos grandes laboratórios e lançados no mercado (*Impure science*, 1996). A esse respeito, a curta história da aids já nos permite entrever o quanto a opinião pública pode desempenhar um papel de parceria com o desenvolvimento das ciências. Neste domínio (como em outros), a credibilidade não pode ser o apanágio do cientista ou *expert*. É algo que se conquista ao preço de uma difícil negociação na qual os valores apresentados pela comunidade científica são confrontados com outros valores defendidos pelos representantes do público. Reunidos em associações ou organizações não governamentais, reinventam o poder crítico e conseguem intervir como atores políticos para repor as decisões científicas e tecnológicas no cerne mesmo dos foros democráticos. Donde a justa observação de Bourdieu:

> Num estado da relação de forças econômica e política onde os poderes econômicos estão colocando a seu serviço recursos científicos, técnicos e culturais sem precedente, o trabalho dos pesquisadores é indispensável para desmontar as estratégias elaboradas e postas em prática pelas grandes empresas multinacionais e pelos organismos internacionais que (como a OMC) produzem e impõem regulações com pretensão universal capazes de conferir realidade, pouco a pouco, à utopia neoliberal de desregulamentação generalizada. (2001, p. 66).[60]

Notas

1. Para Platão e Aristóteles, a "ciência política" era definida como a ciência da cidade (*Polis*) destinada a assumir este "animal político": ser social e coletivo que é o homem. Marx segue essa tradição quando também reconhece que o homem é um *zoôn politikôn*: "não somente é um animal sociável, mas um animal que só pode se isolar na sociedade". Quem vive fora dela, "ou é um degradado, ou um ser sobre-humano" (Aristóteles). Ao descrever e analisar *Os mitos fundadores das ciências sociais* (PUF), o geógrafo Paul Claval demonstra que os grandes saberes disciplinares das "ciências sociais" (Sociologia, Economia) se construíram a partir de alguns *mitos fundadores* como o "contrato social" (Rousseau) e a "fábula das abelhas" (Mendeville) relatando a origem da sociedade e do indivíduo. Tais mitos já descrevem certa visão da ordem social, inspirando os modelos subjacentes e os pressupostos de cada disciplina. O livro se inicia com esta afirmação: "Este ensaio nasceu de uma velha insatisfação. Sempre lamentei que a imagem das ciências sociais seja pulverizada: a gente aprende a se tornar historiador, geógrafo, economista, sociólogo, etnólogo, mas em nenhum lugar adquire uma visão de conjunto das disciplinas analisando o homem em sociedade". E conclui reconhecendo: "Em suas funções sociais, as ciências humanas estão muito mais próximas das religiões do que possam supor. Seu papel é tanto o de fornecer uma interpretação do mundo, da história e do tempo quanto o de explicar regularidades ou descobrir leis". Uma década depois é publicada a obra coletiva dirigida por Nathalie Richard et al. *L'histoire des sciences de l'homme. Trajectoires, enjeux et questions vives* (L'Harmattan, 1999) abordando as questões de periodização, epistemologia, elos conflituais entre as disciplinas, bem como seu lugar na sociedade: não só

se deixaram influenciar pelas representações sociais da sociedade, mas participaram ativamente na construção dessas representações. Visa fornecer uma compreensão do lugar das ciências humanas no mundo moderno e mostrar que, doravante, o estudo do homem assume uma dimensão propriamente cultural, modificando nossa percepção teórica dos sistemas sociais e se distanciando das imagens envelhecidas associadas à noção de ciência.

1a. O século XVII foi o século da grande revolução científica: Galileu apontou sua luneta para os céus, Bacon lançou as bases do método experimental, Newton descobriu as leis da gravitação, Harvey descobriu a circulação do sangue etc. O homem estava convencido de que nada podia escapar a seu conhecimento. Estava consciente de que conseguiria, um dia, explicar o mistério das coisas "como se fosse espião de Deus" (Shakespeare). No entanto, havia um domínio em que se revelava uma grande ignorante: o conhecimento de si mesmo. O que levou Vico a exclamar: "Os filósofos consagraram toda a sua energia ao estudo do mundo da natureza. Mas negligenciaram o mundo das nações", ou seja, o mundo daquilo que hoje denominamos "sociedades humanas" ou as "culturas" (objeto da *scienza nuouva*): das futuras ciências humanas.

2. É interessante observar que o secretário-geral dessa Sociedade, Louis-François Jauffrey, num texto em que resume seu programa fundamental, propõe explicitamente que seja fundada uma verdadeira "antropologia comparada" destinada a observar e analisar os seres humanos sob todos os seus aspectos: físicos, morais, intelectuais etc. Ademais, sugere que seja implementado um programa totalmente original para a época: o estudo do nascimento e desenvolvimento do pensamento (da inteligência) na criança. Chega mesmo a oferecer um prêmio para a melhor pesquisa sobre "os primeiros desenvolvimentos das faculdades do homem no berço". Evoca a possibilidade de se proceder a uma experimentação bastante curiosa: observar cuidadosamente, "durante uns doze anos, quatro a seis crianças, metade de cada sexo, colocadas desde seu nascimento num local fechado, longe de toda instituição social e abandonadas, para o desenvolvimento das ideias e da linguagem apenas aos instintos da natureza". Assim, poderíamos distinguir aquilo que, no homem, depende da natureza e o que depende da educação.

3. A respeito do "estruturalismo", ver a obra do historiador François Dosse, *L'histoire du structuralisme* (2 v., 1991-92, trad. Edusp, São Paulo, 2007), na qual o autor declara que "o ano de 1966 pode ser sagrado o ano estruturalista" e nos

mostra como essa corrente filosófica exerceu um importante papel nas ciências humanas, apresentando-se como um *método* de análise e estudo privilegiando a *sincronia* (não a diacronia) e a busca das *estruturas* organizando determinado domínio de conhecimento. Foi tomando de empréstimo o modelo fornecido pela linguística de Saussure que apareceu como um *método* fecundo, tanto em etnologia (Lévi-Strauss), linguística (Jakobson, Benveniste), semiologia (Greimas), psicologia (J. Piaget) e no marxismo (L. Goldmann, L. Althusser) quanto em crítica literária (R. Barthes) ou para efetuar uma releitura de Freud (J. Lacan). Nesses vários setores, tentou-se elaborar um verdadeiro programa multidisciplinar visando reconstruir o padrão de racionalidade de vários campos empíricos de saberes. Podemos também evocar um estruturalismo epistemológico (M. Foucault) tornando-se uma verdadeira moda intelectual nas décadas de 1960-70 e culminando nas declarações simplistas do "fim da história" e da "morte do homem". Para alguns, o estruturalismo não é uma teoria, mas uma postura filosófica: "a consciência desperta e inquieta do saber moderno" (Foucault); como o marxismo, afirma que a verdade das produções humanas se oculta por detrás da ideologia; como a psicanálise, professa que o homem não é tanto movido por sua consciência, mas tomado em quadros mentais invisíveis, individuais e coletivos; como as ciências naturais, tenta reduzir a diversidade das produções humanas a um pequeno número de elementos e leis, a linguagem sendo o único objeto sobre o qual a operação tem êxito; donde seu primeiro artigo de fé: "tudo é linguagem".

Animado por um anti-humanismo militante, por uma crítica ao historicismo e ao etnocentrismo e por uma paixão pelo formalismo, o estruturalismo declara com todas as letras: o objeto das ciências humanas não é o Homem, são as *estruturas sociais e linguísticas* que o determinam. Claro que foi inquestionável sua contribuição a essas disciplinas, produzindo uma gama enorme de múltiplas áreas do conhecimento, notadamente no domínio da *crítica*. A este respeito, destaca-se a denúncia feita por Derrida ao logocentrismo ocidental, que se encontra na origem do devastador movimento "desconstrucionista". Seu objetivo? Não mais estabelecer novos sistemas, mas *desconstruir* (mostrar as lógicas implícitas e as falhas) os discursos que se apresentavam como da Verdade ou da Razão. Descrito como um anti-humanismo, em razão da fraca importância conferida ao indivíduo e às suas capacidades de conhecer e julgar, o estruturalismo começa a perder influência e declinar a partir de 1975. Nos dias de hoje, encontra-se praticamente esgotado. Na introdução de seu livro, Dosse declara: "suplantar o estruturalismo impõe um retorno a esta corrente de pensamento que difundiu amplamente seu método no campo das ciências sociais como um todo, refazer as etapas de sua conquista hegemônica, valorizar os processos de adaptação de um método à pluralidade disciplinar das ciências sociais do homem, apreender seus limites e impasses em que se esgotou essa tentativa de renovação do pensamento". Tal objetivo é temperado por um alerta contra um retorno ao ambiente intelectual anterior: "O olhar sobre o outro, sobre a diferença, viu-se irremediavelmente transformado e requer esse retorno a um período no qual certo número de descobertas faz parte de um saber incontornável ao conhecimento do homem".

4. Importa observar que, a partir dessa "Sociedade dos Observadores do Homem", o conhecimento da realidade humana passa a exigir uma *reforma da educação*. Durante a Revolução Francesa, os principais membros da "Sociedade" se engajam num projeto de reorganização do ensino. Produzem uma vasta obra com pretensões reformadoras. A mais impressionante é a de Condorcet. Tornou-se famoso seu projeto de *Reforma da Instrução cívica*, definindo os princípios fundamentais de um eventual ensino popular. É com esse objetivo que surgem as primeiras escolas normais (1795), destinadas a formar professores, Escolas Politécnicas e outras instituições científicas, como o Museu de História Natural de Paris. Enfim, é fundado o Instituto de França, destinado a promover as atividades científicas. Nele, a seção "Ciências morais e políticas" vai se tornar o foco dos que serão chamados "os ideólogos" (segundo Napoleão, "esses sonhadores, frasistas e metafísicos bons para se jogar fora"): em sua preocupação de instaurar instituições educativas e científicas, defendem, não mais uma ciência da origem das ideias, mas uma doutrina filosófico-política mais ou menos mascaradora da realidade.

5. Lembremos que, na década de 1960, surge, um pouco por toda parte, uma forma de pensamento rebelde passando a criticar todas as formas de poder e questionando não somente os tabus sociais, mas, com impertinência, o humanismo e o universalismo herdados das Luzes. Entre os intelectuais mais em voga, destaca-se Michel Foucault. Desde 1961, com sua *História da loucura na idade clássica*, mostra a grande ruptura instaurada a partir do século XVII no Ocidente: doravante, a loucura se torna o reverso da razão, tendo por corolário institucional o encarceramento. A idade clássica é a época do "grande encarceramento" dos loucos, ociosos e vagabundos. Tanto essa obra quanto *As palavras e as coisas* (1966) não pretendem fazer uma história no sentido clássico do termo. Foucault prefere falar de "arqueologia do saber", visando revelar as "infraestruturas" e as condições de funcionamento dos discursos. Distingue três gran-

des *epistemes* (modos como se articulam os saberes de uma época): 1. "A idade pré-clássica" (Idade Média e Renascimento) é caracterizada pelo *pensamento da semelhança e da analogia*: o estudo do mundo consiste em descobrir analogias entre as coisas; 2. "A idade clássica" (metade do século XVII e início do XVIII) é caracterizada pelo *pensamento da ordem e da classificação*: o pensamento científico se interessa pela transformação dos seres e por sua organicidade; 3. A "época da modernidade" (a partir do século XIX) se caracteriza pelo *pensamento da história*: trata-se de encontrar uma ordem lógica (uma Razão) oculta no mundo e de distribuir os objetos segundo classificações formais.

Ora, é nesta *episteme* da modernidade que surge, pela primeira vez, a figura do homem no campo do saber, com as ciências humanas: "O homem é uma invenção cuja arqueologia de nosso pensamento mostra facilmente a data recente, e talvez o fim próximo" (*Les mots et les choses*). Claro que só muito recentemente as ciências humanas começaram a pensar sobre sua história. Durante muito tempo, foi relegada a uma história das ideias e a uma galeria de obras remontando a Platão e a Aristóteles. Levando em conta que, à história das ideias se superpõe uma história social e cultural das ciências, a obra coletiva *Pour une historie des sciences sociales* (Fayard, 2004), ao nos propor um quadro conceitual para pensar a história dessas disciplinas, chega à seguinte conclusão: "Uma história das ciências sociais supõe que tomemos por objeto as instâncias específicas ao campo científico (lugares de formação, revistas, laboratórios de pesquisa, instâncias de avaliação, congressos etc.), seus agentes (trajetórias individuais e coletivas), o estado das problemáticas, a hierarquia dos objetos e os instrumentos disponíveis em determinado momento. O estudo das condições políticas e socioeconômicas nas quais funciona esse espaço revela os limites de sua autonomia, sempre relativa e variável segundo os países, as épocas e as disciplinas".

6. Não podemos nos esquecer: na metade do século XX, as ciências humanas passam a ser fortemente inspiradas pelas ideias de "estrutura" e "sistema". No final do século XIX, a ideia de "inconsciente" já circulava um pouco por toda parte. E no final do XX, chega a vez do "cognitivo" dominar a cena. Em *As palavras e as coisas,* Foucault empreende o que chama de uma "arqueologia das ciências humanas" visando elucidar as estruturas ocultas do conhecimento. No mesmo momento, Thomas Kuhn começa a falar de "paradigma científico" e Gerald Holton, de *themata*. Cada um tenta falar dos modelos de pensamento de que cada época é prisioneira. E o que acontece hoje? Muitos cientistas consideram o homem apenas uma *coisa*. A esse respeito, é bastante ilustrativo não

só o título do livro de J. P. Changeux, *O homem neuronal*, mas seu conteúdo: as ciências físico-químicas e biológicas não se interessam por estudar o homem: devem considerá-lo apenas um conjunto de moléculas e neurônios que nele se encontram presentes como em muitos animais. Por conseguinte, as ciências da natureza de forma alguma contribuem para a construção de uma antropologia (empírica ou racional). Se são descartadas, o que dizermos das ciências humanas, cujo objeto seria, por definição, o homem? O resultado não é tão brilhante assim. Porque, ao imitarem a *démarche* das ciências naturais, colocam entre parênteses as significações imediatas e comuns dos objetos que analisam: assim como a física não se apoia nos dados da sensibilidade (ignora as significações naturais, como as do calor e do frio), a antropologia de Lévi-Strauss teve por objetivo fundamental constituir-se sem levar em conta "o plano dos acontecimentos". Em seu entender, as novas ciências não têm por objetivo constituir o homem, mas *dissolvê-lo*. Operação bem-sucedida, a darmos crédito à tese de Foucault sobre a "morte do homem".

7. A esse respeito, relembremos a questão posta por Edmund Husserl numa famosa conferência proferida em Viena (1935) intitulada *A crise da humanidade europeia e a filosofia*. Sua ideia central? A ciência moderna, a que surgiu com a revolução galileana, desviou-se do caminho que deveria ter seguido, esquecendo-se do objetivo que deveria atingir (já fixado pelos gregos e pelos grandes pensadores do passado): a extensão da Razão a todos os domínios da vida humana, a tomada de consciência, pelo homem, de sua destinação racional e espiritual. O que nosso filósofo procurava era um caminho capaz de conciliar o estudo ao mesmo tempo das *experiências vividas* e a *universalidade* das categorias de pensamento. E em seu célebre livro *A crise da ciência europeia* (1936), declara que o projeto da ciência ocidental, das ciências físico-matemáticas abstratas, dá-nos uma visão bastante desumanizada do real: nele o "mundo da vida" (*Lebenswelt*) fica totalmente ausente. A ciência "desencanta" o mundo no momento mesmo em que a Europa, ameaçada pelo perigo nazifascista, tem necessidade de um sopro de renovação, devendo interrogar-se sobre "o sentido da vida". Essas ciências conseguiram perfeitamente descobrir as grandes leis que regem a natureza material. Aplicaram com êxito os métodos matemáticos. E conseguiram estabelecer com exatidão as relações entre os corpos (terrestres e celestes). No entanto, fracassaram redondamente em aplicar um método tão fecundo ao domínio "humano", quer dizer, do espírito ou da alma. Husserl dá o nome de *naturalismo* (ou *objetivismo*) a esse desvio da ciência moderna, cuja ambição é a de estudar o espírito e suas manifestações

(culturais, sociais) do mesmo modo como a ciência estuda uma coisa material e suas propriedades: a estuda do exterior, esquecendo-se de que se trata de uma realidade interior, portadora de características próprias (intencionalidade, consciência do valor, do sentido das coisas...). Durkheim resumiu esse projeto ao declarar que devemos "tratar os fatos sociais como coisas". Ora, iremos ver que o homem não é uma coisa. O que ontologicamente faz dele uma realidade específica (um ser espiritual), totalmente distinta do mundo das coisas, a ciência moderna ignora completamente. Também é por isso que podemos falar de *crise* das ciências em geral: não conseguem constituir para a humanidade um guia racional e Ideal seguro.

8. Creio que essa tomada de posição pode constituir um dos meios para combatermos o *niilismo* (latim *nihil*: nada) que nos invade desde o final do século XIX, quando se constitui como um movimento de pensamento (professado pelos intelectuais russos Dobroliubov, Tchernychewski e Pisarev) caracterizado pelo pessimismo metafísico de Comte e pelo ceticismo em relação aos valores tradicionais (morais, religiosos, estéticos). Esse movimento, não só pessimista, mas desabusado, ganhou vigor quando foi desenvolvido por Nietzsche para designar, em primeiro lugar, a ausência de fins destinados a conferir um sentido à vida humana: "o devir é sem objetivo", tanto mais que "Deus morreu" e o mundo é desprovido de sentido. Em nada podemos crer. O que significa niilismo? Nietzsche responde: "que os valores supremos se desvalorizam. Faltam os fins; não há resposta para esta questão: é bom para quê?". O niilismo proclama a vacuidade dos valores transcendentais, notadamente Deus e a Verdade. Razão pela qual pode conduzir os homens ao desespero, ao sentimento do absurdo, ao cinismo ou a uma forma de anarquismo intelectual suscetível de sustentar, como o personagem de Dostoievski: se "Deus morreu, tudo é permitido". A consequência dessa atitude? O niilismo tende a confundir-se com o individualismo anarquista visando à demolição do Estado. Em sua forma *passiva*, corresponde à "decadência" do Ocidente. Mas a essa forma se oporia um *niilismo ativo*: pela destruição e transmutação dos valores tradicionais, seria criado um mundo novo onde se afirmaria o "poder do espírito".

9. De modo geral, como testemunha o antropólogo Marshall Sahlins, "as ciências humanas optaram por combater os poderes instituídos, desenvolvendo uma crítica anti-hegemônica do nacionalismo, do imperialismo, do Estado, do racismo, do sexismo e de outros demônios planetários. Correram o risco

de se debater numa contradição inevitável, já que, privilegiando os contradiscursos libertadores da antiestrutura ou da desconstrução, implicitamente ratificaram certos discursos de dominação como sendo relatos fundadores" (*Folha de S.Paulo*, 19 ago. 2007, caderno Mais!). Lembremos ainda que, mesmo em seu processo de autonomia, nunca deixaram de se relacionar com sua mãe e mestra: a filosofia. Evidentemente que nasceram do projeto de aplicar ao homem os modelos que tiveram êxito nas ciências naturais. Fazendo isto, quiseram proclamar sua independência e construir seu domínio próprio, definir e afirmar sua especificidade que é o homem, ao mesmo tempo objeto e sujeito de pesquisa. Alguns tentaram fazer um movimento de retorno à filosofia adotando uma abordagem tributária da fenomenologia. Outros tentaram conferir-lhes modelos e objetivos próprios, definindo-as como ciências autodeterminadas e diferentes. Ou quiseram ver no "homem" um falso objeto, um objeto ilusório que a ciência (das estruturas, infraestruturas ou superestruturas) não deveria tornar inteligível, mas simplesmente dissolver. Claro que o problema central das relações entre ciências humanas e filosofia sempre foi o de sua rivalidade: o espírito científico, orgulhoso de sua objetividade, que já teria desalojado a filosofia do estudo da matéria e da vida, não estaria prestes a expulsá-la de seu último bastião, a teoria do homem? Se está correto o positivismo, segundo o qual a história da filosofia é a história de seus recuos, que a era metafísica já foi suplantada pela científica, não resta mais dúvida: o homem, durante muito tempo considerado um *a priori* de todo conhecimento e, por isso mesmo, escapando a uma abordagem objetiva, doravante começa a ser tratado como *objeto*. E o discurso que teremos sobre ele não será mais subjetivo, mas objetivo, pois será estabelecido a partir de fatos constatáveis, evitando a gratuidade das hipóteses não verificáveis ou das generalizações arbitrárias. Assim, as ciências humanas podem se alegrar: constituem a última conquista do espírito científico que, doravante, não somente tem o poder de submeter a natureza, mas o de *dominar* (no sentido de se apropriar, subjugar, manipular, exercer um poder) as ações humanas, quer dizer, conhecê-las.

10. Depois de seu *Splendeurs et misères des sciences sociales* (1986), no qual analisa os momentos de glória e decadência dessas disciplinas, embora nos tenham fornecido uma "cumulatividade imaginária do saber", Alain Caillé publica *La démission des clercs* (La Découverte, 1993), em que nos mostra que sua crise recente foi causada por seu deliberado esquecimento ou recalque do político. Não resta dúvida que as ciências humanas hoje se encontram numa grave crise de identidade e de reconhecimento sociocultural, cujas

consequências sociais, econômicas e intelectuais ainda não foram analisadas em toda a sua extensão e profundidade. Aliás, como já reconhecia nosso sociólogo (*Esplendores e misérias das ciências sociais*), essas ciências nem mesmo encontram-se em crise, mas *em agonia*. Feita essa constatação, um dos objetivos de nosso ensaio foi o de explicitar algumas das razões estruturais que levaram essas disciplinas, após atingirem o apogeu de sua credibilidade nos anos 1960-70, a ingressaram, se não numa era de decadência ou degradação de seus objetivos, pelo menos num inquietante estado de *crise* ou *eclipse* meio paralisante. Suas luzes não brilham mais como antigamente. Passou a época dos questionamentos, quando o *político* era um de seus temas fundamentais ou perpassava todas as suas questões. A "decadência" ao mesmo tempo institucional e social de boa parte de nossas universidades certamente constitui um dos fatores determinantes do desinteresse crescente pelo questionamento, pelo engajamento e pela crítica política. O estranho é que foi justamente no momento mesmo em que a decisão política estava exigindo elucidações constantes sobre as condições cada vez mais complexas de seu exercício que as ciências humanas começaram a se marginalizar e a deixar as universidades cada vez mais isoladas da vida pública das ideias. No momento em que se tornava urgente uma retomada do *político*, do questionamento e da crítica, o mundo universitário se encontra distante da sociedade e em silêncio em relação a seus grandes desafios. Inaugura-se a era chamada do "silêncio dos intelectuais": perda da dimensão da luta e instauração do conformismo; as artes e o pensamento passam a ser dominados e regidos pelo "mercado"; os intelectuais são substituídos pelos "especialistas competentes" e pelos formadores de opinião; o neoliberalismo privatiza os espaços públicos etc. Por que essas disciplinas se refugiaram nos guetos universitários? Por que renunciaram a seu papel de mediadoras privilegiadas? Por que se conformaram com a tutela administrativa e a lógica da encomenda, poderosos entraves ou freios da iniciativa crítica? Quais passaram a ser suas redes de difusão? Mesmo que os pesquisadores quisessem, conseguiriam resistir à lógica da encomenda?

O não enfrentamento destas e de outras questões certamente é responsável pela crise recente de nossas ciências humanas. Portanto, entre uma lógica da encomenda, ajustada a decisões burocráticas e políticas circunscritas aos combates de "escolas", "correntes", "tendências" ou "linhas de pesquisa", e o isolamento crescente de um sistema universitário frequentemente autoritário, desadaptado e cortado das grandes questões políticas, sociais e culturais, estranhamente distante dos principais atores econômicos, sociais e políticos, não é de se estranhar que as ciências humanas terminassem por ocupar um lugar reduzido e secundário nos sistemas de ensino e pesquisa. Donde o isolamento em que se encontram. E seu silêncio na *Polis*. Nesse contexto, ganhou notoriedade midiática e ilustra bem essa constatação o amplo debate travado entre alguns intelectuais a propósito do livro de Alan Sokal e Jean Bricmont sobre as imposturas nas ciências humanas. Por outro lado, não creio que uma extraordinária demanda social por uma formação geral de nossos pesquisadores venha se traduzir espontânea e naturalmente por um reforço substancial do campo das ciências humanas. Porque esse movimento, na prática, tem sido acompanhado por um desinteresse crescente pelas publicações em ciências humanas e sociais. Ademais, o estado crítico em que se encontram é correlato ao das sociedades e dos sistemas com os quais se interagem. A interação negativa entre o ensino dessas disciplinas, desacreditadas pelas ciências "duras", certamente constitui um fator decisivo nas orientações profundas de uma sociedade no que diz respeito às suas opções culturais e políticas. O triste é que a mistura de admiração, ignorância e irrisão em relação à filosofia, à psicanálise ou à antropologia, por exemplo, longe de servir à elaboração de uma política ambiciosa para essas disciplinas, tem favorecido a deserção do pensamento racional dos "domínios do humano".

Donde a necessidade e a urgência de se criar mecanismos institucionais capazes de promover seu reconhecimento e de ouvir seus discursos e não se limitar mais à instrumentalização de seus "produtos" ou "tecnologias" sob a forma de uma e*xpertise* não refletida (consultoria, perícia, conselho) nos domínios da ação social, do desenvolvimento e do *management*. O dramático é que o aumento considerável e meio anárquico do desenvolvimento dos conhecimentos nessas disciplinas deixa um grande vazio em torno das questões fundamentais do *sentido* e da *existência humana*. O mais inquietante? A ausência de *lisibilidade política* da interação efetiva dessas ciências com a sociedade e suas instituições. Como se a gestão dessas questões devesse ficar entregue apenas às vicissitudes do mercado! A esse respeito, é ilustrativo o relatório da professora Sophie Barluet, *Édition des sciences humaines et sociales:le coeur en danger* (2004), dando conta do movimento editorial dessas disciplinas nas últimas décadas. Trata-se de um relatório fornecendo um conjunto de dados cifrados permitindo-nos fazer uma ideia clara dos desafios que tiveram que enfrentar essas disciplinas num mercado cada vez mais dando-lhes pouco espaço. Mostra as dificuldades por que passaram as editoras (notadamente francesas) nesse período. Revela-nos algumas surpresas e dissipa algumas ilusões. Ademais, tem o mérito de jogar algumas luzes sobre a *crise* que atravessam, crise que não é apenas sua, mas da sociedade globalizada. Enfim propõe aos poderes algumas pistas e alguns remédios para a superação da crise. A este respeito, é enfática: "É o coração mesmo da edição das ciências humanas e sociais que se encontra em perigo, especialmente a dos *livros razão*, aqueles cuja necessidade se enraíza numa reflexão inovadora e alimentam os debates de ideias, aqueles cuja pertinência é feita das obras de fundo, os únicos a poderem verdadeiramente lançar uma ponte entre a universidade e a cidade".

11. Observemos que o nascimento da *pré-história*, na primeira metade do século XIX, nos mostra como os fatos e as ideias se articulam para que apareça uma nova ciência. No início desse século, começam a ser investigados e analisados fósseis humanos e de animais desaparecidos. Contudo, os sábios da época ainda não dispunham de quadros mentais para interpretá-los. Para explorar essas descobertas, tornou-se indispensável uma revolução intelectual permitindo conferir sentido a fatos até então ignorados ou incompreendidos. Foi o que ocorreu entre 1830 e 1860, quando o dinamarquês Christian Thomsen, observador do museu nacional de Copenhague, começou a classificar todas as ferramentas e objetos do museu. Sobretudo, por ordem de antiguidade: os instrumentos de pedra e os de metal; entre esses últimos, os de bronze e os de ferro. Nasce a teoria das "três idades" da humanidade: a idade da pedra, a idade do bronze e a idade do ferro. Mas as pesquisas avançam. Era preciso encontrar esqueletos de homens pré-históricos para se ter uma prova científica. Em 1857, em Neander, perto de Dusserldorf, na Alemanha, um estranho esqueleto é descoberto, o crânio humano apresentando traços primitivos. É o homem de Neandertal, vindo provar a existência do homem pré-histórico. Após numerosos debates, uma lição epistemológica fundamental foi tirada dessa descoberta: não são os fatos que guiam a análise, mas a análise que orienta os fatos, pois as ideias precedem o olhar.

12. Observemos que, em torno dessas disciplinas "faróis", reagrupou-se toda uma constelação de ciências mais ou menos periféricas: a psicologia social, as ciências políticas, as ciências jurídicas, a educação, a psiquiatria, a arqueologia etc. Para se ter uma visão completa das ciências humanas em sua história, ver o livro coordenado por Jean-François Dortier, *Une histoire des sciences humaines* (2005), dividindo e analisando essa história em três grandes momentos: o primeiro, denominado *O tempo dos pioneiros*: 1800-1900; o segundo, *O tempo das*

fundações: 1900-1950; o terceiro, *O tempo dos pesquisadores*: a partir de 1950. Trata-se de uma obra dando conta do que foram esses homens pioneiros, aventureiros e descobridores das ciências humanas. Homens (e mulheres) que, repletos de premonições e visões, mas também de limites e contradições, nos legaram inúmeras histórias de vida, intuições brilhantes e erros de julgamento. Mas que, à sua maneira, participaram da construção de um saber novo. Depois dos *pioneiros* (Boucher de Barthes, Alexandre de Humbold, Jules Michelet, Lewis Morgan, Aléxis de Tocqueville, Augusto Comte etc.), vieram os *pais fundadores* (Émile Durkheim, Sigmund Freud, Max Weber, Franz Boas etc.), cristalizando as disciplinas humanas em torno de revistas, escolas de pensamento e instituições. Finalmente, chega o tempo dos *pesquisadores*, responsáveis pelo crescimento exponencial das ciências humanas, por sua especialização e sua profissionalização. Entre os dois modos de narrar a história dessas disciplinas, a primeira, fazendo desfilar as obras mais marcantes e significativas, os momentos-chave e os personagens mais destacados ou seus heróis (Marx, Freud, Durkheim, Weber, Chomsky, Foucault, Bourdieu...), Dortier e sua equipe de pesquisadores privilegiaram a chamada história *externalista* dessas ciências. Trata-se de uma história panorâmica e social. É chamada de "externalista" porque põe em relevo os movimentos de fundo, não tanto as grandes figuras: por detrás dos autores, buscam as redes; por detrás das ideias, analisam as instituições; por detrás dos indivíduos, se interessam pelas forças sociais. Às datas e aos momentos fundadores, privilegiam as correntes mais subterrâneas: "Esta história das ciências humanas visa também ajudar-nos a medir o caminho percorrido, colocar as balizas, fornecer pontos de referência numa história proliferante. Até mesmo a encontrar certas pistas ocultadas ou afastadas. E também nos reapropriarmos de uma parte do saber e das ideias enunciadas pelas gerações que nos precederam. Porque a história das ciências humanas não é um cemitério de ideias mortas. Algumas continuam a viver em nós. Os erros e os impasses foram numerosos, mas pistas promissoras também foram afastadas. Aprendemos muito, mas esquecemos demais. Nem tudo o que é passado é ultrapassado" (p. 7).

Ver ainda o livro do sociólogo Bruno Péquignot, *Pour une critique de la raison anthropologique* (L'Harmattan, 1990), no qual a crítica das ciências humanas é apresentada segundo dois eixos fundamentais de reflexão: epistemológica e ética. Após analisar a história do nascimento das categoriais indispensáveis à produção do conjunto de discursos denominados "ciências humanas", de modo especial da categoria "HOMEM", tal como aparece no projeto de uma Antropologia no século XIX, o autor propõe uma avaliação crítica de sua pretensão a uma cientificidade semelhante ou igual à das ciências da natureza. A questão ética que se põe é a seguinte: será que o caráter empirista, pragmatista e evolucionista das ciências humanas lhes confere como finalidade essencial a de serem coadjuvantes nas tomadas de decisão política, administrativa, gestionária, pedagógica e terapêutica? Deixando-se totalmente instrumentalizar, não estariam revelando sua verdadeira natureza, a de constituírem uma racionalização (sentido freudiano) de uma prática de opressão, exploração e normalização? Seria essa função compatível com a liberdade necessária à produção de um conhecimento científico? Ou não deveriam adotar o princípio bachelardiano segundo o qual "no reino do pensamento, a imprudência constitui um método"? Há mais de sessenta anos, Bachelard constatava: "Uma revolução psíquica acaba de ser realizada em nosso século: a razão humana se desancorou e o conhecimento abandonou as margens do real imediato. Não seria um anacronismo cultivarmos o gosto do posto seguro, da certeza do sistema?" (*L'engagement rationaliste*).

13. O caso da Sociologia é ilustrativo. Segundo Durkheim, seu objetivo deveria ser o de elucidar os fatores sociais e suas influências no comportamento dos indivíduos. Para atingi-lo, declara que ela precisa empregar o método comparativo que é "o equivalente, para a ciência social, do que é a experimentação nas ciências da natureza". Em *As regras do método sociológico* (1895), define a *démarche* da nova disciplina, que aplica justamente ao problema do suicídio (*Le suicide*, 1897). E eis que a Sociologia se vê portadora de um projeto, de um objeto e de um método. Resta a definir suas relações com as outras disciplinas e organizá-la no plano institucional. Surge o debate entre os sociólogos e os historiadores. Durkheim defende a tese segundo a qual a História se define como uma simples técnica de coletar fatos, a serviço da Sociologia, a única disciplina capaz de generalizar e compreender a lógica dos acontecimentos. Os historiadores Langlois e Seignobos afirmam a especificidade de sua disciplina e não aceitam que deva seguir a *démarche* das outras ciências sociais que pretendiam encerrá-la na camisa de força das "leis". Por isso, propõem uma partilha das tarefas: a História estudaria o passado, a Sociologia, o presente. Logo a História se desenvolve, e alguns historiadores (Henri Berr, François Simiand) propõem uma integração das ciências sociais na *démarche* histórica.

14. A "Escola de Chicago" surge com a criação do Departamento de sociologia na Universidade de Chicago em 1892 (seu primeiro organizador foi

Albion Small). Preocupado em observar e analisar a realidade social urbana, as comunidades, a marginalidade, a explosão demográfica etc. William Thomas, a figura de proa da "Escola", faz de Chicago um "laboratório social". Seu objetivo? Mostrar que a cidade constitui o teatro privilegiado no qual se exprime esta figura típica da modernidade: o indivíduo híbrido e desenraizado ou marginal. Uma de suas primeiras constatações? A cidade moderna é marcada pelo enfraquecimento das normas morais e sociais tradicionais e por uma lógica de desorganização social. A vida urbana se torna um estado de espírito, uma "ambiência" repleta de instabilidades buscando novas redefinições. Por sua vez, Robert Park, outra figura emblemática, constata que se instaura, no cerne das cidades em expansão, um equilíbrio entre os processos de desorganização social e os de uma reorganização. Denomina "ecologia urbana" os efeitos recíprocos entre o meio urbano e os indivíduos que o animam. Convém observar que, entre as duas Grandes Guerras, notadamente através de Robert Merton, criador da famosa *self-fulfilling profecy* (profecia autorrealizadora), a Escola conheceu sua época de ouro. E sua *démarche* exerceu uma forte e profunda influência na orientação da sociologia americana posterior.

Não podemos deixar de salientar a importância de Karl Marx, como sábio e profeta, no desenvolvimento das ciências sociais posteriores. Ao fundar o chamado "socialismo científico", inspirando-se na dialética de Hegel e no materialismo de Feuerbach, abre seu *Manifesto do partido comunista* com esta sentença célebre: "Um espectro ronda a Europa. O espectro do comunismo". E o conclui com a não menos famosa frase: "Operários de todo o mundo, uni-vos". Esse Manifesto, além de propor uma nova filosofia da história, fazendo uma crítica feroz ao capitalismo e às suas contradições, lança as bases de uma nova esperança de salvação para a humanidade. Ao partir de uma filosofia da história, de um esquema grandioso do devir histórico, Marx passa toda a sua vida tentando construir cientificamente uma teoria da história ou, se quisermos, uma "ciência da História", sem jamais obter êxito. Observemos, no entanto, que manifestou certo fascínio pelo capitalismo e, ao mesmo tempo, uma rejeição profunda. Seu fascínio foi por um sistema econômico "revolucionário": a indústria, as técnicas e o comércio estavam transformando as bases das relações de produção, solapando as do mundo antigo e criando riquezas que a humanidade jamais imaginou; sua profunda rejeição foi para com suas aparentemente insuperáveis contradições: as desigualdades gritantes, a miséria e as crises sucessivas. Todo o seu projeto foi o de enunciar as leis de um sistema econômico cujo nascimento e morte estavam programados para acontecer. No entanto, a doutrina marxista, fundada nos materialismos dialético e histórico, embora tenha fracassado em suas realizações históricas, demonstrou ter sido uma doutrina importante no pensamento revolucionário do século XX. Em muitos aspectos, permanece uma doutrina aberta.

15. Saussure pode ser considerado o "pai fundador" da linguística moderna. Como Durkheim havia feito para a sociologia, quis transformar a linguística numa autêntica ciência humana. Para tanto, tentou conferir-lhe os atributos essenciais: um *objeto* e um *método*, além de *conceitos* teóricos e analíticos. Seu objeto é a *língua (langue)* definida por oposição à *palavra (parole)*. A língua é "ao mesmo tempo um produto social da faculdade linguageira e um conjunto de convenções necessárias". Portanto, constitui uma instituição social, um código partilhado, um sistema de signos comuns ao conjunto dos membros de uma comunidade. Quanto à palavra, nada mais é que a utilização desse sistema pelos sujeitos falantes, a realização individual do código: "um ato individual de vontade e inteligência". Seu *Cours de linguistique génerale* pode ser considerado a obra fundadora dessa disciplina: ao considerar a língua como sistema ou estrutura, está na origem da chamada "linguística estrutural" que, por ser considerada por muitos a disciplina-piloto, tanta influência exerceu sobre as demais ciências humanas, notadamente a partir de 1945.

16. Praticamente todos os filósofos do século XVIII tiveram a ambição de fundar uma "antropologia filosófica". Interrogaram sobre a natureza humana e propuseram suas versões dos fundamentos da humanidade. Em seu *Tratado da natureza humana* (1738), Hume pretendeu "introduzir o método experimental no raciocínio e nos assuntos morais". Por sua vez, em seu *Do homem, de suas faculdades intelectuais e de sua educação* (1772), Helvetius defendeu uma concepção materialista do humano e afirmou o papel determinante das relações entre o indivíduo e seu meio, por conseguinte, da educação emanando da sociedade: "nada é impossível à educação; ela faz o urso dançar". Em 1798, Kant publica sua *Antropologia do ponto de vista pragmático*. E Rousseau, em seu *Discurso sobre a origem e os fundamentos da desigualdade entre os homens* (1755), imagina o que poderia ser o estado de natureza: "Enquanto os homens se contentaram de suas cabines rústicas [...] enquanto se aplicaram apenas em obras que um homem sozinho podia realizar, viveram livres, sadios, bons e felizes tanto quanto podiam sê-lo por natureza". O tema do "bom selvagem" eclipsa a cena intelectual até o final do século XVIII. Impõe-se a

ideia: os selvagens rudes e grosseiros precisariam ser *civilizados*. E foi assim que os filósofos e naturalistas forjaram uma visão da humanidade contendo estes pontos em comum: l) só há um gênero humano, diferente do resto do gênero animal; os "selvagens" são considerados seres humanos, caracterizados pela linguagem, pelo pensamento, pela técnica e pela vida em sociedade; 2) no interior do gênero humano, há variedades ou "raças" diferentes (Lineu, Buffon); mas há graus de civilização entre os "selvagens" e os "civilizados"; 3) donde a necessidade, para se elaborar uma nova ciência do homem, quer dizer, uma antropologia tendo por missão pensá-lo em sua globalidade e em sua diversidade, de se criar *métodos* capazes de fazer a comparação sistemática entre as culturas e a observação no terreno. Surgem as primeiras teorias gerais do homem e da formação da cultura.

17. No século XVIII, Condorcet vê no cálculo das probabilidades a vitória do cartesianismo sobre o ceticismo, um excelente meio de obter a certeza contra os motivos de duvidar. Vê nele o melhor meio de tornar a aventura humana homogênea e contínua, pois é verdade que "a experiência do passado é um princípio de probabilidade para o futuro". A indução lógica e as inferências estatísticas, fundadas na teoria matemática das probabilidades, atestam a coerência dos fatos humanos. Por conseguinte, não é de se estranhar que o cálculo das probabilidades seja imposto como a parte essencial desta "matemática social", devendo garantir a justiça e a felicidade do gênero humano. Com ele, seriam também regulados os conflitos civis e criminais e garantida a probidade das eleições e deliberações públicas. Desse cálculo, deveria ser deduzida toda uma sabedoria prática devendo funcionar a partir do momento em que o saber científico revela seus limites. Numa palavra, a aplicação do cálculo das probabilidades nos negócios humanos constituiria um fator importante da emancipação do gênero humano.

18. Foi inegável a influência do positivismo no nascimento das ciências sociais. Com efeito, surge proclamando que o verdadeiro saber deve se desembaraçar das vãs especulações metafísicas e das crenças religiosas para se apoiar apenas nos fatos. São ainda classificados de positivistas, além de Comte, Renan, Taine, Claude-Bernard, Littré, Stuart-Mill, Spencer e os membros da Escola de Viena (já no século XX). Claro que nem todos professam a mesma doutrina. No entanto, encontram-se unidos por definirem alguns princípios comuns: 1) a rejeição do discurso filosófico, qualificado de metafísico (depois de ideológico), que não passa de uma vã especulação sobre conceitos; 2) a necessidade de se

ater exclusivamente aos fatos e em sua relação à experimentação e à validação empírica das hipóteses; 3) a preocupação com a precisão, a medida e a demonstração rigorosa. Observemos que, no início do século XX, Viena se torna uma capital intelectual no domínio do pensamento, das artes e das ciências. É lá que nasce a corrente filosófica denominada "positivismo lógico". Fundado por M. Schlick, do qual participam Carnap, Neurath e o matemático Gödel, esse positivismo ou empirismo lógico exerceu uma forte influência em quase toda a segunda metade do século XX. Todos tomam por base de discussão, inclusive o filósofo austríaco das ciências Popper (seu crítico feroz), o texto do jovem vienense Wittgenstein (†1951), o *Tractatus*. Viena é também o berço da Psicanálise de Freud (†1939) e Adler (†1937) e da economia clássica de Carl Menger (†1921) e Joseph Schumpeter (†1950).

19. Importa lembrar que, desde seus primeiros fundadores, as diversas ciências humanas (antropologia, sociologia etc.) assumiram a condição conjunta de não só conhecer a cultura, mas transformá-la em bases morais. Desde que se defrontavam com um objeto constituído por fatos sociais e culturais, os pioneiros inevitavelmente se referiam a sistemas de valores. E não raro esses valores eram portadores de um caráter heterogêneo e se repartindo entre duas categorias fundamentais: de um lado, os epistemológicos servindo para distinguir o conhecimento aceitável e crível do inaceitável e duvidoso; do outro, os propriamente morais estabelecendo a partilha entre o bem e o mal, ou seja, na ocorrência, entre as formas aprovadas e as desaprovadas das coisas humano-sociais. Um exemplo histórico ilustra esse fato. Para Durkheim, o estudo dos povos primitivos tinha por objetivo a renovação de nossas próprias sociedades. O conhecimento das religiões australianas nos ajudaria a instaurar as condições de uma nova "efervescência criadora" fazendo surgir os ideais necessários para retirar os europeus de sua fase de anomia e "mediocridade moral". Este e outros exemplos nos mostram que os pioneiros das ciências sociais utilizaram o conhecimento de suas disciplinas com o objetivo explícito de garantir o progresso moral do Ocidente. A esse respeito, ver o trabalho de V. Stoczkowsky (Antropologia ontem e hoje: a ciência social entre o saber e a moral. In: *Les sciences sociales en mutation*, op. cit., 293 ss.).

20. Se os gregos foram os primeiros a revelar luminosamente a essência racional e social do homem ("De todas as maravilhas, não há outra maior que o homem" — Sófocles), foram os Modernos que, no início da idade clássica, nos tornaram acessível sua essência racional e *interior*: o fato de ser um Ego.

Max Weber tornou famosa a expressão "a ciência moderna desencantou o mundo". Queria dizer: a imagem securizante de um Cosmos hierarquicamente disposto, finito e fechado foi substituída pela de um Universo infinito composto de objetos do qual podemos conhecer, pelo cálculo, as propriedades. O mundo deixa de se apresentar ao homem como um texto a ser decifrado. Passa a ser visto como um espaço a ser medido: "o silêncio desses espaços infinitos me apavora" (Pascal). Todavia, essa consideração das coisas naturais como coisas puramente materiais nada mais significa que a face *objetiva* da revolução científica, cuja face *subjetiva* passa a ser constituída pela determinação do homem como *coisa pensante* (Descartes). Como os humanistas do Renascimento, os pensadores modernos estão preocupados com a *dignidade do homem*. Mas como a nova ciência declara que um corpo é apenas grandeza, figura e movimento, nada havendo nele suscetível de pertencer à ordem do pensamento, os filósofos se apressam em afirmar que é o *pensamento* que constitui a essência do homem: "Toda nossa dignidade consiste no pensamento. Portanto, trabalhemos para pensar bem" (Pascal). O *cogito* (o *pensamento*) passa a constituir o verdadeiro ponto de Arquimedes do homem, não tendo mais necessidade, na ordem do conhecimento, de nenhum outro ponto de referência exterior. Assim, além de desencantar o mundo, a ciência proclama a autonomia do homem: capacidade de dar-se a si mesmo, com plena consciência, suas próprias leis.

21. Do ponto de vista filosófico, quando falamos de "Homem", não estamos nos referindo a um ser biológico. Claro que existe um substrato biológico indispensável à realização de nossos atos e pensamentos. Mas o que a biologia nos ensina sobre o homem não nos permite ter dele um conhecimento positivo como *ser de cultura*. Esse postulado constitui a condição *sine qua non* da existência de um discurso científico autônomo no domínio das ciências humanas, para que não se reduzam a capítulos acessórios da ciência biológica. Segundo Sartre, "o homem nada mais é que seu projeto; ele só existe na medida em que se realiza; portanto, nada mais é que o conjunto de seus atos, nada mais que sua vida" (*O existencialismo é um humanismo*). E Merleau-Ponty arremata: "O homem é uma IDEIA HISTÓRIA, não uma espécie natural" (*Fenomenologia da percepção*). Por isso, consideramos o "Homem" como um ser constituído historicamente num discurso filosófico, possuindo três características fundamentais: por *natureza*, é um ser dotado de *liberdade, individualidade* e *racionalidade*. Trata-se de características não adquiridas uma vez por todas, mas a serem permanentemente conquistadas.

21a. Duas são as grandes dificuldades para, nas ciências humanas, separarmos o Sujeito do Objeto. Porque ambos possuem a mesma natureza: o homem estuda o homem. Assim,
- a primeira dificuldade: o ato da observação modifica o comportamento do objeto observado. O homem não é uma coisa, mas um ser *consciente*. Quando *percebe* que é observado, seu comportamento tem todas as chances de modificar-se. Numa palavra, quando os procedimentos de observação ou de experimentação se exercem sobre um objeto de estudo que também é um *sujeito dotado de consciência*, claro que irão afetar suas reações, até mesmo sua identidade;
- a segunda: o homem não consegue elaborar sobre si um discurso objetivo: a) como o objeto de estudo é um semelhante, surge a dificuldade, para o sujeito do conhecimento, de adotar uma atitude suficientemente distanciada e "neutra"; b) como as ciências humanas se esforçam para dizer *o que é o homem*, pronunciar-se sobre os fatos humanos e sociais é, para o cientista, em boa parte, pronunciar-se *sobre si mesmo*; c) como todo saber é, em geral, um instrumento de poder, essa verdade, no caso das ciências humanas, é suscetível de graves consequências. Com efeito, pode ocorrer, em certos contextos políticos e sociais, que o conteúdo dessas ciências seja determinado, menos em função dos dados objetivos disponíveis do que de difundir certa concepção das coisas, até mesmo de doutrinação. Donde precisarmos reconhecer: é difícil ignorarmos completamente, nos objetos das ciências humanas, seu aspecto significante e intencional; é difícil não os transformarmos ao estudá-los; é difícil fazermos abstração de sua singularidade e operarmos uma decupagem em entidades similares que se revele pertinente e fecunda; é difícil isolarmos elementos ou variáveis a fim de testarmos separadamente seu modo de ação etc.

22. Chamemos a atenção para o seguinte fato: a sociologia, ao afirmar-se (final do século XIX), num clima intelectual e social bastante especial, muito preocupada com a "questão social", há todo um sentimento de desagregação do corpo social atormentando os espíritos da época. Esse ambiente de crise foi favorável para que alguns jovens intelectuais se unissem a Durkheim (depois, a Weber). Ao conservadorismo e ao clericalismo ainda reinantes se opõem o socialismo, o racionalismo e a moral republicana dos intelectuais atentos para as questões sociais. Nesse sentido, a sociologia aparece como

uma "moda" intelectual a serviço dos problemas da sociedade. Durkheim pretende fazer dela uma ciência prática e útil ao progresso social, pois deveria se afirmar como a ciência das instituições, de sua gênese e de seu funcionamento: "Pelo fato de pretendermos estudar a realidade, não se segue que renunciemos a melhorá-la. Julgamos que nossas pesquisas não merecem uma hora de esforço se devessem ter apenas um interesse intelectual. Se separamos cuidadosamente os problemas teóricos dos problemas práticos, não é para negligenciar estes últimos; pelo contrário, é para criarmos as condições de melhor resolvê-los" (*De la division du travail social*, Prefácio). Portanto, estamos diante de um projeto inseparável de uma concepção da sociedade e da constituição do bem social, pretendendo detectar as relações gerais entre fatos históricos. A esse respeito, a obra de Durkheim se apresenta como uma ilustração ideal-típica das concepções políticas da ciência num contexto em que a moral e a religião constituem desafios e armas nas lutas sociais: a ciência é vista ao mesmo tempo como um instrumento de conhecimento dos fundamentos da moral e como a arma simbólica por excelência das novas elites republicanas, como seu modo próprio de pensamento: "O honesto homem de outrora não passa de um diletante, e recusamos ao diletantismo todo valor moral. Preferimos ver a perfeição no homem competente que busca não ser completo, mas produzir, possuindo uma tarefa definida" (*La division du travail social*). Por defender essa posição, Durkheim provocou um verdadeiro levante intelectual: ao tachar de diletantismo a cultura geral, identificada com o ensino das humanidades, foi acusado de materialismo, utilitarismo, tirania do social, despotismo, dogmatismo e pedantismo pelos letrados de então.

23. Em 1860, ao rebelar-se contra os que acreditavam praticar uma filosofia das ciências distanciada da metafísica, Léon Walras, o pai fundador da "Escola de Lausanne" e o inventor da teoria do equilíbrio geral dos mercados (o mercado dos bens e produtos, o mercado dos serviços — capital e trabalho, o mercado da moeda), revoluciona a disciplina econômica. Na época, os economistas tinham a impressão de que sua disciplina teria atingido a maturidade. Tornaram-se conselheiros do príncipe e pregavam abertamente o *laissez-faire*. Com isso, afastavam-se da ciência, convencidos de que as grandes descobertas, em sua disciplina, eram coisas do passado. Convencido de que a economia precisava urgentemente receber sangue novo, visto que os raros postos e cargos eram preenchidos ou ocupados por cooptação e nepotismo epistemológico, Walras propôs que a economia política fosse doravante pensada como "um

ramo novo das matemáticas". Em outras palavras, tudo o que diz respeito às trocas e à fixação dos preços, nas condições ideais (as da concorrência pura e perfeita), deveria ser suscetível de ser formulado em termos de equações ou representações gráficas. O *Homo oeconomicus* (indivíduo racional) não é um ser de carne e osso, mas uma espécie de robô tendo a possibilidade de considerar todas as escolhas possíveis, calcular seus custos e benefícios e, situando-se no mais alto grau de abstração, praticar uma "economia política pura". A suposição? Que "todos os indivíduos eram perfeitamente racionais".

24. Por que isso ocorre? Porque estamos vivendo numa época que muitos denominam *pós-moderna* ou *hipermoderna*, época em que teríamos mudado completamente nosso modo de pensar e nossos modos e estilos de vida. Vários sociólogos anglo-saxões (D. Harvey, C. Campbell, Zygmund Baumann, Barry Smart) nos dizem que as novas formas de consumo desempenham um lugar central em nossa cultura atual. Trata-se de uma cultura que se manifesta em "estilos de vida" diversos, ecléticos e frequentemente efêmeros. Mas, sobretudo, na cultura de massa uniforme produzida por uma modernidade padronizada. Há mesmo os que descrevem a mudança social nas sociedades mais avançadas (Stephan Crook e Malcamom Waters) como o resultado de uma "desconstrução" do capital e do trabalho, de uma "decomposição" das classes sociais, de uma "de-centralização" da autoridade dos Estados, da "desdiferenciação" da cultura sábia e da cultura popular. Ademais, o antigo fordismo foi substituído por novos modos de organização social, tendo desaparecido bastante a rígida repartição das classes sociais. Surgem novos vínculos sociais. Há uma "fragmentação" crescente do social, tendendo os indivíduos a não mais pertencerem a um grupo monolítico. Cada vez mais se aglutinam pela partilha dos gostos e das emoções pelos elos contratuais, as redes virtuais formando novas "tribos" fluidas e movediças.

25. Creio ser bastante edificante a história dos fundadores da psicologia "científica". De forma alguma vem corroborar a lenda de uma ciência experimental que teria se desligado por completo da mãe filosofia para proclamar sua independência e se dedicar inteiramente ao estudo de algumas faculdades elementares da mente. G. Fechner, por exemplo, não abandonou a filosofia para se consagrar à psicofísica. Pelo contrário, até o fim de sua vida, permanece um espírito metafísico e místico. Fez uma espécie de transição entre dois universos mentais: a antiga abordagem, impregnada de idealismo e pressupostos metafísicos, e a nova abordagem científica e experimental. Suas famo-

sa descoberta das leis da percepção permanece profundamente imbricada em sua concepção "animista" das relações entre alma e espírito. Por sua vez, W. Wundt (1832-1920), geralmente considerado o fundador da psicologia experimental e criador do primeiro laboratório de experimentação em psicologia, jamais foi um pesquisador totalmente objetivista e quantitativista, pensando que todo o espírito poderia ser descrito com alguns aparelhos de medida. Pelo contrário, passou os vinte e cinco últimos anos de sua vida tentando compreender os mitos, as crenças coletivas e as culturas nacionais. Convencido de que a psicologia experimental não se encontrava adaptada ao estudo das funções mentais elementares (sensação, percepção, memória, atenção), consagrou (de 1900 a 1920) todo o seu esforço em escrever sua monumental obra *Psicologia dos povos* (*Die Völkerpsychologie*, 10 volumes). Quanto a William James (1842-1910), considerado o fundador da psicologia na América e o criador da primeira teoria das emoções ("ria e você será feliz"), abandonou seus trabalhos de laboratório para estudar as crenças religiosas e fundar uma nova filosofia. Para ele, o estado físico associado à emoção nada mais é que a consequência de um estado mental: tremo porque tenho medo, sorrio porque estou feliz. Por conseguinte, nenhum desses pais fundadores da psicologia científica pretendeu reduzir essa disciplina à sua vertente apenas experimental. Tampouco se limitou a pensar a partir dos fenômenos elementares (sensação, percepção) como se, a partir deles, pudesse compreender os fenômenos mais complexos, como a consciência, a imaginação, a personalidade, as relações humanas, as crenças, as obras coletivas etc., fenômenos esses também fazendo parte do psiquismo humano.

26. A propósito de Tocqueville (1805-1859), para quem o acesso à democracia é uma reivindicação das sociedades modernas (pois é um movimento universal), lembremos que foi ao mesmo tempo um viajante, um aristocrata, um magistrado, um democrata, um filósofo, um sociólogo, um economista e um homem político. Durante toda a sua vida, interrogou-se sobre as condições e as consequências da passagem da sociedade do Antigo Regime à chamada "sociedade democrática" tendo seu modelo na norte-americana. Para ele, a democracia, ao promover a "igualdade das condições", é mais que um regime político: é um "estado social" se caracterizando, sobretudo, pela tensão que nele reina entre a igualdade e a liberdade. Resume todo o seu pensamento e a si mesmo com estas palavras de seu *De la démocratie en Amérique*: "Tenho pelas instituições democráticas um gosto de cabeça, mas sou um aristocrata

por instinto: desprezo e temo a multidão. Amo com paixão a liberdade, a legalidade, o respeito dos direitos, mas não a democracia. Eis o fundo da alma. Odeio a demagogia, a ação desordenada das massas, sua intervenção violenta e mal esclarecida nos negócios. Eis o fundo da alma. Não sou do partido revolucionário nem do conservador. No entanto, inclino mais para o segundo que para o primeiro. Porque difiro do segundo mais pelos meios que pelo fim, ao passo que difiro do primeiro ao mesmo tempo pelos meios e pelo fim. A liberdade é primeira de minhas paixões. Eis o que é verdadeiro". Contrariamente à filosofia liberal de um Tocqueville, postulando a fuga para a frente dos acontecimentos históricos em direção à conquista de mais liberdade, reconhecimento do outro e democracia, a filosofia marxista pressupunha não só o primado do econômico sobre as outras instâncias da sociedade, mas o acontecimento ineluctável do comunismo. O fundamento primeiro da sociedade reside na produção. É pelo trabalho que o homem se produz a si mesmo e a sociedade. Os meios de produção (ou "forças produtivas") e as relações que se instauram em torno do trabalho (as "relações de produção") formam o modo de produção específico de cada tipo de sociedade...

27. A partir de 1900, Weber começa a se interessar pelos problemas epistemológicos intervindo no debate sobre o método das ciências sociais. Seu outro grande tema de interesse diz respeito à reflexão sobre a dinâmica do capitalismo. A sociedade alemã passa por uma rápida mutação devida ao processo de industrialização. Pertencendo a uma família de empresários protestantes, se interroga sobre os vínculos entre a dinâmica econômica e seus fundamentos religiosos. E chega à conclusão: é evidente a existência de um elo estreito entre o protestantismo (moral acética, ética do trabalho e do rigor, atitude em face da vida) e a atividade dos empresários voltados para a acumulação, a racionalidade das tarefas, a preocupação com a poupança e a gestão rigorosa. Eis a ideia central de sua *Ética protestante e o espírito do capitalismo* (1905), com grande repercussão na comunidade sociológica nascente: a racionalização da vida social constitui a caracterização fundamental do mundo moderno. E o que é a racionalização? A introdução do critério da eficácia nas ações humanas: ciência, economia, tecnologia, pensamento etc.

28. Lembremos que as neurociências constituem um verdadeiro subcontinente das ciências cognitivas. Suas pesquisas estão sendo realizadas de duas maneiras principais: a) a partir da neuroanatomia, da neuropsicologia e da neuroendocrinologia; b) a partir do próprio cérebro e de seus níveis de orga-

nização. Claro que seu objetivo último não é o de construir o pensamento a partir de sua base neurológica. Enquanto alguns acreditam que o trabalho de decodificação dos mecanismos do cérebro deve conduzir, com o tempo, à compreensão dos segredos mais íntimos do pensamento (ver P. Churchland, *Neurophilosophy*, 1986), outros (M. Imbert) defendem a seguinte tese: o objetivo das neurociências é o de apenas indicar as coerções materiais pelas quais passam as teorias do pensamento: "As neurociências fixam as coerções naturais que devem respeitar as teorias dos atos cognitivos para satisfazer à preocupação de verossimilhança biológica. As segundas elaboram teorias que permitem integrar o que hoje sabemos do funcionamento do sistema nervoso num conjunto coerente capaz de realizar os atos cognitivos" ("Neurosciences et sciences cognitives", *Débat*, n. 47, 1987). O fato é que o desabrochar das neurociências conseguiu reativar os debates em torno do "*mind-body problem*": pode um materialista admitir certa autonomia às ideias? Têm existência própria as crenças, as teorias, as ideologias e os ideais? Ou já não estariam "inscritos" na matéria? Enfim, como a matéria viva consegue produzir pensamento? A maioria dos filósofos e cientistas materialistas afirma sem hesitar, recusando-se a admitir o dualismo, a existência de dois mundos separados (matéria e espírito): o pensamento se encontra inscrito no cérebro e as ideias se expressam através de interconexões neuronais.

29. Entre os autores, há um consenso para dizer que a década de 1960 constitui o período do apogeu das ciências humanas. Um exemplo ilustrativo, no domínio mais propriamente das disciplinas sociais, nos é dado pelo trabalho monumental de Talcot Parsons (1902-1979) com o objetivo de integrar, numa única e mesma abordagem, o pensamento dos maiores autores clássicos, a começar por Weber e Durkheim. Integração esta que começa a se desfazer no final da década. Com efeito, sua *démarche* funcionalista consiste em encontrar a função garantindo um fenômeno no seio de determinado sistema. Por exemplo, a existência da família repousa sobre as funções econômicas e educativas que ela assegura. Em outras palavras, seu "estruturofuncionalismo" propõe uma visão de conjunto da sociedade, descrita como um sistema composto de quatro subsistemas (econômico, cultural, político e social) respondendo, cada um, a uma função social precisa. Observemos que muitos dos esforços de integração intelectual foram realizados com um propósito de afirmar o primado de uma disciplina sobre as outras. Os historiadores dos *Annales*, por exemplo, não só pretenderam fazer da História uma ciência

social, mas mostrar que deveria desempenhar um papel central. Os grandes debates epistemológicos tiveram uma forte influência em M. Bloch (†1956) e L. Febvre (†1944): recusam a história política tradicional e desenvolvem uma "nova história", uma história das sociedades e das mentalidades apoiando-se nas ciências humanas e privilegiando os acontecimentos, a longa duração da vida das pessoas ordinárias etc.

30. Sobre essa questão da *crise* das ciências humanas, ver a recente obra coletiva, dirigida pelo sociólogo Michel Wieviorka, *Les sciences sociales en mutation* (Éditions Sciences Humaines, 2007), na qual renomados autores de vários países analisam exaustivamente as profundas *mutações* (preferem esta denominação à de *crise*) por que passam as ciências humanas a partir dos anos 1960: "Esta evolução quantitativa é de uma importância considerável, antes de tudo, por causa do elo estreito entre essas disciplinas e a democracia: as ditaduras, os regimes totalitários, mas também o reino do dinheiro-rei, combatem ou desprezam o que elas representam". Para abordar os conteúdos e as mudanças operadas no cerne mesmo dessas disciplinas, a partir da segunda metade do século passado, o coordenador do livro substitui o termo "crise" pelo de "mutação", conceito polissêmico e dinâmico permitindo a abertura da discussão sobre os desafios contemporâneos das ciências humanas. Porque está convencido de que, no decorrer dessa mutação, os instrumentos teóricos e as orientações dos últimos quarenta anos se decompuseram e enrijeceram, ao passo que novos instrumentos e orientações começaram a surgir e a se impor. Alguns elementos de continuidade permaneceram. E as mutações não se produziram do mesmo modo em todas as disciplinas.

Nessa obra, uns cinquenta pesquisadores e pensadores fazem todo um esforço para articular trabalhos teóricos e empíricos. Ademais, trata-se de uma obra ilustrando bem que precisamos tomar consciência das novas categorias de análise e dos métodos dessas disciplinas, bem como considerar temas concretos tão importantes quanto a religião, o trabalho e as normas. Portanto, além das questões gerais ou abstratas, de mudanças de paradigmas, de unidade das ciências sociais, de interrogações que suscita a noção de sujeito, a obra trata também de problemas concretos, como o desabrochamento do Islã, das Igrejas protestantes e das seitas, permitindo-nos repensar a modernidade não mais como o triunfo das Luzes sobre as tradições (inclusive religiosas) e as trevas, mas como "a articulação sob tensão do direito e da razão, e das convicções ou das identidades". A prefaciadora arremata: "O ângulo seguido nesta obra é o da renovação. Longe de tratar das ideias de crise ou de declínio, este livro se propõe mostrar que uma mutação se esboça nas ciências humanas e sociais, quer se trate de seus objetos, de seus paradigmas ou de seus modos de abordagem. A renovação da reflexão passa pela capacidade das ciências sociais de pensar suas fronteiras e, para além do diálogo com as ciências exatas, de se reorientarem e se transformarem debatendo com a filosofia ou com as ciências cognitivas, em suma, com pesquisadores cujos pertencimentos disciplinares se situam às suas margens, quando não se entrelaçam com elas. Este livro que nos propõem os cinquenta pesquisadores aqui reunidos está à altura de nossas expectativas. As ciências sociais têm decididamente um belo futuro pela frente".

31. Sabemos que o modelo do *Homo aeconomicus*, núcleo duro da teoria econômica clássica e da neoclássica, supõe que os indivíduos só raciocinam e agem em termos de custos e benefícios (cálculos racionais), esperando sempre levar vantagem. No entanto, esse *homo* (movido e determinado apenas por seus interesses econômicos) não passa de uma ficção, não correspondendo à conduta do consumidor ou do produtor reais, cujas decisões são feitas, tanto de paixões e rotinas quanto de estratégias racionais. Quando surgiu esse modelo? Na década de 1940, quando o economista Milton Friedmann, ao criticar o monetarismo de Keynes, formulou a teoria segundo a qual o Estado deve ser afastado da vida econômica para que seja restaurado o livre funcionamento do mercado. A partir de então, os partidários de seu *laissez-faire* passam a dominar o debate científico. Mas é somente na metade dos anos 1970 (choques do petróleo de 1973 e 79, escalada da inflação e do desemprego etc.) que começam a ser postas em prática as políticas por eles recomendadas e ganha força a teoria da *racional choice* (escolha racional) promovendo o individualismo metodológico. Este individualismo se põe a problematizar o indivíduo através de seus comportamentos e a não mais reconhecer o corte entre o econômico e o social.

32. Observemos que, no pensamento alemão dessa época, a noção de "Forma" (*Gestalt*) desempenhou um papel tão importante quanto as noções de "Estrutura" (França) e "Sistema" (Estados Unidos). Para os defensores da *Gestalt*, a percepção da realidade frequentemente passa pelo reconhecimento de formas globais, não pela agregação de detalhes ou de elementos separados. Na percepção, o todo prima sobre as partes. A ideia de "forma" ou configuração se opõe globalmente ao *elementarismo* dominante no pensamento de cunho empirista, behaviorista e analítico, reduzindo a organização social a

um agregado de indivíduos. À teoria elementarista, caracterizada por ser um pensamento *"bottom-up"* (do baixo para cima), opõe-se a percepção gestáltica, precedendo à percepção dos detalhes. Na realidade física, os campos de forças e estruturas globais geram propriedades novas: na realidade social, o grupo; na cultura, a nação: a nação e a organização primam sobre os indivíduos. Nesse sentido, a "Forma" é um *holismo*.

33. Numa longa entrevista concedida a B. Richard (*La société de déception*, 2006), Gilles Lipovetsky explica que o consumismo não constitui a única causa de nossa atual decepção. Constata que, se quisermos compreender nossa atual onda crescente de decepção, precisamos entender que, na escala da história secular de nossa modernidade, nosso momento contemporâneo também se caracteriza pela *desutopiação* ou *demitização* do futuro. Sabemos que nossa modernidade triunfante frequentemente se confundiu com um formidável otimismo *histórico*, com uma fé inquebrantável na marcha irreversível e contínua em direção a uma "idade de ouro" prometida pela dinâmica da ciência e da técnica, da razão ou da evolução. Ora, "nesta visão progressista, o futuro é sempre pensado como superior ao presente, as grandes filosofias da história desenvolvendo a ideia de que a história trabalha necessariamente para garantir a liberdade e a felicidade do gênero humano. Mas as tragédias do século XX e, hoje, os novos riscos tecnológicos e econômicos deram duros golpes nesta crença e num futuro perpetuamente melhor. Foram estas dúvidas que suscitaram a ideia de pós-modernidade concebida como perda de credibilidade dos sistemas progressistas e desencantamento ideológico. Como as esperanças democráticas de justiça e bem-estar permanecem, nossa época se faz acompanhar de confusão e desgosto, de decepção e angústia. E se o futuro se revelasse pior que o passado?" (p. 23 ss.).

34. O que caracteriza efetivamente o "individualismo metodológico"? O fato de considerar as ações humanas ou sociais a partir dos indivíduos, dos pequenos grupos ou das múltiplas ações e decisões tecendo o vínculo social. Toda a ênfase é dada à margem da escolha de que dispõem os indivíduos e das estratégias permitindo-lhes atingir seus fins. Desse ponto de vista, a sociedade é concebida como uma combinação de inúmeras ações individuais. Uma de suas versões mais conhecidas é a teoria da *rational choice* (escolha racional), bastante difundida pelo Prêmio Nobel de economia (1992), o americano Gary Becker. Para ele, a coisa é clara: enquanto o modelo do *homo aeconomicus*, núcleo da antiga teoria econômica, supõe que os indivíduos racio-

cinem em termos de cálculos "custo-benefício", defende a *teoria do capital humano* pretendendo incluir, no campo de sua *démarche*, o conjunto dos comportamentos humanos (educação, família, religião etc.). Assim, um casal passa a ser visto como uma verdadeira micro*empresa*, na qual as relações de afeto, presentes ou trocas são percebidas e tratadas como formas de remuneração e investimento. O casal só "prospera" quando suas satisfações forem superiores aos custos. Importa observar ainda que outros economistas (Tullock e Buchanan) tentaram aplicar o princípio da escolha racional ao funcionamento do Estado. É a *Public Choice*, consistindo no chamado *mercado político*: os cidadãos votam em função das vantagens e dos custos econômicos que podem esperar dos partidos.

35. A partir dos anos 1980, surge uma série de obras tratando do individualismo: *Essais sur l'individualisme* de L. Dumont (1983), *L'Ère du vide, essais sur l'individualisme contemporain* de G. Lipovetsky (1983), *Le Souci de Soi* de M. Foucault (1984), *Itinéraires de l'individu* de L. Ferry e A Renaut (1987), *Les Sources du Moi* de Charles Taylor (1989) e a obra coletiva *L'individu contemporain* (Ed. Sciences Humaines, 2006) propondo o advento atual do indivíduo como um novo modo de se construir a sociedade. Embora diferentes, essas obras têm um ponto comum bastante significativo e convergente: o individualismo não é mais tratado como uma simples volta sobre si, um fechamento em si mesmo, pois leva a um engajamento militante na Polis. Por exemplo, as obras de Foucault e Dumont se situam numa ótica histórica. Buscam reconstituir uma espécie de genealogia do individualismo moderno através do "governo de si" (Foucault) ou da emergência de um individualismo cortado das sociedades hierárquicas holistas (Dumont). Quanto a Taylor, enfatiza os limites do indivíduo que, para chegar ao "reconhecimento de si", precisou romper com suas raízes, seus atavismos comunitários e vínculos com o outro. Já Lipovetsky descreve o indivíduo como um hedonista, um narcísico que, baseando-se num vazio ideológico e moral, fecha-se na esfera privada e se compraz num hedonismo "frívolo", fazendo-se acompanhar de uma "permissividade doce", de uma liberdade e de uma pacificação dos costumes. Essa figura do indivíduo narcísico também é evocada pelos autores americanos Christopher Lash, R. Sennet e Jim Hougan que, ao traçarem um retrato inquietante das evoluções sociais em curso nos Estados Unidos, reconhecem: o indivíduo contemporâneo, marcado pela prosperidade, pelo fim das ilusões revolucionárias e pelo liberalismo moral, foi conduzido a viver um grau de narcisismo profundo: toma-

do entre a ausência de ideal e o fascínio do prazer, passa a se preocupar sobretudo com sua felicidade privada. No dizer de N. Journet, o diagnóstico de Lipovetsky é negativo, pois anuncia um naufrágio e novas ilusões: "O naufrágio é o do indivíduo tornado *narcísico*, flutuando, emocionalmente vazio e, por conseguinte, espreitado pela depressão e pelos distúrbios da motivação. As novas ilusões são as da liberdade: por detrás do prazer de consumir e da facilidade comunicacional se oculta a mão de ferro da gestão tecnocrática dos comportamentos voltada para um ideal de *regulação total e microscópica do social*" (In: *L'individu contemporain*, 2006, p. 144).

36. Lembremos apenas o que se passou com a História. Nos anos 1970, "explode" um fenômeno novo que passou a ser chamado de "Nova História". Até então, a História (notadamente na França) era dominada pela corrente dos *Annales* (1929). Mas eis que, de repente, tudo muda. Surge a necessidade de se fazer uma "nova história". Inicialmente, de um desejo de investir o sociocultural pelo estudo da civilização material (alimentação, vestuário, técnicas etc.), mas também de representações coletivas. O que se pretendia fazer se assemelhava muito a um programa de Antropologia histórica. Mas logo essa história das produções materiais é ultrapassada pelo conceito que passou a fazer enorme sucesso: o de "história das mentalidades", permitindo se ter acesso às crenças coletivas dos indivíduos. Manifesta-se em múltiplas direções: não só história das mentalidades, mas da técnica, da economia, da política, das mulheres, da educação, da demografia etc. A Nova História deve se interessar menos pela história acontecimental (das batalhas, dos reis e de suas cortes) e mais pela história das massas anônimas, de seus modos de ser, trabalhar, viver e amar. Analisa mais a longa duração que a crise e o acontecimento. É a história dos movimentos lentos: evoluções das técnicas, das estruturas econômicas e sociais, das formas políticas, dos costumes e das mentalidades, da alimentação e do vestuário, dos gestos e das práticas simbólicas.Trata-se de uma história se articulando com a etnologia, a sociologia, a economia, a psicologia etc., utilizando uma *démarche* interdisciplinar. Os novos historiadores (J. Le Goff, Nora, Duby) se lançam no domínio da edição e da comunicação. Pierre Nora exulta (1971): "Vivemos o desmantelamento da história". Em 1974 aparece a monumental obra *Faire l'histoire* (três partes, dir. de P. Nora e Le Goff) tentando demonstrar o surgimento de um novo modo de se fazer História privilegiando não só uma pluralidade das curiosidades historiadoras, mas uma hibridação da História pelas demais ciências humanas (notadamente sociologia, psicologia e etnologia).

37. Como já disse, as ciências humanas mudaram bastante nas últimas décadas. Depois de seu apogeu nos anos 1960, entraram num período de crise ou declínio, suas atividades sendo exercidas mais por pesquisadores "profissionais" que por "pensadores" críticos. A Sociologia, por exemplo, passou por profundas transformações. Tendo o marxismo perdido o essencial de seu dinamismo, diria que ficou privada de boa parte de seu instrumental teórico de análise. Por sua vez, o estruturalismo se enfraqueceu enormemente, a ponto de praticamente ter desaparecido do campo das ciências humanas. E o que aconteceu com o "pensamento crítico"? Tornou-se "hipercrítico": pensamento da suspeita e da denúncia. E quanto aos pesquisadores que se inspiraram nas abordagens "pós-modernas"? Começaram a falar do fim dos "megarrelatos". A maioria dos sociólogos, constata Michel Wieviorka, "afastou-se da perspectiva das teorizações de alcance geral, e alguns começaram a falar do vazio social ou da virtualidade do mundo objetivo (Jean Baudrillard). Precisamos reconhecer que alguns eram particularmente sensíveis à existência de processos de desinstitucionalização, de crise e déficit político, ou ao esgotamento das formas clássicas da ação coletiva; e isso, juntamente com a saída da era industrial clássica, com o declínio do movimento operário e a ascensão dos novos movimentos sociais surgidos no fim dos anos 1960 e início dos 70. O internacionalismo simbólico, a sociologia fenomenológica, a Escola dita de Palo Alto e a etnometodologia, abriram seu caminho na desestruturação do funcionalismo, ao passo que o individualismo metodológico, sobretudo em suas variantes mais puras e duras, do tipo *rational choice*, beneficiava-se de um clima geral favorável às ideias neoliberais" (op. cit., p. 14). Ideias essas fundadas na velha concepção utilitarista pregando: a) o indivíduo é egoísta: só age em função de seus interesses; b) busca apenas a satisfação máxima de seus interesses; c) seus comportamentos são racionais, pois ele funda suas ações no cálculo científico de seus prazeres e de suas penas.

38. A esse respeito, lembremos que o capitalismo neoliberal reinante não tem muito interesse em patrocinar as pesquisas em ciências humanas e mantê-las vivas. Porque, na realidade, tudo se passa "como se" desejasse decretar seu fim (sua morte), pois não possuiriam nada ou pouca coisa de fundamental, permitindo-nos conhecer os segredos de "o Homem" (enquanto indivíduo e construção social). Atualmente, já teria sido encontrado o Graal biológico: o sequenciamento do genoma humano, a grande proeza científica apresentando-se a todos nós como a última resposta à questão de nossa essência. Enfim, "a Ciência" estaria muito perto de responder objetivamente à quarta questão kantiana:

o que é o homem? — outrora respondida pela antropologia filosófica, mais recentemente, com a colaboração das ciências humanas. Ora, se devemos às ciências humanas a descoberta e a defesa de duas verdades fundamentais: a) a relatividade de todo sistema social organizacional (ele próprio relativo a um conjunto de relações de forças variáveis); b) sua recusa de considerar seu objeto como "finito", claro que compreenderemos a resistência que o capitalismo neoliberal (sistema fechado) faz a essas disciplinas. Porque tem necessidade de um ser humano "finito" ou "fechado". Por isso, só as prestigia quando podem ser instrumentalizadas, convertidas em tecnologias socioeconômicas, em engenharias de controle social e suscetíveis de embelezar os tristes horizontes do desenvolvimento durável. Nesse particular, a "finitude" suposta do genoma vem a calhar para se constituir essa espécie de divina revelação. A exemplo do dogma religioso, a gestão social do capitalismo tem necessidade do princípio afirmando a finitude e o fechamento do ser humano. Não somente precisa de um ser finito, mas devendo se comportar de modo dócil e pacífico, sem reivindicar sua verdadeira autonomia, sua capacidade de dar-se conscientemente a si mesmo suas próprias leis. Só se esquece de uma coisa: seu fechamento o levará um dia ao desmoronamento do sistema, como todo absolutismo. Ora, se o ser humano traz a marca do infinito, então é o capitalismo que é um sistema fechado. Como era o de Ptolomeu no século II (durou até a revolução galileana). E como é todo sistema de pensamento fundado em dogmas e pretendendo impor suas "verdades" como "a Verdade" e como "o Real".

39. Lipovetsky nos lembra que hoje estamos confrontados a duas séries de fenômenos: a) nosso entusiasmo libertário se evaporou; nossa emancipação, enquanto indivíduos, é algo já conquistado; em contrapartida, não leva mais ninguém a sonhar; b) o ar do tempo, marcado pela globalização e pela ideologia da saúde, embora mais leve e respirável, encontra-se carregado de incertezas e inseguranças. "O hedonismo perdeu seu estilo triunfal: de uma ambiência progressista, passamos a uma atmosfera ansiosa. Tínhamos a sensação de que a existência se tornava mais suportável: eis que tudo se *recrispa* e volta a novamente se endurecer. Esta é a *felicidade paradoxal*: a sociedade de distração e de bem-estar coabita com o aprofundamento da dificuldade de viver e de mal-estar subjetivo" (*La société de déception*, op. cit., p. 17). No fundo, em nossas sociedades ditas pós-modernas, tudo parece nos forçar à decepção: trabalho, cultura, amores, coisa pública. Poucos domínios de nossa vida escapam ao império da decepção. O frenesi do consumismo não constitui a única causa de nosso desencanto. Porque é sobretudo do lado de nossos "desejos imateriais"

que mais ele opera. E para esse desencanto, têm fortemente contribuído a generalizada desregulação e o acelerado enfraquecimento dos dispositivos da socialização religiosa: "ninguém nega que a religião conseguiu constituir um refúgio, um socorro, um suporte de peso diante das provações da existência. Mesmo que não desapareça a fé em Deus, tudo indica que a religião não tem mais o mesmo poder consolador" (op. cit., p. 20).

40. Uma outra forma nos é sugerida pelo sociólogo Alain Touraine, que, num estudo sobre "Sociologia sem sujeito", na obra coletiva dirigida por Michel Wieviorka, *Les sciences sociales en mutation* (op. cit.), lança a seguinte hipótese: as ciências humanas só terão um objeto próprio no dia em que reconhecerem que ele é duplo: de um lado, a busca da *verdade* pela razão, do outro, o esforço para compreender a construção de um *sujeito* capaz de buscar a verdade, mas também de afirmar-se como a finalidade de sua própria ação. Se reduzirmos a vida social de nossas sociedades à racionalização, não haverá mais lugar para as ciências humanas. Tampouco teriam razão de existir se nos interessássemos apenas pela construção do sujeito. Donde: "Uma racionalidade sem sujeito e um sujeito sem racionalidade não se opõem só como duas partes opostas do mundo, a dominante e a dominada; chocam-se em todos os níveis da vida social, desde as escolhas políticas até os programas escolares. A tal ponto que uma separação dos dois universos acarreta o desaparecimento de toda regulação da vida social. Então, as instituições são substituídas por fronteiras e os debates ou conflitos por guerras. Como nenhuma coletividade pode viver numa separação tão completa entre a objetividade e a subjetividade, o objeto principal para as ciências sociais consiste em detectar os esforços feitos para se recriar uma integração, certa reconstrução do que se denominava sociedade, sabendo que essa solução jamais se tornará possível e, em todos os casos, permanecerá profunda a ruptura entre o mundo da objetividade e o da subjetividade".

41. Observemos que, logo em seu início, a psicologia cognitivista, tendo a pretensão de suplantar o modelo behaviorista dominante na sociedade americana, passa a se interessar não apenas pelos comportamentos observáveis dos sujeitos, mas por suas estratégias mentais confrontadas com uma tarefa: evidenciar o curso de seu pensamento e a sequência das operações mentais conduzindo a resolver um problema. Donde se preocupar com a inteligência artificial a fim de nela descobrir os "planos de ação" utilizados pelo cérebro para resolver problemas. Esses planos são, para o pensamento, o que o programa é para o computador. O que se buscava era compreender

os arcanos do pensamento em ação, tentando revelar as estratégias mentais utilizadas pelos sujeitos diante de um problema. Posteriormente, já na década de 1990, as ciências cognitivas, que até então se interessavam pelo estudo dos fenômenos intelectuais (percepção, memória, linguagem, consciência etc.), começam a dar importância ao estudo das emoções na vida psíquica. E a investigar os vínculos possíveis entre as esferas do racional e do passional, entre os mecanismos conscientes e os inconscientes etc. De repente, abre-se a "caixa-preta": descobre-se que o cérebro se encontra conectado com o resto do corpo e suas pulsões. Na perspectiva cognitivista, devemos nos preocupar com o conhecimento sob o ângulo de sua *aquisição*, de sua *transmissão*, de seu *tratamento* etc., não mais sob o kantiano de suas condições de possibilidade. A questão deixa de ser "o que posso saber?" para se tornar "como se efetua o mecanismo do pensamento?". Situado entre um *behaviorismo mental* e uma *informática neuronal*, o cognitivismo é mais um *ponto de vista* que propriamente uma disciplina. Tem tido várias aplicações nos domínios da psicologia, da linguística ou da sociologia das organizações. A grande crítica que lhe é feita? A de, ao passar rapidamente da noção de consciência à de informação e a de, ao centrar a *consciência* em fenômenos mentais apreendidos enquanto mecanismos puramente fisiológicos, desembocar num *materialismo* grosseiro reduzindo todos os fenômenos cognitivos ou mentais a simples processos físico-químicos comparáveis ao mecanismo de um computador (ver John Searle, *The rediscovery of mind*, 1992; *The construction of social reality*, 1995).

42. Não nos esqueçamos de que continuam bastante tumultuadas as relações entre a Burocracia e as ciências humanas. Segundo o sociólogo Bourdieu, nossa primeira tarefa consiste em tentarmos descobrir a lógica das coisas, suas tendências imanentes: ao constatar o que é a burocracia e o que são as ciências humanas, perceberemos que algumas coisas são mais prováveis que outras. O fato inquestionável é que, nos dias de hoje, a Administração tem uma relação profundamente *instrumental* com as ciências humanas. Trata seus especialistas como engenheiros sociais aos quais são atribuídos objetivos específicos e, através deles, princípios de construção de objeto. Em noventa por cento dos casos, ficam tacitamente proibidos de realizar um efetivo trabalho de construção de objeto. O que devem fazer é produzir estudos e pesquisas podendo até ter certo interesse ou certa utilidade, a não ser que seus resultados sejam lidos por alguém capaz de neles introduzir uma verdadeira interrogação. Na verdade, boa parte da demanda burocrática de serviços

científicos tem por função tranquilizar a burocracia sobre um mundo social de cujo conhecimento não tem nenhum interesse. Portanto, é de suma importância conhecermos as relações das ciências humanas com a demanda social. Em vez de fazermos discursos sobre a "neutralidade científica", deveríamos tomar as coisas como elas são: como trabalham os cientistas humanos? Em que relações de dependência se encontram? Quais os instrumentos coletivos de defesa que possuem? Como podem aumentar sua independência? Quem vai lhes pagar para mantê-la? Bourdieu responde: "Ninguém, porque os que possuem os meios de pagar exigem, consciente ou inconscientemente, subordinação. O meio científico só pode contar consigo mesmo.. Ora, em seu seio, há pessoas que têm interesse na dependência" ("Sociologie et histoire", na obra coletiva *Aux frontières du savoir*, 1996).

43. A dependência das ciências humanas relativamente ao Estado não foi apenas de ordem ideológica e política, mas também de financiamento. Por exemplo, os fundos versados pelas fundações privadas americanas, aparentemente com finalidade filantrópica, favoreceram sobretudo o desabrochamento das ciências sociais aplicadas aos problemas sociais e às políticas públicas. Nos dias de hoje, os recursos para as pesquisas provêm primordialmente do Estado. Todavia, importa observar: se sua instrumentalização pelo Estado revela os limites de sua autonomia, não constitui apenas o produto da demanda exterior (estatal ou econômica). Por sua vez, sua heteronomia não resulta diretamente das condições políticas e ideológicas. O exemplo brasileiro é ilustrativo, mostra-nos o pesquisador Afrânio Garcia ao estudar "a nobreza republicana" no governo Fernando Henrique (In: *Pour une histoire des sciences sociales*, Fayard, 2004): durante o regime militar, a pesquisa em ciências sociais conheceu certo desabrochamento, ao passo que, com o retorno das normas democráticas, houve um declínio. Como se explica esse paradoxo? Os coordenadores explicam: "Pelo fato de que o mundo sábio pôde constituir um refúgio para pretendentes às carreiras na política e na alta administração, numa época em que era reduzido o acesso a esse campo. Inversamente, a liberalização favoreceu a concorrência para o acesso aos postos dirigentes do Estado. Exemplar, sob esse aspecto, a trajetória de Fernando Henrique Cardoso, professor de sociologia que se tornou presidente da República do Brasil. Fazendo isso, Cardoso pôs seu saber científico a serviço de uma política econômica liberal. Sua reconversão no campo político mostra que a heteronomia pode também provir do interior do mundo sábio" (Introdução, p. 15).

44. Falar do Renascimento das ciências humanas já é sonhar com seu futuro. Nas últimas décadas, elas passaram por uma crise tão profunda que muitos temeram seu desaparecimento puro e simples: em nome de uma utilidade em matéria de "rentabilidade" e "materialização" enaltecidas e ardorosamente defendidas pela "governança" da pesquisa científica oficial e autorizada. Só seriam salvaguardados os campos de pesquisa que docilmente se submetessem aos rígidos padrões de uma tecnocientocracia socioeconômica da engenharia de controle social. No fundo, esse anátema lançado às ciências humanas esconde motivações mais profundas que o imperativo de gestão: a necessidade política de abater as "fortalezas" do pensamento crítico. Se foram tão ameaçadas, não teria sido porque estiveram durante muito tempo engajadas nas lutas sociais do século XX, como demonstram a vitalidade do freudismo e do marxismo? E imensa foi a produção intelectual da sociologia, da antropologia, da linguística, da psicanálise, da história, da filosofia política, todas essas disciplinas estando comprometidas com os movimentos das lutas sociais travadas contra as mazelas do capitalismo industrial e pós-industrial. Nelas se formaram os intelectuais que pautavam sua vida pela argumentação e pela refutação, não como os doxósofos que se reduzem a *técnicos-da-opinião* que se acreditam *sábios*, só colocando os problemas da política nos termos postos pelos homens de negócios. Ora, o que define essencialmente o intelectual é sua liberdade em relação ao Poder e aos poderes, a crítica das ideias recebidas, a demolição de todas as alternativas simplistas ou ilusórias e a restauração da complexidade dos verdadeiros problemas. Por isso, o futuro das ciências humanas é indissociável de seu projeto libertário ou emancipatório. Se o abandonarem, estarão condenadas a desaparecer ou a continuar a ser reduzidas a ciências instrumentais a serviço dos poderes, perdendo todo o seu valor criativo em nome justamente do utilitarismo instaurado pelo invasor cientificismo tecnocrático. Sua função primordial será a de nos fornecer os meios tecnocientíficos de opressão, manipulação, formatação e controle dos indivíduos, em vista de uma produtividade sempre maior e mais eficiente, num mundo dominado por uma nova ortodoxia simbolizando o triunfo do liberalismo, com a exaltação das privatizações, o desmantelamento do Estado-providência e as desregulamentações.

45. Para além da fragmentação que as ciências humanas conheceram a partir dos anos 1970, tudo indica que ingressaram numa fase de recomposição, estando em condições de situar a contribuição de toda pesquisa numa pers-

pectiva mais ampla que a ultrapassa, a transcende, embora respeitando o que possui sua coerência. Os cientistas humanos passam a rejeitar toda "teoria" tendo a pretensão de tudo explicar de uma vez por todas e revelando-se infalsificável. Ademais, desenvolvem suas pesquisas num mundo praticamente órfão dos grandes conflitos estruturantes do passado. Como observa M. Wieviorka, o fim da guerra fria, em escala planetária, e o declínio do movimento operário como figura central das lutas sociais e políticas, em muitas sociedades, privaram-nas dos principais princípios de conflitividade institucionalizada: "A questão da democracia se põe de outra forma do modo como existia antes, quando a opúnhamos ao totalitarismo; e a reflexão política deve levar em conta o enfraquecimento do movimento operário. E o que é propriamente social ou sociopolítico, ou parece menos importante do que aquilo que é cultural, ou passa a ser invadido por temas culturais, pela religião, pela eticidade, pelas diferenças, pelas subjetividades pessoais e coletivas. Neste contexto, a violência, a guerra, o terrorismo ou o racismo parecem mais decisivos do que a negociação no quadro de um conflito ou do que a gestão da alteridade. Mas não somos cegos ou indiferentes à emergência de novas relações conflitivas, ou renovadas? Devemos nos desviar da ideia de perceber e analisar conflitos nascentes, ou suscetíveis de aparecer?" (op. cit., p. 21).

46. Não nos esqueçamos de que *prever o futuro* não significa sucumbirmos no fatalismo, mas tomarmos o futuro previsto como *guia* de nossa ação presente. Claro que a previsão de um fato social, por exemplo, uma vez conhecida e tornada pública, tem força para modificá-lo. As sondagens de opinião, tornando conhecida a opinião pública, têm o poder de mudá-la. A este respeito, invoquemos os profetas bíblicos. Suas profecias produzem efeitos sobre o mundo e o curso dos acontecimentos, não só por razões humanas e sociais, mas porque aqueles que as ouvem acreditam que a palavra do profeta seja a de Javé: não podendo ser ouvida diretamente, tem o poder de fazer acontecer o que anuncia. Diríamos que a palavra do profeta tem um poder *performativo*: fala das coisas para que aconteçam e mudem. Sob esse aspecto, a profecia tem um caráter fatalista: ela diz o que serão os acontecimentos futuros tais como são descritos no grande quadro da história, imutáveis e ineflutáveis. Mas devemos tomá-la num aspecto não fatalista: profetizamos uma catástrofe justamente *para que* não aconteça. Quando antecipamos o futuro, *sabemos* que se realiza segundo o esquema da profecia autorrealizadora. Donde podermos dizer: depende causalmente do que hoje fazemos, muito embora seja em

parte independente do que fazemos. Por isso, diante do futuro, temos um sentimento ao mesmo tempo de *medo* e *culpabilidade*, nos diz Hans Jonas: "de medo, porque a previsão nos mostra justamente terríveis *realidades*; de culpabilidade, porque estamos conscientes de nosso papel na origem de seu encadeamento". Razão pela qual, diante do saber *factual* da futurologia, precisamos despertar em nós o *sentimento* capaz de nos fazer assumirmos o sentido de nossa responsabilidade (*Le Principe responsabilité*).

47. Lembremos que o mundo moderno nasceu sobre os escombros dos sistemas simbólicos tradicionais impregnados de irracional e arbitrário. Em seu empreendimento de desmitização, não compreendeu que limites deveriam ser fixados à condição humana, embora lhe conferindo sentido. Ao substituir o sagrado pela razão e pela ciência, esse mundo perdeu todo sentido dos limites e, assim, o sentido que sacrificara. Ora, ninguém consegue conferir sentido àquilo que pretende extirpar. Sabemos que o marxismo via no insuficiente desenvolvimento das forças produtivas uma das fontes de alienação. Incapaz de fazer face aos desafios de seu meio físico, submetido à miséria e à doença, o homem passa a refugiar-se nas superstições do mundo religioso. Mas há uma segunda fonte: a exploração do homem pelo homem. O explorado confunde o sofrimento que lhe inflige o opressor com a vontade divina: adormecido pelo ópio da religião, deixa de revoltar-se. Sua libertação passa pela luta, não só contra a natureza, mas contra a opressão.

48. Lembremos que Caillé, após ter defendido sua tese de doutorado em economia, inscreve-se no doutorado de sociologia, sob a orientação de R. Aron. Após defender sua tese sobre "A planificação como ideologia da burocracia", põe-se a questionar todo um economicismo vulgar penetrando no pensamento de diversos sociólogos. Decide denunciar essa orientação, pois levaria a sociologia a impasses. Com um pequeno grupo de pesquisadores, lança uma revista para defender uma antropologia econômica oposta às diversas formas de redução utilitarista do comportamento social: *Bulletin du Mauss* (Movimento antiutilitarista das ciências sociais), em homenagem ao sociólogo Marcel Mauss. Trata-se de uma publicação que, sem apoio algum, desempenhou um importante papel no questionamento impiedoso ao paradigma utilitarista dominando as ciências sociais dos anos 1980 (a partir de 1988, este boletim é publicado pela editora La Découverte com o nome de *Revue du Mauss*). Contribuiu bastante para se repor questões antigas, mas recalcadas e totalmente esquecidas desde Durkheim e Mauss. A fim de combater a tendência utilitarista dominante, Caillé

vai opor o espírito do dom (segundo o esquema de Mauss): o de dar/receber/ restituir, essa tríplice relação finalizada pela necessidade do elo social. Trata-se de todo um programa de trabalho para que as ciências humanas voltem a inventar novas formas de cidadania (utópicas?) que não só fossem universalizáveis, mas capazes de reconhecer as singularidades históricas e culturais nas quais os homens pudessem descobrir razões de viver e esperar.

49. Para termos uma ideia desse fato, lembremos que o clássico livro de Lucien Lévy-Bruhl, *La morale et la science des mœurs* (1903), provocou um grande rebuliço na sociedade francesa da época e suscitou a ira dos conservadores antidurkheimianos. Num estilo bastante direto e contundente, essa obra vinha contestar a existência de uma moral teórica, pois trata justamente de uma disciplina normativa propondo que devamos distinguir o bem e o mal e fundar juízos de valor, coisas que uma ciência não pode fazer: ser ao mesmo tempo teórica e normativa. No fundo, os "moralistas" não podiam admitir que a moral pudesse constituir um objeto de ciência como os outros, podendo ser submetido à objetivação, fora de toda abordagem normativa. Insurgem-se ainda vários filósofos católicos, homens de letras e defensores de uma moral totalmente contrária a qualquer abordagem positivista, relativista e dominada pelo ceticismo. Donde sua cruzada contra essa pretensão, em nome justamente da defesa dos valores do humanismo, do finalismo e do espiritualismo e contra o relativismo histórico das ciências humanas.

50. Depois de Weber, todo mundo vem repetindo: *a ciência desencantou o mundo*, substituindo a imagem securizante de um Cosmos hierarquicamente disposto e fechado por uma imagem de um Universo infinito, composto de objetos cujas propriedades podemos conhecer pelo cálculo (*ratio*). O mundo não se apresenta mais aos olhos dos homens como um texto a ser decifrado, mas como um espaço a ser medido. "O silêncio desses espaços infinitos me apavora" (Pascal). Todavia, essa consideração das coisas naturais como puramente físicas ou materiais não passa da vertente *objetiva* de uma revolução científica cuja vertente *subjetiva* passa a ser constituída pela determinação do homem como "coisa pensante". Como os humanistas do Renascimento, a preocupação central dos pensadores da modernidade clássica foi com a *dignidade do homem*. Embora a ciência moderna declare que tudo doravante se explica em termos de tamanho, figura e movimento, nada havendo nas coisas que pertença à ordem do pensamento, outra verdade se impõe: é o pensamento que constitui a essência do homem. "Toda nossa dignidade consiste

no pensamento. Portanto, trabalhemos para pensar bem" (Pascal). Assim, esse de-centramento astronômico (de Copérnico e Galileu) nos permitiu formular a questão do centro e do ponto fixo; portanto, fazer do pensamento o ponto de Arquimedes do homem; este deixa de precisar de qualquer referência que lhe fosse exterior, não tendo mais necessidade de um lugar privilegiado no universo para saber o que constitui sua natureza própria, por conseguinte, tomar consciência de seus deveres. Nesse sentido, mais que desencantar o mundo, a ciência aproxima o homem de si mesmo.

51. Não resta dúvida que a Filosofia desempenhou um papel muito importante no processo de emergência e instauração de nossa modernidade. Mas o que tem ainda a nos dizer num mundo denominado "pós-moderno"? Como pode desempenhar seu papel de discurso racional quando sabemos que os indivíduos atuais são muito mais sensíveis à emotividade que à reflexão? Claro que a Filosofia, enquanto disciplina da razão e busca da verdade, não se encontra ameaçada. Os homens terão sempre necessidade de se desembaraçar dos preconceitos para tomar posse do mundo pelo conceito. Permanece inegável a importância de seu papel na história das ideias, da cultura, da racionalidade e da modernidade. Inventou as grandes interrogações metafísicas, a ideia de uma humanidade cosmopolita, o valor da individualidade e da liberdade. Durante séculos, constituiu o mais importante alimento dos pensadores: artistas, poetas, escritores e cientistas. Contribuiu de modo decisivo para se forjar os princípios do universo democrático. Por muito tempo, alimentou a ambição de mudar o mundo social, político e econômico. Muita gente hoje acredita que tenha se esgotado essa sua força milenar. Mas eis que, de repente, ela parece estar renascendo. E algumas obras filosóficas voltam a impregnar a reflexão de artistas, homens de letras e muitos cientistas. As ciências e as tecnociências voltam a precisar dela para descobrir novas perspectivas, inventar o futuro e conferir um *sentido* ao *todo* da existência humana. Sócrates não se enganou quando nos revelou: o filósofo é alguém que mostra plena coerência (harmonia e acordo) entre sua doutrina e sua existência, entre seu sistema de ideias e seu modo de viver (e morrer). Numa palavra, é aquele *sabe viver e morrer de acordo com seu próprio pensamento*. A esse respeito, há uma cena, no filme *A estrada* (1954), questionadora dos cientistas que defendem o caos e não veem sentido no mundo onde Fellini atribui as palavras sobre o sentido das coisas justamente ao "Louco":

Louco: *Sou ignorante, mas li um ou outro livro. Você não vai acreditar, mas tudo o que existe neste mundo serve para alguma coisa. Veja, pegue aquela pedrinha ali.*

Gelsomina: *Qual?*
Louco: *Esta, qualquer uma. Até esta pedrinha serve para alguma coisa.*
Gelsomina: *E serve para quê?*
Louco: *Sei lá, se soubesse, sabe quem eu seria?*
Gelsomina: *Quem?*
Louco: *Deus, que sabe tudo. Não sei para que serve esta pedrinha, mas deve servir para alguma coisa... porque se isto é inútil, então tudo é inútil, até as estrelas. Pelo menos, eu acredito. E você também, você também serve para alguma coisa.*

52. Sabemos que, na origem, a hermenêutica era simplesmente considerada (notadamente pelos teólogos) a "ciência" da interpretação dos textos sagrados (exegese). Hoje, poucos teólogos leem o relato do livro do *Gênesis* em sua literalidade ("No início, Deus criou o céu e a terra..."), ou seja, como a história real da criação do mundo. Mesmo os crentes mais fervorosos reconhecem nesse relato a narração típica de um mito, de uma metáfora cujo sentido oculto precisa ser interpretado: a onipotência divina. A luz não representa a luz física, mas o símbolo da Vida, do conhecimento divino, da fé. Mais recentemente, a hermenêutica passou a ser considerada o "conjunto dos conhecimentos e das técnicas permitindo-nos fazer falarem os signos e descobrir seu sentido" (Foucault). É por isso que o filósofo Paul Ricoeur (†2005) a define como uma "ciência das interpretações", pois considera a realidade aparente e suas manifestações como um conjunto de signos que remetem a um sentido latente que precisa ser decodificado. Nos dias de hoje, essa "ciência" é estendida às disciplinas humanas, notadamente à psicanálise (que interpreta os sonhos, os atos falhos a partir da lógica do inconsciente que escapa ao sentido manifesto) e à semiótica (que decodifica a significação dos signos da vida cotidiana). A interpretação consiste em decodificar ou decriptar os fenômenos observáveis da realidade como signos de uma realidade oculta. Em *O conflito das interpretações* (1969, por mim traduzido para a Imago), Ricoeur nos mostra que um mesmo conjunto de fatos é suscetível de ser submetido a uma pluralidade de interpretações, todas coerentes. O que levanta a espinhosa questão da validade e do controle das interpretações.

53. Na verdade, o que esses dois cientistas pretendem, ao contestarem as teses sustentadas por alguns sociólogos, psicanalistas, linguistas ou filósofos das ciências, é combater o *pós-modernismo* e o *relativismo cognitivo e cultural* adotados pelas *ciências humanas*. Porque esse pós-modernismo adota uma tríplice atitude: a) rejeita a existência de uma realidade exterior à consciência

humana, acreditando que tanto o mundo físico quanto o social constituem, fundamentalmente, uma construção linguística e social; b) manifesta um grande desprezo pelos fatos, na medida em que sistematicamente reduz o método experimental a uma dimensão puramente subjetiva, a experiência não fornecendo nenhum conhecimento verdadeiro, pois não passaria de uma construção linguística, social ou psicológica; c) rejeita todo método racional legítimo, pois não há ordem a ser respeitada em ciência: como diz P. Feyerabend, *anything goes* ("tudo vale", "tudo é bom"); até mesmo o princípio de contradição é considerado uma construção linguística. Ora, teses semelhantes só podem conduzir ao *relativismo* da ciência. Em todas as disciplinas, o pesquisador construiria seu objeto de estudo: "É a natureza social da ciência que é responsável por sua objetividade" (Bourdieu). A ciência nada mais seria que uma construção linguística, social ou psicológica. Nesse sentido, o saber absoluto seria detido pelas ciências humanas, as únicas capazes de "desmontar" ou "desconstruir" o mecanismo arbitrário de construção presente em todos os conhecimentos.

No entanto, apesar de terem razão em criticar esse imperialismo construtivista nas ciências humanas, impedindo seu diálogo com as ciências naturais, nossos dois cientistas terminam por defender um dogmático *positivismo* negando a especificidade das ciências humanas. Trata de um *neocientificismo* que, embora reconheça a diversidade das ciências, limita a metodologia científica à que é própria da física. Ademais, restringe de um modo bastante estreito o exercício da razão ao método científico experimental (hipotético-dedutivo de controle) ou ao praticado pelas matemáticas. Só recorre ao exercício de uma razão matematizada, como a que praticam a física ou a lógica simbólica. E procura impor de modo uniforme e frequentemente inconsciente um único exercício particular da Razão, rejeitando as demais formas como irracionais. Nessa ótica, as questões metafísicas são consideradas irracionais e subjetivas, a única racionalidade aceitável sendo a científica. Assim, toda disciplina pretendendo merecer credibilidade precisaria obedecer a tal racionalidade particular. A racionalidade que não segue a da ciência seria carregada de irracionalidade. Desse ponto de vista, só haveria uma racionalidade, a científica, pois só há uma Razão (tese defendida por Descartes e pelos racionalistas). Como se a racionalidade das ciências fosse a única forma de exercício da Razão! Como se todos os objetos considerados pela Razão fossem matematizáveis! Como se as ações humanas não supusessem o livre-arbítrio, as influências do inconsciente e uma parte de subjetividade! Como se não pudesse existir um verdadeiro conhecimento da ação humana fora de toda quantificação estatística!

Portanto, é uma crise da racionalidade que se encontra em jogo quando se trata do diálogo entre as ciências naturais e as humanas. Essa crise lança suas raízes em certas opções filosóficas do século das Luzes.

54. Com efeito, a partir dos anos 1980, um novo paradigma parece se impor, tomando como bandeira certa apologia da *desordem*, do *caos*, da *incerteza* e do *indeterminismo*. Desde o século XVII, a ciência vinha nos fornecendo a imagem de um universo submetido a determinismos implacáveis que podíamos descrever sob a forma de leis. Ora, se têm razão Prigogine e Stengers (*La Nouvelle Alliance*, 1979), "opera-se uma mudança de perspectiva característica da segunda metade do século XX: produzimos instabilidades, flutuações e bifurcações". Fenômenos caóticos e turbulências passam a ser descobertos em astronomia, química, metereologia e economia. A era do determinismo, das leis e da previsibilidade começa a perder terreno e a ceder o lugar a uma visão de mundo na qual passam a dominar o instável, o incerto e a desordem. A teoria matemática do caos, amplamente vulgarizada na década de 1980 (G. Gleick, *Théorie du caos*, Albin Michel, 1987) vem nos mostrar que nosso mundo é instável e imprevisível. Muitos intelectuais começam a debater essa teoria. Em 1990, aparece a obra coletiva *La querelle du déterminisme* (Gallimard) a fim de opor os defensores da nova visão indeterminista aos que denunciam a interpretação falaciosa da teoria do caos. Este "caos aparente", diz o matemático e crítico das derivas irracionalistas René Thom, nada deve ao acaso e à incerteza: resulta de uma lei matemática inflexível.

55. É oportuno lembrar: a história das ciências e da filosofia nos ensina que o desenvolvimento da ciência jamais esteve dissociado de uma reflexão sobre o homem. O grande poeta trágico Sófocles, contemporâneo do advento da ciência (*episteme*), já nos dizia: "De todas as maravilhas, a maior de todas é o homem". E quando lemos Platão, constatamos estupefatos a coincidência e a coexistência dos mitos e dos discursos demonstrativos cujo objeto, na maioria das vezes, possuía uma essência universal, descolada das particularidades da história e da geografia: o belo, a coragem, a virtude, a ciência etc. O prodigioso desabrochar das ciências (matemática, astronomia, acústica etc.) não é acompanhado de uma segregação entre os diferentes modos de crença e saber. Não somente a ciência, mas os mitos, os relatos legendários, a poesia, a arte possuíam um valor próprio e uma utilidade. Ora, foi justamente nesse momento que a questão *o que é o homem?* se tornou central no pensamento filosófico. Tanto a Ciência quanto a Filosofia dependem da descoberta do *conceito* (ideia, forma) como instrumento de univer-

salização do conhecimento. No *Teeteto*, no qual Platão busca definir a ciência, há uma passagem em que Sócrates esboça o retrato do filósofo (e do sábio): ao contemplar a beleza do céu, Tales, o pai da geometria grega, cai num buraco, provocando a incontrolável risada de uma escrava que passava pelo local. Como Tales, o filósofo não se interessa nem presta atenção às pequenas coisas da vida corrente e que despertam a curiosidade e provocam as paixões de seus concidadãos. Ignora tudo o que faz seu vizinho. Em contrapartida, não mede esforços para saber *o que é o homem* (*ei anthropos estín*) e em que se distingue dos outros animais, para tomar consciência de sua identidade e universalidade (idealidade), mas sem fazer dele a mais alta realidade ou a medida ou a causa de todas as coisas. O verdadeiro humanismo não é o que reduz a objetividade à subjetividade, mas, como dizia Husserl, o que discerne, na objetividade, a mais elevada constituição da *subjetividade*. No fundo, o que faz com que o homem seja uma realidade completa e ontologicamente específica, e distinta do mundo das coisas, é o fato de ser *espiritual* e de, por isso mesmo, jamais poder ser totalmente conhecido pela ciência.

56. Salientemos a urgência de estabelecermos uma verdadeira e fecunda interlocução, não só entre as ciências da natureza e as humanas, mas entre estas disciplinas entre si. Claro que há um vínculo direto entre a constatação da fragmentação do projeto fundador de se constituir uma ciência unificada do social e a renovação dos questionamentos que hoje se fazem a propósito das relações, não só entre as ciências humanas entre si, mas entre elas e os demais saberes (científicos ou não). Creio que esse *diálogo* não somente é possível, mas desejável, notadamente no momento intelectual que atravessamos. Duas grandes tendências parecem caracterizá-lo. A) a emergência da temática da *complexidade*; b) a emergência de uma nova concepção do *indivíduo*: concepção esta cada vez mais questionando as estreitas compartimentações estabelecidas entre, de um lado, os processos fisiológicos e neuronais e, do outro, os mentais e sociais. Evidentemente que esse questionamento não produz miraculosamente as condições de uma articulação multi-, inter- ou transdisciplinar imediatamente operatória entre os diferentes níveis. Mas é capaz de produzir novas concepções da ação e, ao mesmo tempo, permitir o surgimento de novas maneiras de se apreender e problematizar as formas de associação e cooperação dos indivíduos entre si. Sob esse novo horizonte, parecem bastante utópicas a aproximação e a articulação crítica dos diferentes pontos de vista disciplinares numa possível ciência unitária do comportamento humano.

57. Recoloca-se aqui o problema da *complexidade*, noção desenvolvida por Edgar Morin, não só para dar razão a Pascal, quando dizia: "Considero impossível conhecer o todo sem conhecer cada uma das partes, bem como conhecer as partes sem conhecer o todo", mas para responder aos principais desafios do pensamento contemporâneo. Ao apresentar-se como um novo paradigma nascido ao mesmo tempo do desenvolvimento e dos limites da ciência atual, esse pensamento procura integrar seus princípios num esquema mais amplo e rico. Donde dar-se por objeto: a) compreender os fenômenos naturais e humanos sobre os quais incidem múltiplos fatores interdependentes; b) recompor uma visão da realidade capaz de religar os saberes fragmentados sem cair numa hipotética síntese global; c) integrar no conhecimento do real a desordem, o incerto e o acaso; d) superar as clivagens entre modelos rivais: sujeito/objeto, indivíduo/sociedade, natureza/cultura, ordem/desordem, explicação/compreensão. Esse tipo de pensamento se apresenta como um novo paradigma em vias de elaboração. Dentre as ferramentas intelectuais por ele utilizadas, destacam-se as de interação, retroação, auto-organização, emergência, dialógica etc. Do ponto de vista do método, dá muita importância às estreitas relações entre o objetivo e o subjetivo, o explicar e o compreender, a *démarche* rigorosa da demonstração e a arte do diagnóstico.

Observemos ainda ser bastante frequente alguns "especialistas" das ciências humanas utilizarem seus conhecimentos como pretexto para não pensar ou refletir. Não resta dúvida que a mediação da ciência, longe de torná-la acessível a todos, por vezes faz dela algo intimidante, terminando por inibir a vontade de pensarmos por nós mesmos. No entanto, sabemos que muitas vezes os próprios cientistas, em vez de dizer o que sabem, preferem dizer o que pensam, tomando seus pensamentos por conhecimentos ou, mais grave ainda, seus conhecimentos por pensamentos, como se a essência das coisas fosse de sua alçada. Por exemplo, não há uma "ciência" dos fins do homem, vale dizer, daquilo que o constitui enquanto ser humano. A esse respeito, Kant observou: "Os fins essenciais da natureza humana, a mais alta filosofia não pode conduzir mais longe quanto o faz o senso comum". E Montaigne já afirmava: cada homem traz em si a *forma* da condição humana. Tradução: o objeto próprio de sua reflexão, não lhe sendo exterior, mas interior, esta forma é mais um objeto de *reconhecimento* que de conhecimento.

58. A esse respeito, importa lembrar: além da emergência crescente da temática da *complexidade* favorecendo as convergências multi- e transdiscipli-

nares, há o surgimento de uma nova tendência de considerar o *indivíduo*. Própria de nosso atual momento intelectual, inseparável do político-cultural da consciência da globalidade, ela pode ser considerada a da emergência de um novo pensamento do indivíduo. Pensamento pondo em questão as separações estanques durante muito tempo estabelecidas entre, de um lado, os processos fisiológicos e neuronais e, do outro, os mentais e sociais. Claro que esse questionamento não produz miraculosamente as condições de uma interfecundação disciplinar entre os diferentes níveis. Mas demonstra ter condições de gerar novas concepções da ação e de, ao mesmo tempo, fazer emergirem novos modos de abordar e problematizar as formas de associação e cooperação entre os indivíduos. Não podemos nos esquecer de que "o indivíduo é o ser social" (Marx). Em sua já clássica Construção social da realidade, Peter Berger e Thomas Luckmann já diziam: "A sociedade é uma produção humana. É uma realidade objetiva. O homem é uma produção social". Não devemos escolher entre o indivíduo e a sociedade, pois esses dois objetos nos são dados juntos, com o paradoxo que lhes é associado: o indivíduo é plenamente social e a sociedade é a resultante das ações individuais. Nesse sentido, o sociólogo vê o indivíduo como o lugar onde se articulam o ator e o sistema, a ação e os fatos sociais, a subjetividade e a objetividade, a construção da sociedade e sua imposição aos atores.

59. A partir dos anos 1990, quando o planeta passa a ser dominado pela economia, a globalização se torna o símbolo dessa dominação. O capitalismo financeiro, as lógicas do mercado e os múltiplos fluxos comerciais aparecem como forças determinantes detonando as fronteiras e exercendo uma poderosa e hegemônica influência na organização das sociedades. Alguns temem pela decomposição da ideia de "sociedade" ou pelo fim do "social". Outros falam do inelutável declínio dos Estados-nações. No entanto, não devemos identificar a globalização apenas com seus aspectos econômicos. Outras dimensões a prolongam e a completam. Gostaria de destacar o elemento "cultura". Claro que também ela se globaliza: ao mesmo tempo que se torna global, submete-se às forças da globalização. Donde a ambivalência das análises que, de um lado, enfatizam sua homogeneização mundial (sob a hegemonia do *american way of life*) e, do outro, insistem nas lógicas do fechamento das identidades ou de fragmentação cultural. O fato inquestionável é que cada vez mais as culturas hoje se interpenetram ao mesmo tempo que as identidades se deslocam e se mesclam segundo múltiplos processos, tentando uma articulação do local e

do planetário. O mesmo ocorre no campo do "direito": cada vez mais se vê confrontado com os desafios globais (crimes financeiros, de informação etc.) não resolvidos a contento pelos sistemas jurídicos nacionais.

60. Creio que o debate que hoje se trava entre os pesquisadores, concernente ao futuro da ciência, ganharia muito mais sentido e alcance se nele introduzíssemos as questões levantadas pelas ciências humanas, pouco mobilizadas até o momento: história, sociologia, psicologia, linguística, antropologia, arqueologia, ciências cognitivas, economia, filosofia, história das ciências, história da arte, história da literatura, direito etc. Porque não podemos mais negar os estreitos vínculos entre essas disciplinas e os demais saberes. Por outro lado, tampouco podemos admitir que o progresso científico possa continuar sendo tão dividido e subdividido. Por exemplo, não podemos conceber o futuro de nosso país relegando a segundo plano a contribuição das ciências humanas, pois têm um papel relevante, não só para a compreensão de nossa sociedade e do futuro do mundo, mas para a interrogação urgente sobre a crise das identidades individuais e coletivas e a reflexão crítica sobre nosso desenvolvimento científico e tecnológico. Sua presença no cerne mesmo do dispositivo científico apresenta a grande vantagem de não nos privar dos indispensáveis saberes críticos quando se trata de debates de sociedade. O que seria de nossa sociedade se não dispusesse da memória e dos referenciais que as ciências humanas são capazes de precisar numa preocupação constante de renovação dos objetos, dos questionamentos e métodos? Não somente seu desenvolvimento (como o das ciências "duras") se revela indispensável a uma modernização de nosso país que pensa em seu futuro, mas devemos tomar consciência de que uma política de reforçar e privilegiar a pesquisa nas ciências naturais (ainda tímida) não pode estar dissociada de uma política de reforço da pesquisa nas demais ciências (vivendo na maior penúria). O enfraquecimento de um dos elos da corrente dos saberes põe em perigo a coerência de qualquer projeto científico nacional ou internacional. Não seria benéfica, para a evolução de nossa sociedade, a existência de um setor de pesquisa mais desinteressado e autônomo sobre os fenômenos humanos e sociais? Será que já nos esquecemos do quanto as ciências humanas contribuíram não só para a elevação de nossa consciência cidadã, mas para a preservação e a afirmação de nossa cultura?

Bibliografia

ANDLER, D. (Org.). *Introduction aux sciences cognitives*. Paris: Gallimard, 1992.

ARIÈS, P. *Le temps de l'histoire*. Paris: Seuil, 1986.

ARON, R. *La sociologie allemande contemporaine*. Paris: PUF, 1950.

_____. *Les étapes de la pensée sociologique*. Paris: Gallimard, 1957.

ASSOUN, P. L. *Introduction à l'épistémologie freudienne*. Paris: Payot, 1981.

_____. *L'entendement freudien*. Paris: Gallimard, 1984.

BACHELARD, G. *La formation de l'esprit scientifique*. Paris: Vrin, 1970.

_____. *La philosophie du non*. Paris: PUF, 1966.

_____. *Le nouvel esprit scientifique*. Paris: PUF, 1968.

BAERT, P. *Social theory in the twentieth century*. Cambridge: Polity Press, 1998.

BERGER, P.; LUCKMANN, Th. [1966]. *La construction sociale de la réalité*. Paris: Armand Colin, 1996.

BERNAL, J. D. *Science in history*: the social sciences. Harmondsworth: Pelican Books, 1969. v. 4.

BERTHELOT, J. M. (Org.). *Épistémologie des sciences sociales*. Paris: PUF, 2001.

BLANCKAERT, C. (Ed.). *L'histoire des sciences de l'homme*: trajectoires, enjeux et questions vives. Paris: L'Harmattan, 1999.

BOUDON, R.; LAZARSFELD, P. *Vocabulaire des sciences humaines*. Paris: Mouton, 1996.

BOURDIEU, P. *Raison pratique*. Paris: Seuil, 1944.

BOURDIEU, P. *Le sens pratique*. Paris: Éditions de Minuit, 1980.

_____. *Contre-feux*. Paris: Raisons d'Agir, 1998.

_____. *Contre-feux 2*. Paris: Raisons d'Agir, 2001.

_____. *Les usages sociaux de la science*. Paris: INRA Éditions, 1997.

_____; PASSERON, Cl. *Le métier de sociologue*. Paris: Mouton-Bordas, 1968.

BOUVIER, A. *Philosophie des sciences sociales*. Paris: PUF, 1999.

CAILLÉ, A. *Splendeurs et misères des sciences sociales*. Paris: Droz, 1985.

_____. *Critique de la raison utilitaire*. Paris: La Découverte, 1989.

_____. *La démission des clercs*: la crise des sciences sociales et l'oubli du politique. Paris: La Découverte, 1993.

_____ (Org.). *Bonheur et utilité*: histoire de la philosophie morale et politique. Paris: La Découverte, 2001.

CANGUILHEM, G. Mort de l'homme et épuisement du cogito. In: *Critique*, Éditions de Minuit, n. 242, 1967.

_____. *Le normal et le patologique*. Paris: PUF, 1970.

_____. *Idéologie et rationalité dans les sciences de la vie*. Paris: Vrin, 1977.

CASSIRER, E. *La philosophie des Lumières*. Paris: Fayard, 1966.

CERTAU DE, M. *Histoire et psychanalyse entre sicence et fiction*. Paris: Gallimard, 1987.

CHATELET, F. (Org.). *História da filosofia*: a filosofia das ciências sociais. Rio de Janeiro: Zahar, 1978. v. 7.

CLAVAL, P. *Les mythes fondateurs des sciences sociales*. Paris: PUF, 1980.

CROZIER, M. *Le phénomène bureaucratique*. Paris: Seuil, 1963.

DILTHEY, W. *L'édification du monde historique dans les sciences de l'esprit*: introduction aux sciences de l'esprit et autres textes. Paris: Cerf, 1992.

DORTIER, J. F. (Org.). *Une histoire des sciences humaines*. Paris: Éd. Sciences Humaines, 2005.

DORTIER, J. F. *Les sciences humaines*: panorama des connaissances. Paris: Éd. Sciences Humaines, 1998.

DOSSE, F. *L'histoire du structuralisme*. Paris: La Découverte, 1991-92. 2 v.

DOSSE, F. *L'empire du sens*: l'humanisation des sciences humaines. Paris: La Découverte, 1995.

DUPUY, J. P. *Aux origines des sciences cognitives*. Paris: La Découverte, 1994.

DURKHEIM, E. *Leçons de sociologie*. Paris: PUF, 1950.

_____. *Les règles de la méthode sociologique*. Paris: PUF, 1985.

_____. *La science sociale et l'action*. Paris: PUF, 1987.

FICHANT, M.; PEUCHEUX, M. *Sur l'histoire des sciences*. Paris: Maspero, 1968.

FOUCAULT, M. *Les mots et les choses*. Paris: Gallimard, 1966.

_____. *L'archéologie du savoir*. Paris: Gallimard, 1969.

_____. *L'ordre du discours*. Paris: Gallimard, 1971.

_____. *Surveiller et punir*. Paris: Gallimard, 1975.

FREUD, S. *Nouvelles conférences sur la psychanalyse*. Paris: Gallimard, 1936.

_____. *La naissance de la psychanalyse*. Paris: PUF, 1969.

_____. *Introduction à la psychanalyse*. Paris: PUF, 1984.

GADAMER, H. H. *Vérité et méthode*. Paris: Seuil, 1996.

_____. *La philosophie herméneutique*. Paris: PUF, 1996.

GALBRAITH, J. *Économie en perspective, une histoire critique*. Paris: Seuil, 1989.

GAUCHET, M. *La religion dans la démocratie*: parcours de la laicité. Paris: Gallimard, 1998.

GELNER, E. *Postemodernism, reason and religion*. Nova York: Routledge, 1992.

GODELIER, M. *Les sciences de l'homme et de la société*. Paris: La Documentation Française, 1982.

_____. *Au fondement des sociétés humaines*: ce que nos apprend l'anthropologie. Paris: Albin Michel, 2007.

GOLDMANN, L. *Sciences humaines et philosophie*. Paris: Gonthier, 1966.

GUSDORF. G. *Introduction aux sciences humaines*. Paris: Ophrys, 1974.

_____ [1966]. *Les sciences humaines et la pensée occidentale*. Paris: Payot, 1986. 13 v.

GUSDORF. G. *Les origines de l'herméneutique*. Paris: Payot, 1988.

HABERMAS, J. *Logique des sciences sociales*. Paris: PUF, 1987.

_____. *Après Marx*. Paris: Fayard, 1985.

_____. *La technique et la science comme idéologie*. Paris: Gallimard, 1975.

HAYEK, F. von. *Scientisme et sciences sociales*. Paris: Plon, 1953.

HEILBRON, J. et al. (Orgs.). *Pour une histoire des sciences sociales*. Paris: Fayard, 2004.

HOLTON, G. *Thematic origins of scientific thought*. Cambridge: Harvard University Press, 1973.

_____. *Science en gloire, science en procès*. Paris: Gallimard, 1998.

JACOB, P. *De Vienne à Cambridge*. Paris: Gallimard, 1980.

_____. *L'empirisme logique*. Paris: Éditions de Minuit, 1980.

JAPIASSU, H. *Introdução à epistemologia da psicologia*. 5. ed. São Paulo: Letras&Letras, 1995.

_____. *Psicanálise*: ciência ou contraciência? Rio de Janeiro: Imago, 1998.

_____. *Desistir do pensar? Nem pensar!* São Paulo: Letras&Letras, 2001.

_____. *Introdução às ciências humanas*. 3. ed. São Paulo: Letras&Letras, 2002.

JEANNERET, Y. *L'affaire Sokal ou la querelle des impostures*. Paris: PUF, 1998.

JURDANT, B. (Org.). *Impostures scientifiques*. Paris: La Découverte, 1998.

KINCAID, R. *Philosophical foundations of the social sciences*. Cambridge: Cambridge University Press, 1996.

KUHN, Th. *The structure of scientific revolutions*. Chicago: University of Chicago Press, 1962.

LACAN, J. *Écrits*. Paris: Seuil, 1966.

LAUDAN, L. *La dynamique de la science*. Bruxelas: Pierre Mardaga, 1987.

_____. *Science and relativism*. Chicago: University of Chicago Press, 1990.

LAZARSFELD, P. *Philosophie des sciences sociales*. Paris: Gallimard, 1970.

LE GOFF, J.; NORA, P. (Orgs.). *Faire de l'histoire*. Paris: Gallimard, 1974. 3 t.

LECLERC, G. *L'observation de l'homme*. Paris: Seuil, 1979.

_____. *Anthropologie et colonialisme*. Paris: Fayard, 1972.

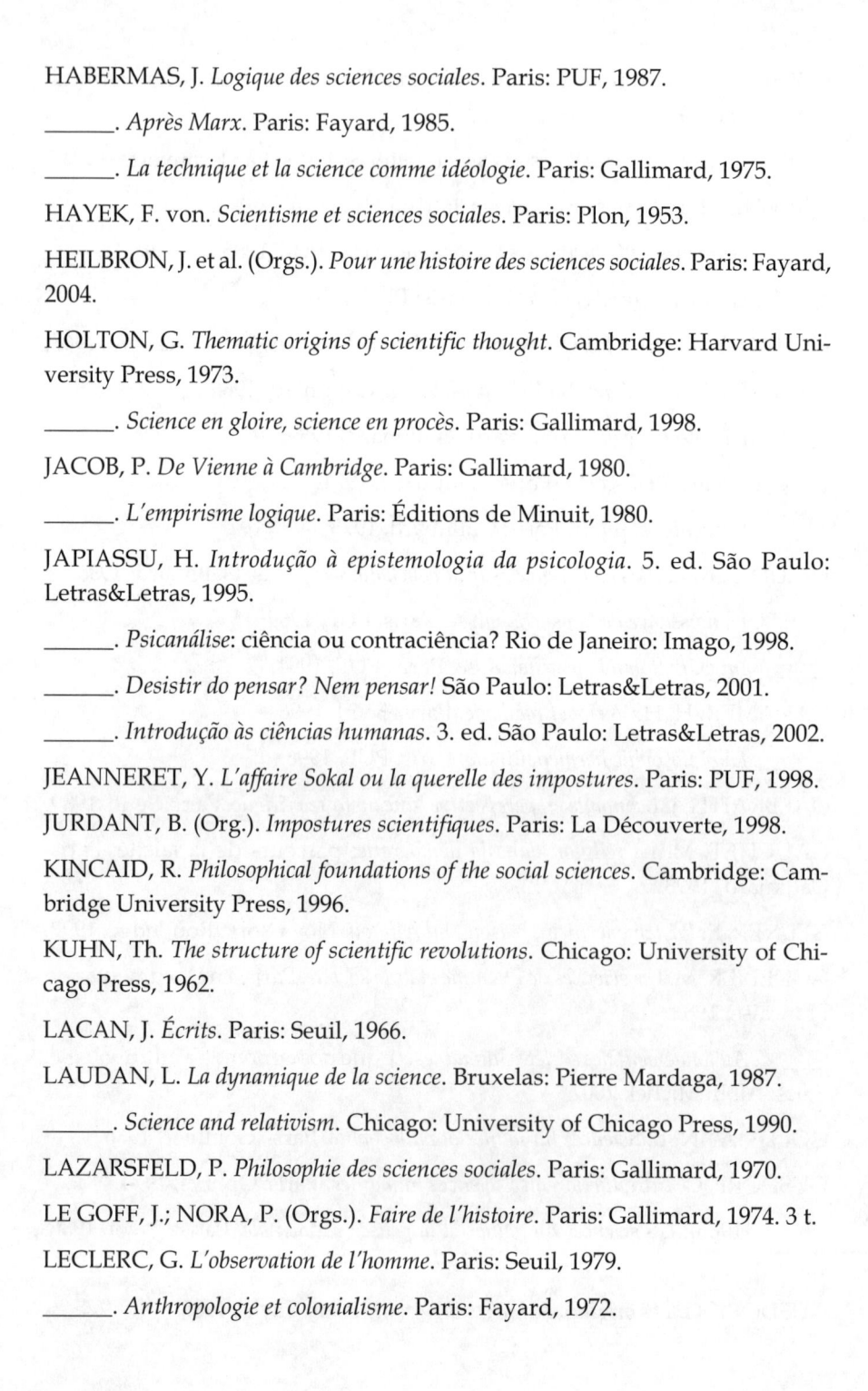

LECOURT, D. (Org.). *Dictionnaire d'histoire et de philosophie des sciences*. Paris: PUF, 1999.

_____. *L'ordre et les jeux*. Paris: Grasset, 1981.

LÉVI-STRAUSS, Cl. *Anthropologie structurale*. Paris: Plon, 1958.

LÉVY-LEBLOND, J. M.; JAUBERT, A. *Autocritique de la science*. Paris: Seuil, 1973.

LIPOVETSKY, G. *Le bonheur paradoxal*. Paris: Gallimard, 2006.

LYOTARD, J. F. *La condition postmoderne*. Paris: Éditions de Minuit, 1979.

MATALON, B. *La construction de la science*. Lausanne: Delachaux et Niestlé, 1996.

MAUSS, M. *Essais de sociologie*. Paris: Éditions de Minuit, 1969.

MERCIER, P. *Histoire de l'anthropologie*. Paris: PUF, 1966.

MILLNER, J. C. *Ordre et raisons de langue*. Paris: Seuil, 1982.

MORIN, E. *Le paradigme perdu*: la nature humaine. Paris: Seuil, 1973.

MOSCOVICI, S. *La machine à faire des dieux*. Paris: Fayard, 1988.

NATANSON, M. (Ed.). *Phylosophy of social science*. Nova York: Random House, 1963.

OGIEN, R. *Les causes et les raisons*: philosophie analytique et sciences humaines. Paris: Jacqueline Chambron, 1995.

PIAGET, J. *L'épistémologie des sciences de l'homme*. Paris: Gallimard, 1970.

_____ (Org.). *Logique et connaissance scientifique*. Paris: Gallimard, 1967.

POPPER, K. *The open society and its enemies*. Londres: G. Routledge and Sons, 1945.

_____. *Conjectures and refutations*. Londres: Routledge and Keagan Paul, 1963.

_____. *Misères de l'historicisme*. Paris: Plon, 1988.

PORTER, Th.; ROSS, D. (Eds.). *The modern social sciences*. Cambridge: Cambridge University Press, 2003.

RICOEUR, P. *Le conflit des interprétations*. Paris: Seuil, 1969.

ROSENBERG, A. *Philosophy of the social sciences*. Colorado: Westview Press, 1995.

ROUDINESCO, E. *Pourquoi la psychanalyse?* Paris: Fayard, 1999.

RUSSO, E. *Nature et méthode de l'histoire des sciences*. Paris: Blanchard, 1984.

SAUSSURE, F. de. *Cours de linguistique générale*. Paris: Payot, 1966.

SEBAG, L. *Marxisme et structuralisme*. Paris: Payot, 1965.

SEIDMAN, S.; WAGNER, D. G. *Postmodernism and social theory*. Cambridge: Blackwell, 1992.

SERRES, M. *Éléments d'histoire des sciences*. Paris: Bordas, 1989.

SMITH, R. *The Fontana history of the human sciences*. Londres: Fontana Press, 1997.

SOKAL, A.; BRICMONT, J. *Impostures intellectuelles*. Paris: Odile Jacob, 1997.

SOROKIN, P. *Tendances et déboires de la sociologie américaine*. Paris: Aubier, 1959.

SPERBER, D. Individualisme méthodologique et cognitivisme. In: BOUDON, R. et al. *Cognition et sciences sociales*. Paris: PUF, 1997.

_____. *La contagion des idées*. Paris: Odile Jacob, 1996.

STORA, J.-B. *La Neuro-psychanalyse*. Paris: PUF, 2006.

TOULMIN, S. *L'explication scientifique*. Paris: Colin, 1973

TOURAINE, A. *Production de la société*. Paris: Seuil, 1973.

_____. *Pour la sociologie*. Paris: Seuil, 1974.

_____. *La critique de la modernité*. Paris: Fayard, 1992.

_____. *Un nouveau paradigme*. Paris: Fayard, 2005.

VALADE, B. *Introduction aux sciences sociales*. Paris: PUF, 1996.

VEYNE, P. *Comment on écrit l'histoire*. Paris: Seuil, 1971.

WEBER, M. *Essais sur la théorie de la science*. Paris: Plon, 1965.

_____. *Économie et société*. Paris: Plon, 1971.

WIEVIORKA, M. (Org.). *Les sciences sociales en mutation*. Auxerre: Sciences Humaines, 2007.

_____. *Une société fragmentée*. Paris: La Découverte, 1996.

WINCH, P. *The idea of a social science*. Londres: Routledge & Kegan Paul, 1958.

WRIGHT MILLS, C. *L'imagination en sociologie*. Paris: Maspero, 1977.